区块链技术与应用丛书

发现中国区块链创新应用

主编　尹可挺

電子工業出版社
Publishing House of Electronics Industry
北京•BEIJING

内 容 简 介

本书基于我国区块链创新应用发展现状，精选区块链应用于数字经济、数字政府、数字社会、数字法治四大领域的典型案例。数字经济领域主要包括工业互联网、供应链金融等场景；数字政府领域主要包括资金管理、公共资源交易等场景；数字社会领域主要包括住房公积金管理、乡村振兴战略落地等场景；数字法治领域主要包括电子证据管理、公益诉讼等场景。本书系统、全面地介绍了各个案例的背景、主要痛点、解决方案、应用效果、创新与亮点，有针对性地总结了区块链技术应用于四大领域的意义和价值，展望了区块链技术与应用的发展趋势。

本书既可供区块链领域的企业管理者、行业或技术专家、普通从业者研读，也可供信息技术领域的教学工作者和学生参考，有助于读者充分了解我国区块链创新应用的概貌，推动我国区块链创新应用向纵深发展。

图书在版编目（CIP）数据

发现中国区块链创新应用 / 尹可挺主编. —北京：电子工业出版社，2023.3

（区块链技术与应用丛书）

ISBN 978-7-121-45237-6

Ⅰ. ①发… Ⅱ. ①尹… Ⅲ. ①区块链技术一研究 Ⅳ. ①F713.361.3

中国国家版本馆 CIP 数据核字（2023）第 046078 号

责任编辑：徐蕾薇　　特约编辑：田学清
印　　刷：北京建宏印刷有限公司
装　　订：北京建宏印刷有限公司
出版发行：电子工业出版社
　　　　　北京市海淀区万寿路 173 信箱　　邮编：100036
开　　本：720×1000　1/16　印张：14　字数：260 千字
版　　次：2023 年 3 月第 1 版
印　　次：2025 年 3 月第 2 次印刷
定　　价：88.00 元

凡所购买电子工业出版社图书有缺损问题，请向购买书店调换。若书店售缺，请与本社发行部联系，联系及邮购电话：（010）88254888，88258888。

质量投诉请发邮件至 zlts@phei.com.cn，盗版侵权举报请发邮件至 dbqq@phei.com.cn。

本书咨询联系方式：xuqw@phei.com.cn。

前言

习近平总书记多次指出，创新是当今时代的重大命题，是引领世界发展的重要动力。新一轮科技革命和产业变革加速演进，更加凸显了加快提高我国科技创新能力的紧迫性。当今世界正经历百年未有之大变局，我国发展面临的国内外环境正在发生深刻而复杂的变化。立足国内、连接全球，持续高质量发展是根本，这对加快科技创新提出了更为迫切的要求。2019 年，我国明确将区块链作为核心技术自主创新的重要突破口，区块链技术和产业创新发展进入"快车道"，区块链技术的发展和应用如火如荼。

区块链技术融合应用了分布式存储、点对点（P2P）网络、共识机制、密码学和智能合约等多项技术，利用数据的公开透明、不可篡改、不可伪造、可追溯等特性，构建了一个全新的价值传递网络，开创了在不可信或弱可信环境中不依赖第三方建立信任的新型范式和协作模式，成为建设下一代互联网的关键支撑技术。当前，区块链技术持续与行业场景融合，创新应用聚焦于优化业务场景、提升服务质效、促进产业协同，其应用价值由存证溯源向共享协作和价值互联深化。

我国鼓励拓展区块链应用的广度和深度，不断加大对区块链创新应用的政策支持力度。中国信息通信研究院（以下简称"中国信通院"）发布的《区块链白皮书（2021 年）》数据显示，2016 年—2021 年 9 月，全国 26 个省份共发布 117 份区块链专项或包含区块链发展内容的政策文件。截至 2022 年 7 月，中共中央网络安全和信息化委员会办公室（以下简称"中央网信办"）已发布 9 批共 2159 个境内区块链信息服务备案项目。2021 年 6 月，工业和信息化部（以下简称"工信部"）与中央网信办联合发布《关于加快推动区块链技术应用和产业发展的指导意见》，提出要以应用需求为导向，积极拓展应用场景，推进区块链在重点行业、领域的应用，以规模化的应用带动技术产品迭代升级和产业生态持续完善，在产品溯源、数据流通、供应链管理等领域培育一批知名产品，形成场景化示范应用。2021 年 10 月，中央网信办、中共中央宣传部等 17 个部门发布《关于组织申报区块链创新应用试点的通知》，分别在数字经济与实体经济深度融合、提升公共服务和治理能力、保障和改善民生、提高金融服务效率和融资支付便利性等领域组织开展国家区块链创新应用试点行动，要求在实体经济、社会治理、民生服务、金融科技等领域形成一批可复制、可推广的区块链创新应用。在 2021 年 12 月公示的国家区块链创新应用试点入选名单中，15 家单位入选综合性试点，在各自的行政区域开展跨（多）行业应用；164 家单位入选特色领域试点，在“区块链+制造”“区块链+能源”“区块链+政务服务”“区块链+法治”等 16 个领域开展行业性试点。中国工程院发布的《中国区块链发展战略研究》站在国家的高度，提出中国区块链技术的发展战略建议，提前布局前沿理论研究，推进我国区块链技术体系与平台的建设，面向社会各界广泛征集区块链创新应用案例，充分挖掘、展现我国区块链产业建设现状与优秀成果，围绕主要应用领域提出“区块链支撑经济社会发展”的重点方向，明确将区块链作为核心技术自主创新重要突破口的中长期发展方向和工作内容。

本书立足区块链创新应用发展，征集国内区块链创新应用案例，从技术能力、应用场景、经济社会价值等维度评选出 42 个具有代表性的优秀案例，按照应用方向分为数字经济、数字政府、数字社会、数字法治四大领域，案例主要涉及北京市、上海市、浙江省、江苏省、湖南省、四川省等省市。本书重点从背景、主要痛点及解决方案、创新与亮点等方面详细介绍每个案例，展现了我国区块链创新应用的概貌。本书由国内各行业区块链优秀建设单位提供典型示范案例，由浙江大学区块链研究中心组织编撰而成。浙江大学在区块链技术理论与应用研究领域起步较早、持续进取、发展迅速，已成为区块链研究和技术创新的高地，并于 2018 年 6 月成立浙江大学区块链研究中心，这是国内首个高校级别的区块链研究中心。该研究中心汇聚了海内外诸多知名专家学者，覆盖了计算机、软件、经济等多个学科，创办了国内首本区块链英文学术期刊，负责过多个国家级重大规划与项目。

本书共 5 章。第 1 章为数字经济篇，涵盖了区块链在工业互联网、供应链金融等场景中的典型应用，体现了区块链技术可以为数字经济发展的痛点提供有效解决方案，有助于释放数字经济蕴藏的巨大潜能。第 2 章为数字政府篇，介绍了区块链在该领域各类场景中的应用，包括资金管理、公共资源交易等场景，说明了区块链在优化政务服务流程、促进政务数据共享、提高政务协同工作效率等方面发挥的重要作用。第 3 章为数字社会篇，涉及住房公积金管理、乡村振兴战略落地等场景中的区块链创新应用，阐明了区块链可以为社会中需要多方信任协作的场景提供技术支撑和良好的信任基础。第 4 章为数字法治篇，介绍了区块链在电子证据管理、公益诉讼等场景中的应用案例，肯定了区块链推动政法工作高质量发展的作用。第 5 章为总结与展望，从区块链赋能数字经济、数字政府、数字社会、数字法治四大领域出发，发现并总结区块链创新应用的实际意义与作用，在此基础上对国内外区块链应用情况进行对比分析和展望。

本书聚焦于区块链在各行业内的优秀应用案例，有助于读者充分了解我国区块链创新应用的发展情况，促进行业内的积极交流与经验分享，为各地政府、企业、行业或技术专家提供区块链应用落地的实践经验，为推动区块链与产业深度融合提供有益借鉴。

本书的案例提供单位如下（排名不分先后）：

中国工商银行股份有限公司
中国农业银行股份有限公司
中国建设银行股份有限公司
招商银行股份有限公司
浙商银行股份有限公司
中银金融科技有限公司
国网区块链科技（北京）有限公司
中国电信股份有限公司北京研究院
中国民用航空局第二研究所
中国工业互联网研究院
宁波标准区块链产业发展研究院
苏州市司法局
四川省成都市蜀都公证处
广州交易集团有限公司
天津金融资产登记结算有限公司
北京百度网讯科技有限公司
京东科技信息技术有限公司
杭州趣链科技有限公司
杭州链城数字科技有限公司
浙江数秦科技有限公司
杭州产链数字科技有限公司
杭州安存网络科技有限公司

杭州数钮科技有限公司
杭州云链趣链数字科技有限公司
北京众享比特科技有限公司
博雅正链（北京）科技有限公司
上海旺链信息科技有限公司
易签链（深圳）科技有限公司
湖南天河国云科技有限公司
湖南兆物信链科技集团有限公司
湖南和信安华区块链科技有限公司
湖南智慧政务区块链科技有限公司
成都质数斯达克科技有限公司
四川易链科技有限公司
南京博雅区块链研究院有限公司
南京第三极区块链科技有限公司
安徽高山科技有限公司

目录

第1章
数字经济篇

1.1 基于区块链的共享储能平台

【案例相关单位】国家电网有限公司、国家电网青海省电力公司、国网区块链科技（北京）有限公司

【案例提供人员】蒋炜、周群星、王栋

1. 背景

2021 年 4 月，国家发展和改革委员会（以下简称“国家发展改革委”）、国家能源局联合发布《关于加快推动新型储能发展的指导意见（征求意见稿）》，首次明确了新型储能设施的独立市场主体地位。储能电站将不再作为火电、新能源的附带设施，而是以独立身份参与中长期交易、现货交易和辅助服务等电力市场的各类活动，不断丰富电力市场业态，加速推动实现能源领域“碳达峰、碳中和”目标。为响应国家大力发展“新能源+储能产业”政策号召，国家电网有限公司（以下简称“国网”）积极发挥央企担当作用，依托青海省得天独厚的新能源资源条件，开展共享储能应用探索，依托区块链技术和市场化机制，破解共享储能面临的数据共享难、分散交易主体认证难、部门协同管理难、结算过程复杂、市场透明度低等问题。

作为一项新兴技术，区块链越来越受到国家和企业的重视。国家能源局在《2022 年能源工作指导意见》中指出，要实施“区块链+能源”创新应用试点。国网积极探索区块链在能源行业的应用，利用区块链技术的去中心化、不可篡改、全程留痕、可信追溯、集体维护、透明公开等特点，构建基于区块链的共享储能平台，助力共享储能业务在数据安全、交易结算、可信认证等方向探索创新应用。

2. 主要痛点及解决方案

1）主要痛点

受制于天气条件，风电、光伏等可再生能源发电具有间歇性、波动性和随机性，可调控性较弱，短时间内较易出现功率过大或缺额现象，直接并网会降低电网稳定性和能量利用率，给电网规划与调度带来挑战，引发“弃风”“弃光”现象。共享储能作为一种储能新形式，有力推动了电力辅助服务市场的发展。不过，其面临着交易主体数据的真实性难以保障，结算规则复杂，结算过程自动化、可信化、便捷化程度低，市场透明度、公信度有待提升等痛点，难以满足未来多主体交易的需求，共享储能市场化运营机制有待进一步完善。

2）解决方案

国网依托国内最大能源区块链公共服务平台“国网链”，构建了基于区块链的共享储能平台，其架构如图 1-1-1 所示。该平台包括调峰辅助服务、共享储能交易、智能调度控制、储能电站运营 4 个支撑模块，在区块链底层基础设施层面搭建了基础组件，由账本服务、共识算法、智能合约构成核心层，由用户管理、区块链运行管理、分布式身份认证等构成应用层，支撑资源监控、节点控制、接口监控等操作运维，支持日志查看、内容查看、权限管理等系统管理工作，为共享储能规模化应用提供了有效支撑。

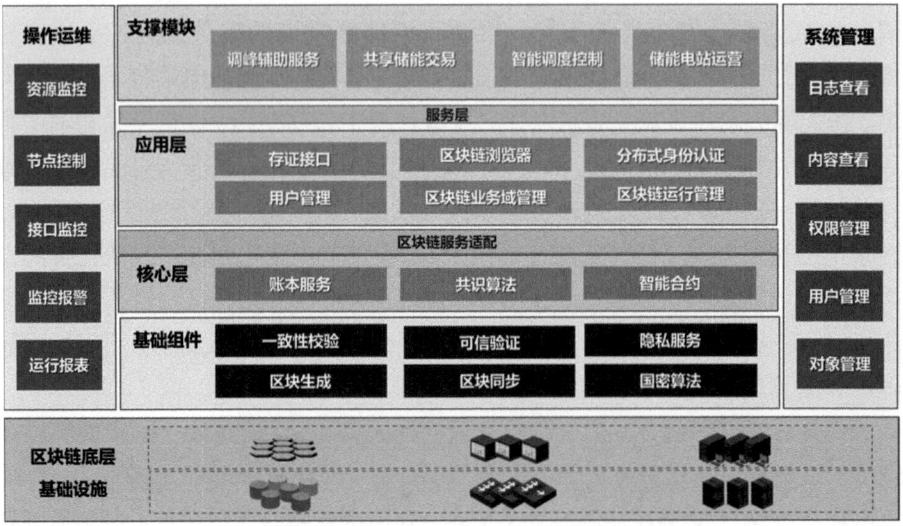

图 1-1-1　基于区块链的共享储能平台的架构

基于区块链的共享储能平台可支撑区域内储能装置、新能源发电厂参与电力调峰辅助服务市场化交易，采用共享储能模式，对储能单元存储的清洁电力能源进行统一调度与管控，满足电力调峰辅助服务从组织申报、交易到调度、结算的全流程工作需求。该平台利用隐私计算、共识算法等技术，实现上链数据精准追溯、不可篡改，保证交易数据安全可信；通过智能合约自动执行交易的清分结算，建立可信的能源交易机制，以市场化手段分配收益，实现多方共赢，构建储能设施和新能源发电企业之间灵活、高效、可信的市场化交易机制。

调峰辅助服务支撑模块可以获取调峰辅助服务初始阶段的调峰需求，匹配供需双方的信息，提供用户管理、信息上报、调度计划发布、调度指令下达、调峰情况记录和运行汇总统计等基本功能，记录各新能源发电厂机组和储能设施每日的出力信息、储电信息，匹配决策辅助数据和量价曲线。该支撑模块利用区块链不可篡改、可信认证、可追踪的特性，对决策辅助数据和量价曲线进行链上存证，保存多方互认的调峰需求记录，实现每一笔申报信息都真实可查、清晰对账，促进共享储能后续交易的达成和清分结算的准确、快速展开，提升调峰辅助服务的真实性、可靠性、安全性。

共享储能交易支撑模块可以实现日前新能源和储能双边报价排序，日内每分钟进行一次共享储能市场开启条件计算，在开启市场后完成实时竞价边际出清，通过区块链分布式存储、共识算法和智能合约等技术提供多主体之间的交易结果清分，实现电力调峰辅助服务市场化交易执行结果与财务支付的无缝衔接。所有交易操作都在链上记录且不可篡改，形成交易全过程账本，提高交易数据的安全性和公信力，保障电力市场中电费的高效结算和资金的安全，有效防止违约、抵赖等行为，打造能源公平交易与安全管控模式。基于区块链的共享储能交易流程如图 1-1-2 所示。

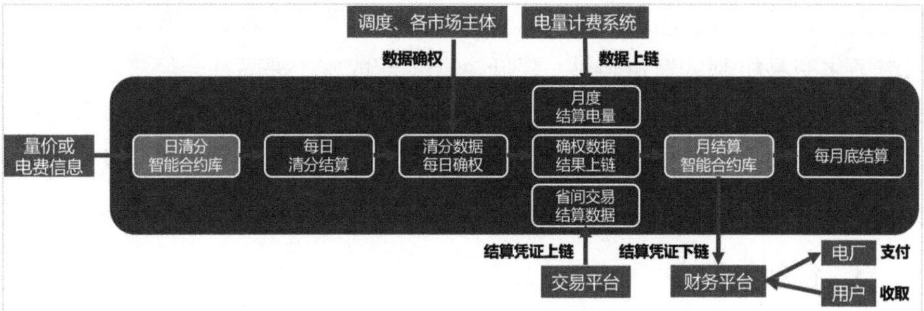

图 1-1-2　基于区块链的共享储能交易流程

共享储能交易支撑模块将出清结果按照分钟级下达至智能调度控制支撑模块，由智能调度控制支撑模块点对点完成储能与新能源市场化交易结果的实时、精准控制执行。当未达成市场化交易且条件允许时，智能调度控制支撑模块可通过智能合约需求匹配引擎获取新能源机组深度调峰和电储能双向调峰的相关参数信息，结合日前发电计划所需的各项参数信息，匹配新能源发电厂与储能设施的需求，按照约定的价格直接调用储能，实现新能源发电厂与储能设施调度信息、出清价格的匹配。

该平台内还有储能电站运营支撑模块，业主单位、管理部门、运维部门和一线设备供应商可参与储能电站的运行、维护、设备管理等诸多环节，形成了一个分布式的、受监督的储能电站区块链数据网络，利用分布式数据存储、点对点传输、共识算法、加密算法等区块链技术，将立项论证、厂家承诺、设计指标、设计方案、研制生产、试验结果、交付服役、技术状态、退役报废等资料数据上链，实现数据存证溯源、不可篡改、可信可靠，同时提供数据分析报告等增值服务，对储能电站中每一节电池的健康状态、电量贡献度等进行实时监控和管理。

3）应用效果

自基于区块链的共享储能平台上线以来，国网率先在青海省开展试点工作。截至 2021 年年底，该平台在青海省共享储能工作中共支撑 360 余座新能源场站参与储能调峰辅助服务市场化交易，累计成交 3000 余笔，充电约 9000 万千瓦时，放电约 6400 万千瓦时，获得补偿费用 5200 万元，新能源增发电量约 9300 万千瓦时，实现了多方共生共赢，缓解了电网调峰压力，有效促进了新能源消纳。

该平台进一步完善了储能资源大规模参与新能源消纳的商业模式和价格激励机制，利用市场化经济手段，全面盘活电力调峰市场，降低调峰成本；利用市场化交易机制的竞价特性，降低企业生产成本，提高社会经济水平；利用市场化交易补偿、分摊机制，增加电厂侧的综合经济效益，规范储能电站运营管理，提升储能电站运营年限，降低运维费用；对外提供储能交易数据查询、统计、分析等服务，促进数据增值变现。

3. 创新与亮点

基于区块链的共享储能平台是区块链技术在能源领域的成功实践，它具有以下创新与亮点。

1）构建基于智能合约的结算交易机制，实现精准确权

该平台通过智能合约自动计算受阻电力、电量和电价，并将计算结果在链上存证，实现交易结果的精准确权。

2）解决交易分散、主体互信认证等问题

区块链技术的去中心化、集体维护、数据透明、可追溯等特性高度契合储能的分散式布局、贡献度互认等场景，可以有效解决共享储能市场化交易分散、主体之间信任度低等问题。

3）优化共享储能管理模式

该平台依托区块链技术，构建开放、共享、透明、公开的市场化交易环境，结合调峰、交易、调度等运营管理应用建设，形成闭环市场监管机制，改变过去无序、低效、高投入的管理模式，促进发电厂生产运行的优化和管理水平的提升，优化储能电站的资源管理配置，满足电网侧的调度要求与用户侧的用电需求。

4）构建可复制的共享储能商业模式

该平台利用区块链技术优势，着力解决交易数据可信度低、清分结算难等问题，实现储能电站电量数据真实可靠，保障调峰辅助服务市场中各主体参与交易的过程透明、可信、安全、有效，构建更加开放、共享、透明、公开的市场化交易环境，建立储能资源大规模参与电力市场的可复制商业模式和价格激励机制，为更多储能企业参与调峰辅助服务交易提供可行路径。

5）提高电力企业的社会公信力

该平台通过区块链技术保障市场参与主体信息共享，提升各参与主体数据的真实性和可信性，加强社会公众、有关部门对电力市场的监督和管理，有效提高电力企业的社会公信力。

参考文献

[1] 宋天昊，李柯江，韩肖清，等. 储能系统参与多应用场景的协同运行策略[J]. 电力系统自动化，2021（19）：43-51.

[2] 张敏，王建学，王秀丽，等. 面向新能源消纳的调峰辅助服务市场双边交易机制与模型[J]. 电力自动化设备，2021（1）：84-91.

[3] 朱西平，付迁，文红，等. 区块链视角下多能源主体储能优化配置模型[J]. 电力自动化设备，2020（8）：47-53.

[4] 孟建辉，赵彭辉，王毅，等. 基于 TOPSIS 算法的多 VSG 单元协同控制

策略[J]. 电力自动化设备，2020，40（9）：72-79.
[5] 孙偲，陈来军，邱欣杰，等. 基于合作博弈的发电侧共享储能规划模型[J]. 全球能源互联网，2019（4）：360-366.

1.2 区块链贸易金融平台——数贸 e 链通

【案例相关单位】中国工商银行股份有限公司

【案例提供人员】王旭、王一桐、陈泽锋、周颖

1. 背景

《中华人民共和国国民经济和社会发展第十四个五年规划和 2035 年远景目标纲要》（以下简称“十四五”规划）提出“加快构建以国内大循环为主体、国内国际双循环相互促进的新发展格局”的指导思想，在促进国内国际双循环方面，要求立足国内大循环，协同推进强大国内市场和贸易强国建设，加快培育参与国际合作和竞争的新优势。新型冠状病毒疫情（以下简称“新冠疫情”）深刻影响了贸易金融业务，很多原本在线下开展的业务被迫停止或转移至线上，世界各地的金融机构纷纷尝试部署数字计划，许多银行通过创建数字生态系统来简化贸易融资流程、降低成本，企业和银行对信息、单据电子化交互的需求日益强烈。我国是全球最大的铁矿石进口国，铁矿石进口对我国支柱产业——钢铁产业的发展至关重要。面对复杂多变的国际经济形势，立足铁矿石贸易场景，服务钢铁产业链和供应链，打造中资银行和企业独立自主的贸易金融平台意义重大。

2. 主要痛点及解决方案

1）主要痛点

贸易融资市场体量庞大，在其快速发展的同时，贸易结算工具和融资方式呈现出多样化的特点，融资风险随之提高。当前，贸易融资主要存在以下痛点。

（1）流程烦琐。贸易融资具有涉及行业面广、交易链条长、结算方式多样化等特点，为了保障贸易融资的自偿性、有效控制风险，银行贸易融资业务包含大量烦琐的审查流程。

（2）信息不透明。为避免物流、单据流、资金流信息不透明和纸票“一票多卖”等欺诈现象，需要验证贸易融资背景的真实性，这提高了银行贸易融资业务的成本。

（3）耗时较长。贸易融资流程中相关信息电子化程度低、人为参与度高，降低了银行贸易融资业务的整体效率，导致付款延迟和货物运送时间延长等问题。

2）解决方案

中国工商银行股份有限公司（以下简称“工行”）作为国有国际化大行，积极响应 “六稳”“六保” 政策，围绕企业的核心需求和主要痛点，以科技化、数字化和智能化为方向，探索“区块链+” 跨界融合新业态，推出区块链贸易金融平台“数贸 e 链通”。该平台依托工行的全球网络布局，充分发挥工行的境内外联动优势，深度融合金融科技和产业应用，整合钢铁贸易进出口全流程，打通创新链、应用链和价值链，实现贸易信息和单据的数字化、安全、快速流转，为更多钢铁产业链上下游用户提供智能化、线上化、一体化和涵盖签约、结算、融资、报关、运输等全流程的一站式跨境金融服务。

该平台以信用证结算为核心，实现链上处理信用证开立、单据流转、资金划拨、融资发放等贸易融资全流程。该平台秉承开放、共享、共建理念，依托工行的服务网络和用户，支持与政府、企业、银行等第三方平台对接，可引入航运、物流等贸易相关方，促进我国贸易金融对外开放，实现全球用户互惠共赢。该平台的总体架构如图 1-2-1 所示。

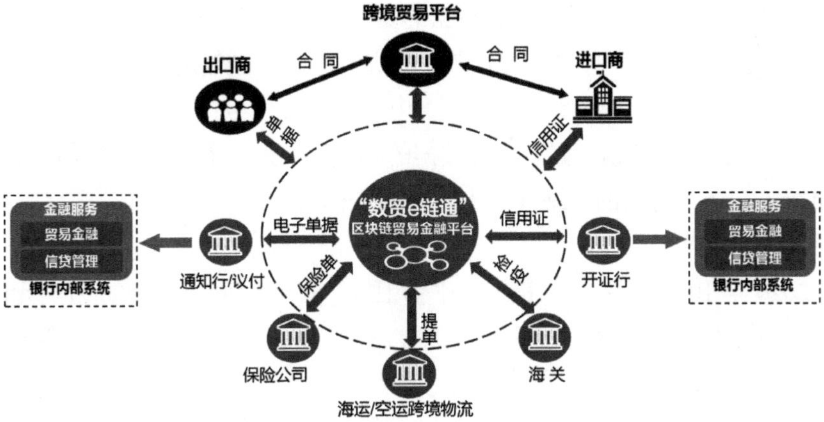

图 1-2-1　“数贸 e 链通”的总体架构

（1）构建开放、高效、安全的跨境贸易“生态圈”。

不同银行、企业、第三方跨境贸易服务平台等跨境贸易参与方均可加入该平台，企业可以直接通过该平台向不同银行申请开立信用证，银行直接在线上处理。该平台支持银行、企业多方线上实时磋商，避免线下反复联系、沟通的复杂操作流程，为各参与方提供多种参与方式。

- Web（万维网）页面操作：境内外的企业用户和银行可在该平台开立账户，通过互联网登录该平台进行业务查询和处理。
- API（应用程序接口）开放接入：合作方或银行可使用 API 接入该平台，该平台封装了跨境贸易金融服务的 API，支持各参与方通过 API 与平台进行交互处理。
- 区块链节点接入：合作方或银行可部署该平台的区块链节点，根据区块链节点的权限范围访问和处理信用证数据。

（2）创建数字贸易跨境结算金融服务全新模式。

工行突破传统跨境贸易信用证结算银行需要依赖 SWIFT（国际资金清算系统）网络进行交易的限制，创新性利用区块链平台提供基于银行信用的跨境结算金融服务。

- 进口企业用户可通过该平台申请开立区块链信用证，在线查看电子单据信息，确保交易安全；出口企业用户可实时接收区块链信用证的通知，在交单后实现单据实时上链。在通过银行的单据审核后，进出口双方可快速完成提货、付款等操作，交易资金实时到账。
- 区块链信用证的处理进度透明、共享、不可篡改，各参与方可随时查看进度，对贸易背景、交易数据的真实性达成多方共识。

与传统信用证相比，“数贸 e 链通”提供的区块链信用证具有跨境贸易结算全程透明、进度可视、点对点沟通、电子交单等优势，利用区块链不可篡改的特性，严格把控贸易背景、交易数据的真实性，为进出口企业的跨境贸易提供便捷、安全、可信的一站式线上贸易服务体验。

3）应用效果

2020 年 10 月，“数贸 e 链通”平台上线，首笔金额超过 2000 万美元的区块链信用证业务成功落地。同年 11 月，在第三届中国国际进口博览会金融合作论坛上，“数贸 e 链通”作为工行“智慧贸金生态体系”的核心产品被发布后，与国内钢铁贸易行业头部企业持续开展了多笔大宗商品贸易的跨境结算合作，应用效果显著。截至 2022 年 5 月，该平台已累计在链上交易 600 多亿元人民币。

3．创新与亮点

该平台以创新为支撑实现科技强国战略，以数字为契机重塑全球贸易格局，应用区块链技术打造贸易金融“高速直通车”，在国际贸易和结算融资参与方之间实现单据信息、物流信息、结算融资信息的数字化实时交互，促进服务模式平台化、信息交互线上化、业务管理数字化，有助于我国进一步掌握跨境贸易竞争和发展的主动权，推进人民币跨境使用，维护供应链、产业链、创新链的安全与稳定，畅通国内国际双循环发展格局。该平台的创新与亮点主要体现在以下 3 个方面。

（1）搭平台、建机制，首笔业务成功落地，满足国内企业的需求。2020 年 10 月，首笔区块链信用证业务以厦门国贸集团股份有限公司为开证申请人，以工行在中国香港的分支机构工银亚洲为开证行，以工行上海分行为通知行，以宝武集团旗下的欧冶国际电商有限公司为受益人，后续受益人将通过该平台完成信用证项下电子交单。

（2）提质效、促转型，推动区块链技术在信用证领域的实践。该平台融合了科技创新技术和传统金融业务，利用区块链技术建立银企信任关系和价值传输网络，是区块链技术在信用证领域的成功实践。

（3）亮实招、见实效，全面提升我国铁矿石国际贸易话语权。该平台基于国产自主研发的区块链底层，是国有企业在贸易金融领域秉承合作共赢理念进行积极探索的良好示范。通过贸易、结算、融资数字化，该平台简化了贸易和金融流程，降低了企业交易成本，实现了业务模式的创新。这既是新兴技术与产业用户业务模式相结合的有效探索，也为跨境人民币结算提供了助力。

参考文献

[1] 工行成功直联跨境金融区块链服务平台[EB/OL]. [2020-10-15]. http://it.people.com.cn/n1/2020/1015/c1009-31893667.html.

[2] 大数据战略重点实验室. 块数据 3.0：秩序互联网与主权区块链[M]. 北京：中信出版社，2017.

1.3　基于区块链的新型跨境支付系统——跨境易支付

【案例相关单位】中国建设银行股份有限公司

【案例提供人员】王楠、童心莹、薛金曦

1. 背景

随着“一带一路”建设的推进，越来越多的中资企业开始走出国门，跨国投资和贸易往来越来越频繁。中资企业在境外的投资覆盖了基建、钢铁、铁路、汽车、高科技等领域，进出口贸易、对外直接投资、大宗商品出口、原材料进口等业务均实现翻番式增长。随着跨境贸易活动的发展和跨国消费活动的增加，跨境支付扮演着越来越重要的角色。

中国人民银行（以下简称“央行”）发布的《2021 年支付体系运行总体情况》报告显示，近年来，人民币跨境支付系统业务量快速增长。2021 年，人民币跨境支付系统处理业务 334.16 万笔，金额 79.60 万亿元，同比分别增长 51.55%和 75.83%，日均处理业务 1.34 万笔，金额 3184.00 亿元。

面对日益旺盛的跨境支付需求，如何通过金融科技打造跨境支付新业态成为一个重要的课题。央行上海总部课题组研究指出，在支付清算领域，区块链技术除了可以改造现有的央行支付系统，还可以应用于跨境支付、数字票据和智能支付。在跨币种、跨国界和多种经济合约的背景下，成本高、效率低的跨境支付是支付清算领域内应用区块链技术的首选，将保障数据可信流通、解决多方协作问题等区块链技术的主要特性应用于跨境支付业务，有助于突破传统跨境支付业务的瓶颈、优化现有的跨境支付工具，建立新型国际贸易机制。

为了响应“一带一路”倡议，为“走出去”的中资企业提供高效、安全、低成本的跨境支付工具，中国建设银行股份有限公司（以下简称“建行”）应用区块链等金融科技新技术，创新支付手段，打造了新型跨境支付系统“跨境易支付”，有效解决了信息共享不畅、跨地区多主体协同困难、支付交易费用高、交易不安全等问题，提升了服务质量和用户体验。

2. 主要痛点及解决方案

1）主要痛点

从整体角度来看，传统跨境支付系统的弊端和行业痛点限制了跨境支付业务进一步发展。

（1）汇款速度慢：传统跨境支付业务需要通过多个银行的系统完成账户之间的清算与记账，整个汇款流程一般需要 2 ~ 3 天。

（2）汇款费用高：用户需要支付手续费和电报费，手续费通常为汇款金额的 0.1%，此外还有中转费、现钞兑换费等，整体费用较高。

（3）信息透明度低：跨境支付涉及多个国家或地区，支付报文以串行方式在银行之间逐层传递，可追溯性差，导致信息沟通和反馈不畅、信息披露程度低。

（4）隐私性差：用户的账户和交易等私人信息完全暴露给汇款路径上的所有参与银行，任一环节出现问题，都有可能导致个人信息泄露。

（5）资金占用率高：跨境支付需要在参与银行之间开立账户，为满足日常清算需要，银行需要在每个账户上都备付一定的资金，导致大量资金被占用。

传统跨境支付业务面临的困境正是新技术展示自身价值的好机会，利用区块链分布式账本、共识机制和智能合约等技术搭建新型跨境支付系统，可有效解决传统跨境支付系统的诸多痛点，为提高业务效率和降低交易成本提供新的解决方案。

2）解决方案

建行基于区块链技术搭建“跨境易支付”系统，邀请境内外银行共同参与联盟建设和节点部署，将相关交易数据加密上链，利用分布式账本联盟成员之间的数据共享和价值传递，借助智能合约技术进行自动化记账，搭建新型跨境支付系统，打造“端到端”的服务模式，实现跨境支付全流程业务增值，为企业用户提供高效、安全、低成本的跨境支付工具。“跨境易支付”系统的整体业务运行框架如图 1-3-1 所示。

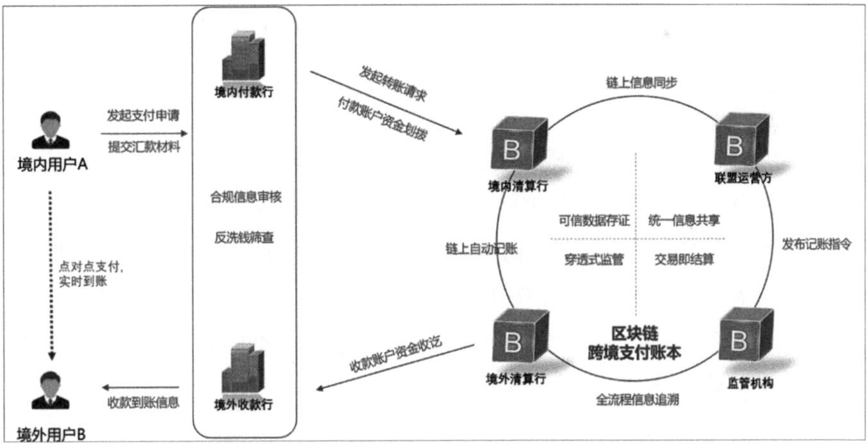

图 1-3-1　“跨境易支付”系统的整体业务运行框架

该系统的核心功能涵盖以下 5 个方面。

（1）打造银行之间的业务联盟：该系统通过建立统一的联盟准入和管理机制，减少对第三方信用中介的依赖，打破“信息壁垒”，将传统跨境支付业务的审核流程由串行处理变为并行处理，简化业务处理流程，加快资金到账速度；同时，控制参与银行的操作权限，建立明确的权责关系，保障系统安全运行。

（2）自动化的业务处理流程：在收付款双方的合规信息通过审核后，智能合约直接生成资金调用指令，进行资金划拨和自动对账，提高系统运转效率；同时，全流程链上可视，在保证公平性和透明性的前提下，提升对复杂业务的全流程管理水平。

（3）交易数据全生命周期管理：该系统将交易全生命周期中产生的所有数据（包括身份认证信息、交易记录凭证、资产流转过程、交易处理行为等）都加密上链，保证数据真实、不可篡改，业务全环节流转状态完整、可追溯；同时，利用加密算法实现业务参与方在权限范围内的数据共享，保护用户隐私和数据安全。

（4）新型跨境支付机制：该系统利用智能合约技术进行自动化对账，与业务系统联动，实现资金流和信息流“二流合一”，减少银行占用的清算资金，提高资金使用效率和流动性，降低银行的资金成本。

（5）新型监管机制：根据反洗钱、国际收支申报等监管合规要求，该系统对链上的交易数据进行自动化分析和整理，并自动报送合规信息，监管机构可通过部署区块链节点或直连链上系统等方式对整体业务进行实时监管。

“跨境易支付”系统基于区块链技术，实现了“端到端”的跨境支付全流程服务优化，为跨境支付方式提供了新思路，有效推动了金融机制改革和支付效率提升。

3）应用效果

“跨境易支付”系统是建行在数字资产类场景中对区块链技术的首次应用。截至 2022 年 5 月，该系统已覆盖境内（除西藏分行）的所有建行分行，并接入纳闽、新加坡、悉尼等 13 家海外分行，支持汇出币种 140 余种，共开立机构钱包 650 余个、企业钱包 180 余个，累计交易金额超过 2800 亿元人民币，为境内外企业用户提供高效、安全、低成本的新型跨境支付服务，初步形成跨境支付新业务生态。

3. 创新与亮点

“跨境易支付”系统基于区块链技术打造了全新的支付清算网络，在满足用户对汇款时效性、安全性、合规性等需求的基础上，实现了交易全流程信息实时上链，满足了监管要求；同时，通过智能合约实现“交易即结算”，推动了对传统支付流程的改造和创新，提升了跨境支付业务的价值。

（1）有效提高支付效率、降低支付成本：“跨境易支付”系统基于区块链去中心化的技术特点和联盟管理机制，将复杂、串行的跨境支付流程简化为“端到端”的直接交易，实现 7×24 小时实时到账；同时，在一定程度上减少了对 SWIFT 网络的依赖，简化了中间交易环节，降低了中间费用，改善了成本结构，优化了用户支付体验。

（2）显著提高信息透明度，确保交易安全性：“跨境易支付”系统借助加密算法技术，在符合监管规则的前提下，将用户数据加密上链存储，确保数据公开透明、不可篡改，每一步的调用、修改信息都可实时追溯，系统稳定性和安全性较强；同时，建立去中心化身份系统，数据操作权限归用户所有，切实保护用户隐私和交易安全性。

（3）提高资金使用效率，优化银行风险管理，减少流动性风险：“跨境易支付”系统的点对点交易方式在极大地降低中心化支付方式的系统性金融风险的同时，实现“交易即结算”，不需要中间支付清算系统，提高了结算效率和资源配置效率，减少了银行占用的资金。

（4）降低监管难度，有助于实现“穿透式监管”：“跨境易支付”系统在应用区块链技术进行创新的同时，充分满足境内外的监管要求，交易数据具备公开性和可追溯性，监管部门可实时获取全面、有效的交易信息；同时，借助智能合约和监管节点部署上链实现“穿透式监管”，有效把控金融杠杆，防范系统性风险。

参考文献

[1] 中国人民银行上海总部课题组，季家友，朱海明，等. 区块链技术对支付清算系统发展的影响及应用前景研究[J]. 上海金融，2018（4）：37-41.

[2] 2021 年支付体系运行总体情况[R/OL]. [2022-04-03]. http://www.gov.cn/xinwen/2022-04/03/content_5683319.htm.

[3] 姚翔，朱涛. 区块链打造跨境支付新生态[J]. 金融博览（财富），2017（5）：46-48.

[4] 巴曙松，朱元倩，乔若羽，等. 区块链新时代：赋能金融场景[M]. 北京：科学出版社，2019.

1.4　工业互联网数据确权登记平台——工联链

【案例相关单位】中国工业互联网研究院

【案例提供人员】杜栋栋、任俊绮、李瑞

1. 背景

我国是制造业大国，面临着制造业转型问题。面对信息技术的快速发展，2017 年，国务院在《关于深化“互联网 + 先进制造业”发展工业互联网的指导意见》中将工业互联网上升为国家战略。自区块链技术兴起之后，在全球各国的区块链实验项目中，工业是最大的区块链技术支出行业之一。工业企业具有庞大的实体，能够产生大量的实时、原始数据资源，有巨大的数据沉淀、共享和交易需求。“数据确权+数据交易”体系和数据的有效、安全流通是发挥数据要素的作用、促进数据技术与制造业互相赋能的根本保障。

在区块链技术中，与公有链、私有链相比，我国致力于对联盟链的研究和应用。联盟链的本质是多中心系统，尤其适合处理工业领域内多个企业或机构之间的事务。同时，针对区块链的去中心化、高安全性、高性能构成的“三元悖论”问题，链上、链下协同技术结合链上确权、可信任背书、交易的处理与决策，以及在链下进行数据汇聚、数据交易的模式，扩大区块链的应用范围，促进其与实体经济融合，提高工业数据和上链环节数据的可获取程度、可信任度。数据线上、线下可信交易具有扎实的理论基础和广阔的应用前景，“数据确权+数据交易”体系平台建设是数据技术和区块链技术在工业领域的典型应用。

2. 主要痛点及解决方案

1）主要痛点

数据是一种重要资产，其流通和应用必然涉及所有权、可信交易等问题。在工业制造业数据集聚的过程中，信息通信技术与工业制造业的融合需要连接人、机、物等种类和数量繁多的对象，工业生产及其制造的大量数据对为之确权的互联网平台提出高组织性、低延时性、高可靠性、确定性、安全性、可共享和产权赋予能力等要求。确权互联网平台既要克服数据要素上链的及时性、真实性、可溯源性等困难，明确数据资源产权，也要解决数据要素在流通环节的互联共享、安全保障等难点，还要突破在交易环节建立新型信任体系、创新模式等瓶颈。

2）解决方案

为激发数据要素的市场活力，中国工业互联网研究院依托国家工业互联网大数据中心，打造工业互联网数据确权登记平台“工联链”，解决数据权属界定难、数据要素市场供给不足等问题，为工业企业破解“想要数据开放，又怕资产流失”的难题。在数据开放、共享、流通、交易等环节，“工联链”基于区块链技术和数据加密技术，为数据的可信任度和数据资源产权明晰提供保障；同时，打造智能化、透明化的服务模式，解决数据流通、信用体系建立等问题。

（1）方案内容。

“工联链”由数据确权系统和企业数据确权软件组成，可为工业企业提供数据确权登记服务，通过收集工业企业的数据确权信息和集成标识解析系统、区块链系统，实现数据可信记录和全生命周期管理。

“工联链”底层采用可插拔架构，支持共识机制、智能合约、分布式存储、P2P 网络、数据库存储、密码学、业务逻辑等模块，兼顾公平和高效，并且具有激励机制，可促进链群生态发展，同时具备主链、子链的扩展能力和在同构情况下实现跨链互操作的能力。

（2）底层技术架构。

“工联链”底层技术架构的总体框架如图 1-4-1 所示。

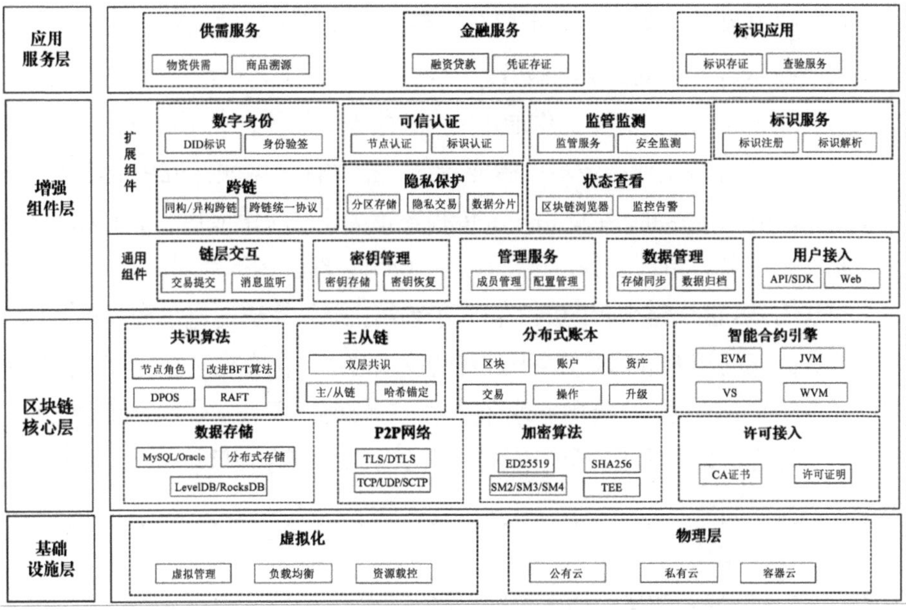

图 1-4-1 “工联链”底层技术架构的总体框架

基础设施层：提供物理层（如“公有云”“私有云”）和虚拟化资源管理的基础支撑功能。

区块链核心层：提供基于主从链结构的分布式区块链数据服务，包括共识算法、智能合约引擎、数据存储、P2P 网络、加密算法、许可接入等。

增强组件层：提供链层交互、密钥管理、管理服务、数据管理、用户接入等通用组件和数字身份、可信认证、监管监测、标识服务、跨链、隐私保护、状态查看等扩展组件，为上层应用提供支撑，为用户提供更好的服务。

应用服务层：基于基础设施层、区块链核心层、增强组件层开展实际应用，帮助企业和机构使用区块链系统开展实际业务，如供需服务、金融服务、标识应用等。

（3）技术运用情况。

“工联链”的底层技术主要包括 BaaS（区块链即服务）区块链平台服务子系统、区块链及智能合约测试验证服务子系统、开放服务中心子系统、基于 BaaS 区块链平台的电子合同子系统。

BaaS 区块链平台服务子系统：提供 BaaS 区块链平台基本服务能力，包括区块链组网、区块链应用、实名认证、集群管理、应用浏览等。

区块链及智能合约测试验证服务子系统：提供区块链技术测试验证环境和对关键技术进行测试验证的服务。

开放服务中心子系统：提供通用的应用场景，便于企业用户管理应用、基于应用开发符合特定业务逻辑的智能合约，推动优质区块链应用的落地；同时，提供应用上传界面，帮助用户上传和发布优质区块链应用。其主要功能模块包括接入服务、审计服务、接口管理、应用管理、运行管理。

基于 BaaS 区块链平台的电子合同子系统：提供完善的电子合同管理系统解决方案，能够和 BaaS 区块链平台实现技术对接，所有电子合同存证数据都具有法律效力；同时，支持数字水印技术、二维码水印技术、多时间戳证据固化技术，而且能够将固化的电子证据进一步分布式保存在区块链中，提升电子证据的客观公正性。

（4）系统架构。

“工联链”的系统架构如图 1-4-2 所示。

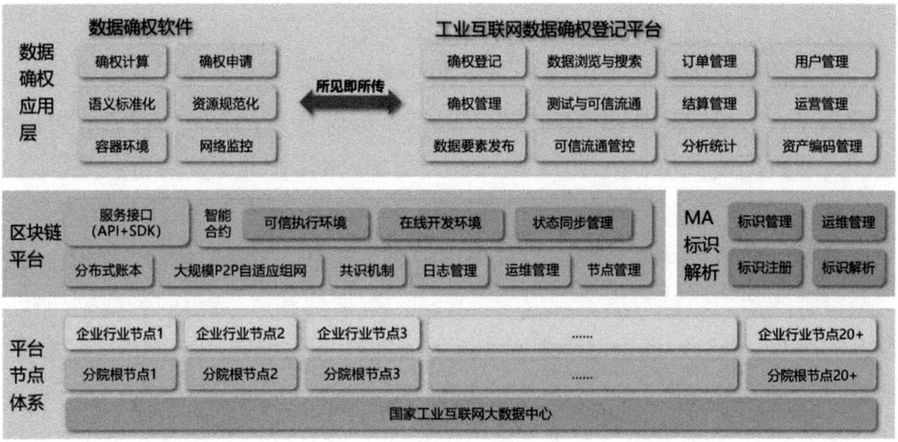

图 1-4-2　“工联链”的系统架构

首先，该平台在本地部署数据确权软件，对数据进行语义标准化转换，同时对数据量进行计算，生成数据确权确认单，上传企业确认的数据目录、数据量、数据标识，保证原始数据不出库。其次，该平台鉴别上述数据确权确认单中的信息，对鉴别无误的相关信息进行标识解析、标识注册和上链操作，并进行可信存储，用户既可以通过平台门户网站查看自身的确权数据目录和选择可开放的数据目录，也可以查看经其他用户授权许可的数据目录。该平台不仅可以保证用户数据不出本地数据库，还可以在用户允许的前提下访问数据，通过数据标识查询数据存储地址，未来可通过“工联链”智能合约体系生成账单，完成数据交易与数据读取。“工联链”对所有发布到确权平台的数据目录、数据确权过程、数据使用过程进行存储，实现对数据全生命周期的记录和数据拥有者对数据全生命周期的追溯、管理。

3）应用效果

“工联链”是激发数据要素市场活力的重要抓手，主要解决数据权属、数据溯源等关键问题，是国家工业互联网大数据中心的重要应用部分。利用“工联链”，确权平台实现了数据确权、数据全生命周期管理与数据溯源，保障了数据拥有者对数据的权利，解决了数据要素市场供给不足的问题，促进了我国工业大数据流转体系的形成，构建了从企业到行业，再到城市的数据要素确权和可信流通体系。

该平台一方面为集团企业提供软件产品与服务，帮助集团企业进行数据资产登记与可信流通管理，助力集团企业数字化转型升级；另一方面结合中小型企业的“上云”、数字化转型等需求，开展面向中小型企业的数据资产抵押试点等工作，增强中小型企业开发利用数据资产、变现增收的意识。

该平台联合龙头企业探索行业数据要素可信流通体系建设，搭建行业数据确权平台，通过企业设备数据和产品数据的确权登记、可信流通、可控交换，实现数据资产价值变现、供应链协同和一体化管理，支持行业数字化转型发展。

该平台允许在可信环境中对数据资源进行关联、融合、分析、利用，释放数据资源的活力，让数据资源成为真正的“数据要素”，通过政务数据与社会数据的融合、流通，打造亿级规模的区域大数据产业集群，促进和带动区域大数据产业高质量发展。

该平台作为国家级、省级、城市级三级工业互联网数据确权登记中心的支柱，推进了确权登记中心的建设与运营工作。确权登记中心与确权登记平台相结合，实现了工业互联网数据要素的全网互联、全量确权、全程可信、全域监管。

3. 创新与亮点

“工联链”围绕工业互联网全要素、全产业链、全价值链全面连接的特性，推动形成全新的工业生产制造和服务体系，其技术创新主要体现在以下 4 个方面。

实现跨区域产业聚集：“工联链”充分发挥在产业聚集方面的独特作用，积极满足生产企业对跨空间、数据交易等方面的需求。该平台通过全国数据互联，在国家工业互联网大数据中心已经沉淀的数据的基础上，实现工业虚拟聚集和市场虚拟聚集，不断向更深层次的数据交易延伸。

拓展业务模式：在传统制造业的发展处于瓶颈期、数据线下交易无法形成有效市场的情况下，“工联链”运用区块链技术直触制造业的核心，将数据作为生产要素，为创建符合互联网商业逻辑的数据生产要素流通市场提供平台和机制，为新型制造业打造新的基础设施。

支撑社会创新：作为我国重要的产业领域，制造业的发展能够带动众多相关领域的发展。“工联链”通过链上、链下协同实现制造业数据价值向链上的传导，成为新型制造业资源生产和交易的基础设施，有力支撑生产部门的一系列社会创新应用。

提升经济效益、社会效益：“工联链”针对工业生产中数据交易的相关需求，为用户提供异地交易、远程谈判、即时获取等服务，充分提升工业数据的效益，增强工业生产的可复制性，创造工业生产活动的附加价值，提高工业生产效率。

与其他行业现有的区块链应用相比，“工联链”的应用亮点如下。

在工业安全方面，“工联链”可支持海量物联网（IoT）设备的自主管理和跨网络、跨领域的分级授权认证，增强安全管控能力，降低认证的审核成本。“工联链”与标识解析技术相结合，有助于构建对等平权、共享共治的域名认证和标识解析体系。

在网络协同方面，“工联链”能为产业全链条、产品全生命周期提供穿透式、可证可溯的信息溯源服务，促进数据开放共享，通过打造去中心化、智能化、透明化的网络协同模式，解决传统企业协作中普遍存在的中心化管控、“信息孤岛”等问题，提升不同主体之间的跨界协同效益。

在服务型制造方面，“工联链”充分依托区块链不可篡改、不可抵赖的特性，把资金流、信息流、物流等融合在一起，增强信息的真实性，实现信息可传递与高效率融资。

在柔性监管方面，监管方可以作为一个“工联链”节点接入企业的供应链，实时了解原材料、产品等的状态与转移路径，将事后监管、审查变为事前、事中柔性监管。

参考文献

[1] 朱立锋. 工业互联网与区块链融通发展的探索实践[J]. 中国电信业，2019（12）：40-43.

[2] 汪允敏，李挥，王菡，等. 区块链在工业互联网标识数据管理策略研究[J]. 计算机工程与应用，2020，56（7）：1-7.

[3] 黄忠义. 区块链技术在工业互联网平台安全领域探索应用[J]. 网络空间安全，2018，9（10）：22-25，33.

[4] 阚雷. 区块链+制造业：工业 4.0 下的数字革命[J]. 中国工业评论，2016（12）：36-42.

[5] 张莹婷.《工业互联网 APP 培育工程实施方案（2018-2020 年）》的解读[J]. 工业炉，2020，42（6）：56.

[6] 工业和信息化部. 工业互联网发展行动计划（2018-2020 年）[J]. 机械工业标准化与质量，2018（8）：7-11.

[7] 李阳春，王海龙，李欲晓，等. 国外工业互联网安全产业布局及启示研究[J]. 中国工程科学，2021，23（2）：112-121.

1.5 百度桐乡分布式智能工业互联网平台

【案例相关单位】北京百度网讯科技有限公司

【案例提供人员】肖伟、王宇轩、黄云

1. 背景

全球制造业正在向网络化、智能化时代迈进，网络化、智能化的前提是形成一张打通制造业“信息孤岛”、支撑工业大数据安全有序流动的“高速公路网”。这张“高速公路网”需要满足安全、功能、性能等方面的复杂要求，现有的民用、商用互联网和工业控制网无法完全满足这些要求，需要在各类网络的基础上进行叠加、融合与创新，即打造全新的工业互联网。

工业互联网作为新型基础设施建设的重要组成部分，是促进工业经济向数字化、网络化、智能化转型的新动能。2021 年 11 月，工信部印发的《“十四五”信息化和工业化深度融合发展规划》提出，到 2025 年，我国工业互联网平台普及率将达到 45%。

北京百度网讯科技有限公司（以下简称“百度”）整合人工智能、区块链、大数据、云计算等技术，在浙江省桐乡市打造以人工智能为基因、以区块链可信生产关系为先进技术特色的分布式智能工业互联网平台，构建安全、高效的新兴战略性产业价值链和新型供应链体系，全力推动产业集群树立“需求导向、共赢共享、价值创造、联动发展”的理念，形成产业链供应链上下游协同的持续深化转型发展机制。

2. 主要痛点及解决方案

1）主要痛点

当前，我国制造业面临低端供给过剩、高端供给不足、创新能力不适应高质量发展要求等诸多痛点，急需深化新一代信息技术与制造业全要素、全产业链、全价值链的融合发展，充分发挥制造大国与网络大国的优势。

桐乡市是传统工业大市，化纤产业是桐乡市的重要支柱产业，全市规模以上化纤企业的工业总产值达数百亿元，主要包括前沿材料、智能汽车、智慧安防、智能计算、冠军企业、高端装备、时尚产业、工业互联网八大产业集群，已形成一定的规模效应。不过，近年来，桐乡市传统产业的优势面临着一些挑战，如何联动推进传统制造业和“互联网+”“机器人+”“标准化+”“大数据+”“设计+”“人工智能+”的深度融合，实现传统制造业向高新化、智能化、服务化、绿色化、国际化的转变，是桐乡市制造业面临的一大难题。

2）解决方案

百度桐乡分布式智能工业互联网平台推进以“产业大脑+未来工厂”为核心的业务场景数字综合应用的落地，基于工业互联网平台构建全要素、全产业链、全价值链的全面连接，支撑智能化制造、网络化协同、个性化定制、服务化延伸、数字化管理等新模式、新业态广泛普及，推动生产方式、产业链组织、商业模式、企业形态重构，提高社会经济的运行效率和资源要素的配置效率。桐乡市通过“一核一链四体系”（见图 1-5-1）的创新方式引导合成纤维“产业大脑”的建设，打造分布式智能工业互联网平台（见图 1-5-2），不断优化商流、物流、资金流、信息流、资源流的全息、高效流通，发挥龙头企业、冠军企业在供应链体系中的主导作用，完善全产业链大中小企业的共生共享模式，通过数字经济核心平台方案全面推动桐乡市企业高质量发展，助力桐乡市制造业从高速发展向高质量发展快速过渡。

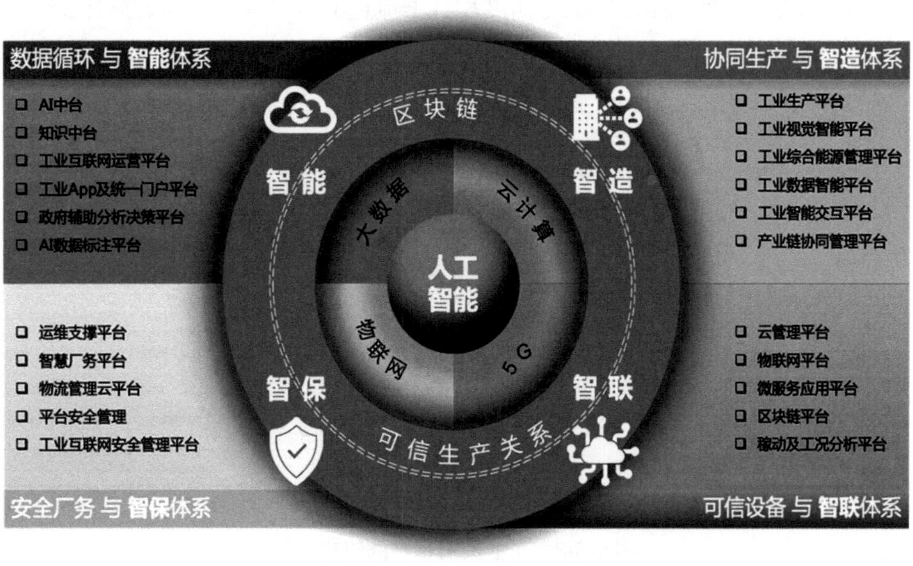

图 1-5-1　“一核一链四体系”

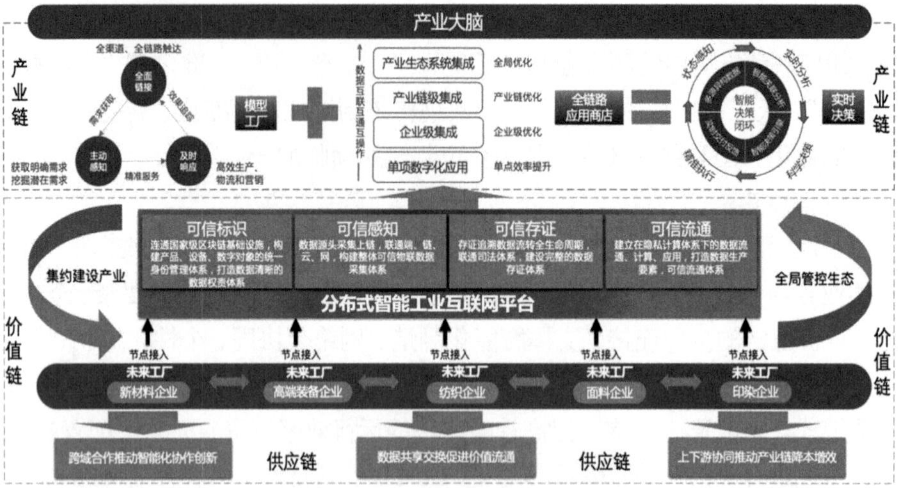

图 1-5-2　分布式智能工业互联网平台

工业数据作为各个参与方的重要资产，在供需双方之间、平台与平台之间、不同参与方之间不断交互，数据确权、数据流通、数据安全对工业互联网平台尤为重要。在百度桐乡分布式智能工业互联网平台的建设中，区块链技术被应用于可信数据采集平台、工业数据可信保障平台、可信计算数据协同平台，确保工业互联网平台数据采集的可信度和数据流通的有效性，保障数据在安全的环境中进行流转与交易。工业数据资产的流转过程如图 1-5-3 所示。

图 1-5-3　工业数据资产的流转过程

（1）可信数据采集平台。

区块链技术在数据安全和隐私保护方面具备优势，有助于解决物联网应用的数据存储、可信隐私等问题，物联网和区块链技术的结合将发挥巨大的作用。在供应链金融业务场景中，可信设备采集的数据可作为基础数据的补充，并被提供给金融机构，帮助金融机构、普惠金融服务小微型企业。同时，企业侧和政府侧可将可信设备采集的数据作为连接工具，在能源、环保等场景中进行数据真实性评估。

可信数据采集平台支持节点灵活增删和百度独创的轻节点授权机制（LCV），可实现 IoT 设备的微网建设和可信数据采集。百度 LCV 技术架构如图 1-5-4 所示。

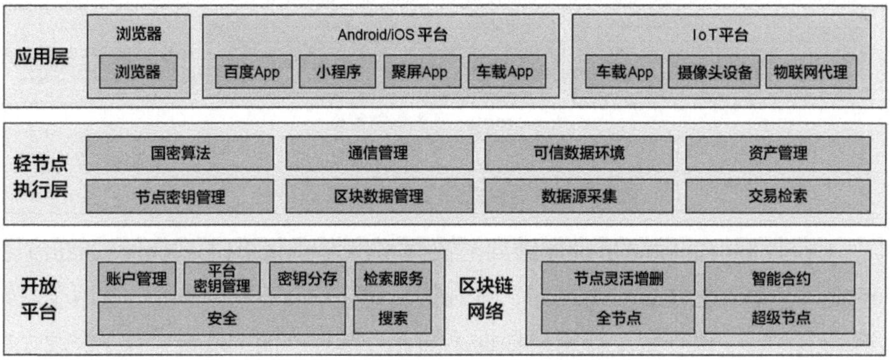

图 1-5-4　百度 LCV 技术架构

百度自主研发将区块链轻节点 SDK（软件开发工具包）集成到嵌入式设备中，与已有物联网数据采集硬件相结合，实现物联网设备与区块链网络的“端链直连”，兼容多类物联网设备，保证数据可信、高效传输、快速共享。“LCV+物联网”技术具有以下优势。

- 采集数据真实可信：各个终端节点把数据同步给平台节点，通过多中心化记录实现数据及时更新和防篡改，确保数据真实、安全、有公信力。
- 采集数据上链共享：多终端采集的数据直接上链共享。
- 兼容多类物联网设备：百度自主研发的 LCV 技术具有较强的扩展性和兼容性。

（2）工业数据可信保障平台。

工业数据可信保障平台以百度超级链 BaaS 管理平台（见图 1-5-5）为基础，可便捷完成对区块链网络的部署、使用、监控和运维。

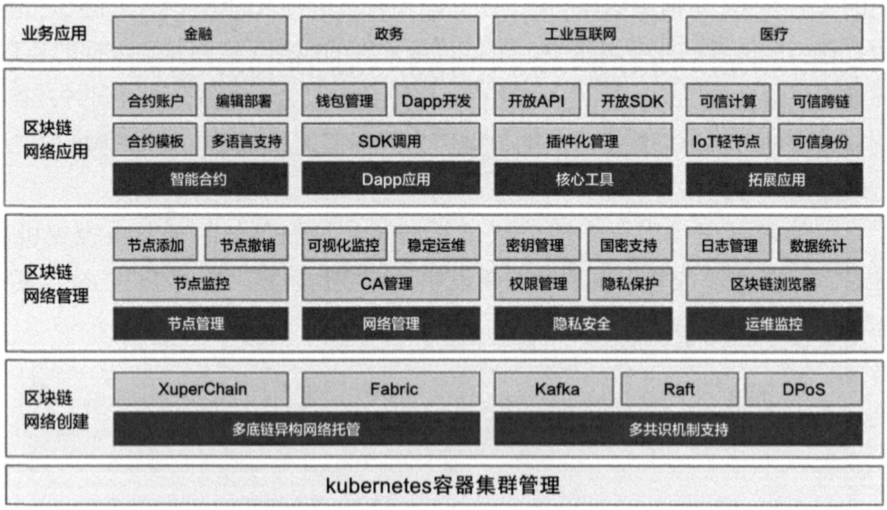

图 1-5-5　百度超级链 BaaS 管理平台

工业数据可信保障平台能够同时支撑百度自研超级链（XuperChain）和 Fabric 两套底层区块链技术框架，并利用私有化 BaaS 管理平台对这两套底链框架进行管理。该平台支持用户根据不同业务选择不同的底链框架，快速完成区块链网络搭建，并且支持基于不同底链框架所搭建网络的可视化管理。百度超级链 BaaS 管理平台的可信跨链能力为工业数据可信保障平台提供通用跨链服务，依托跨链技术，帮助用户实现多条底链之间的数据互通，快速构建跨链应用。

（3）可信计算数据协同平台。

为了保证用户数据的安全性，可信计算数据协同平台使用了一系列技术手段。

- 计算任务审核机制：计算任务需要被发布到区块链上，在可信网络内部进行公示。计算任务中列举了数据集诉求列表，其中涉及的每一份数据集的所属方都要在链上对计算任务进行审核，从而保证计算任务涉及的每一份数据集都是经过所属方授权的。
- 从用户端到可信执行环境（TEE）的通信安全：从用户端到 TEE 的通信过程在安全传输层协议（TLS）的安全连接之外，还包含扩展的双向验证，确保用户端具有合法身份；同时，TEE 没有经过篡改，可保证从用户端到 TEE 的通信是严格按照预期进行的。
- TEE 之间的通信安全：TEE 之间的通信过程在 TLS 的安全连接之外，

同样包含扩展的双向验证。

- 数据集隐私保护：为了保护数据集的隐私，该平台采用了多个加密技术方案。
- 在对计算结果完成加密融合计算后，TEE 会使用任务发起方在任务信息中提交的密钥对相关计算结果进行加密，确保只有任务发起方能解密计算结果，得到原文。

3）应用效果

百度桐乡分布式智能工业互联网平台为制造业提供了数字化、网络化、智能化的新型能力，助力企业实现数字化转型和产业升级。该平台将企业订单与产能的可信数据在"可用不可见"的前提下实现互联互通，助力企业调节生产规模，避免资源浪费或产能不足。在该平台的基础上，桐乡市政府结合产业链上企业的实际情况，依托具有平台运营能力的企业，根据企业的具体需求进行个性化应用定制，匹配不同场景，打造了由上而下的协同生产新模式，大幅提高了工作效率，增强了企业竞争力。

目前，桐乡市的工业互联网发展处于数据积累和应用探索阶段，通过龙头企业、冠军企业的积极推动，行业型工业互联网已经陆续落地，企业内的信息系统实现互联互通，在完成设备层的数据采集后可实现智能化决策应用，形成了龙头企业辐射上下游的互联模式。产业级的工业互联网处于初级阶段，需要政府和企业的整体推动，将政府平台、行业工业互联网平台、规模以上企业和规模以下企业协同为一体，形成相互融合的"一体化产业大脑"。

3．创新与亮点

1）促进企业数据可信流通

作为一个工业城市，桐乡市有多条成熟的产业链，企业在经营的过程中积累了大量有价值的数据。受到以往相关法律法规不完善和数据安全流通手段落后的限制，这些数据之间形成了"数据孤岛"，难以在企业之间流通，无法最大限度地发挥作用。基于区块链技术的可信计算数据协同平台在保证安全性与隐私性的前提下，对行业数据进行流通计算，促进行业信息共享，有利于行业创新发展。

2）"区块链+物联网"技术深度融合

在百度桐乡分布式智能工业互联网平台中，"AI（人工智能）+工业互联网"的特点是以大量数据为算料基础。百度独创的 LCV 技术可以将物联网设备转变为区块链网络中的轻节点，把物联网采集的数据存储在区块链网络中，基于区块链账本的防篡改、可追溯等特性，保障数据的真实性，基于真实数据训练 AI 模型，从而帮助工业企业更好地实现数据价值和效能的提升。

3）为产业链金融提供可信基础

该平台在建设之初即引入区块链技术，对接入平台的企业发布和承接的信息进行可信保障，企业的设备数据和经营数据不可篡改，为基于区块链的产业链金融提供安全可信的依据，为提高产业链金融效率创造条件。

参考文献

[1] 《“十四五”信息化和工业化深度融合发展规划》解读[EB/OL]. [2021-12-01]. http://www.gov.cn/zhengce/2021-12/01/content_5655201.htm.

[2] 桐乡市经济和信息化局. 百度智能云：助力桐乡打造区域级智能工业互联网平台[N]. 人民日报，2022-03-07（09）.

[3] AI+工业互联网成趋势，云智一体加速多点落地[EB/OL]. [2022-04-19]. http://tech.cnr.cn/techph/20220419/t20220419_525799554.shtml.

1.6 基于区块链的招标采购供应链金融服务平台“融通易链”

【案例相关单位】北京中招公信链信息技术有限公司、杭州趣链科技有限公司

【案例提供人员】匡立中、贺东梅、俞韵洁、邵张建

1. 背景

随着数字化战略的深入推进，以及解决中小型企业“融资难、融资贵”问题和优化市场营商环境需求的推动，创新发展供应链金融成为国家和各大企业关注的焦点。供应链金融的基础不是单一企业或地域，必须打造围绕行业服务的产业生态，形成行业、企业在网络平台上的集聚与互动，同时提供全方位的供应链金融服务，才能推动供应链金融业务落地。

传统招标采购平台大多基于某些特定行业（如能源、电力等），形成核心企业和供应链集聚效应，基本上能实现招标采购线上化、电子化，拥有满足上下游供应链的现实需求和开展供应链金融业务的天然优势。近年来，区块链技术的快速发展为招标采购行业供应链金融的创新提供了更可靠的实现路径。

北京中招公信链信息技术有限公司（以下简称“中招公信链”）运用杭州趣链科技有限公司国产自主可控的区块链底层技术，搭建基于区块链的招标采购供应链金融服务平台“融通易链”，为招标采购行业提供统一的金融服务通道，助力供应商提高融资效率，促进供应链金融发展。

2. 主要痛点及解决方案

1）主要痛点

（1）业务单一，无法满足供应商的需求。

招标采购平台的金融业务与自身供应链体系的融合性较差，具体表现在招标采购全流程的金融需求包含标前、投标、中标、标后等供应链全流程的需求，现有的大部分招标采购平台的金融业务仅覆盖签订合同前的竞标阶段（如投标保证金、银行保函、保证保险、担保保函等业务），无法满足供应商的所有金融需求，极大地浪费了招标采购平台积淀的供应商业务往来数据资源。

（2）风险控制难度高。

供应链金融中对各个环节的真实性和可靠性的管控非常重要，这不但包含事前对用户风险的识别与鉴别、评估与防范、风险控制等，而且急需加强对事后减少损失、追回资金、追究责任等方面的管控。目前，大多数供应链金融服务平台缺乏有效的管控措施和举证手段，服务节点越多、信息共享人数越多，对信息泄露问题就越难追溯源头，对法律纠纷也越难出示合法合规的证据进行举证，容易阻碍供应链金融的发展。

（3）技术对接难度高。

供应链金融业务的复杂性要求核心企业和金融机构等相关方进行系统对接，而招标采购平台、核心企业和金融机构等为了满足自身对供应链的需求，往往选择自建或借助开发商建设供应链平台。自建供应链平台缺乏统一的应用规范指导，开发商建设的供应链平台良莠不齐、技术多样。这导致供应链平台的兼容性较差，仅能兼容自身平台，不适用于其他平台，因此只能采用模块化对接模式进行一对一对接，难度高、工作量大，造成了极大的资源浪费。

（4）无法保障数据安全和自主可控。

供应链金融发展的前提是产业供应链的稳定。供应链往往涉及大量的利益相关者和复杂的交易活动，如果供应链中的信息数据被泄露或篡改，那么不仅会对参与企业的正常生产经营构成威胁，还会直接影响产业供应链的安全与稳定。因此，保障数据安全成为发展供应链金融的重点。目前的供应链金融平台大多基于集中式数据库、中心化存储的架构模式提供服务，大量交易信息在公开的网络环境中交互，并被聚集到某一个供应链金融平台，无法保障数据安全和自主可控，容易造成“数据垄断”，阻碍供应链金融的持续发展。

2）解决方案

针对招标采购行业发展供应链金融面临的诸多痛点，中招公信链建设了基于区块链的招标采购供应链金融服务平台“融通易链”。“融通易链”基于招标采购平台在发展供应链金融中的上游业务优势和在供应链管理全过程中的核心地位优势，利用行业领先的区块链技术，构建招标采购应用场景中的核心企业自主可控的供应链金融服务体系。其平台架构如图 1-6-1 所示。

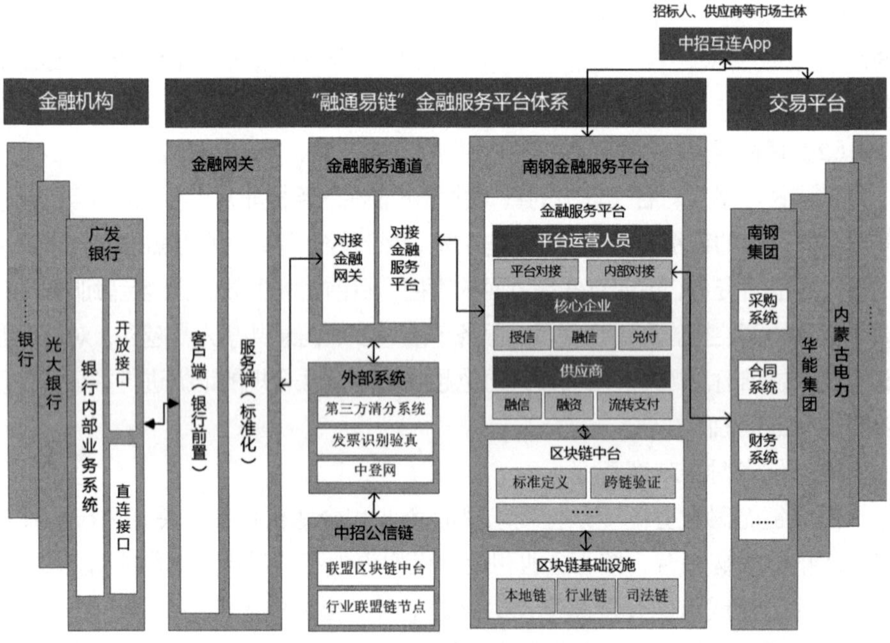

图 1-6-1 “融通易链”的平台架构

“融通易链”运用区块链技术的具体情况如下。

（1）提供本地化、私有化部署的供应链金融服务模块：为招标采购平台提供自主可控、交易上链的本地化、私有化部署的供应链金融服务模块，对接区块链中台、银行内部业务系统、中招互连 App 和金融服务通道，为平台运营人员、核心企业、供应商提供金融产品和服务。

面向平台运营人员：提供供应链金融服务平台的运营管理功能，平台运营人员可以根据平台需要准入金融机构、开通金融产品；管理平台下的所有核心企业和核心企业的融信业务；管理平台下的供应商信息和供应商的融资申请、兑付等交易业务。

面向核心企业：提供授信、融信、兑付等金融服务。

面向供应商：提供融信、融资、流转支付等金融服务。

（2）提供面向各类金融机构的金融服务通道：提供实现“资产方互联”和“资金方互联”的“双联”金融服务通道，通过该通道实现与金融机构、外部系统的对接。

对接金融机构：“融通易链”金融服务通道面向金融机构进行“总对总、一对多”对接，通过协议适配、数据映射等技术手段，向金融机构提供统一的用户建档、开户、融资、清分等金融服务接口，只要对接一次，就能动态开通相应的金融服务。

对接外部系统：“融通易链”金融服务通道统一对接第三方清分系统、发票识别验真、中登网、短信、邮箱系统等外部系统，减少供应链金融服务模块与外部系统对接的工作量，降低技术难度。

（3）提供统一标准、万链互联的区块链中台：为招标采购平台提供自主可控的区块链中台，实现上层业务应用和底层区块链平台的分层。

配置数据上链标准：设定上链应用的业务要求，配置数据上链的业务信息和主体信息等，实现业务数据安全、可靠上链。

对接区块链中台：金融服务业务与本地化的区块链中台对接，完成本地链 Hash（哈希）上链和司法链上链存证、司法查证。

支持上链应用的存证管理：根据研发的上链应用，在区块链中台完成本地化存证管理，通过可视化的管理平台全面查看上链的业务信息和过程信息。

支持上链应用的账本管理：支持本地化的区块链账本管理，实现对本地链账本、行业链账本、司法链账本的可视化查看和跟踪。

支持文件存储管理：平台提供的文件存储系统与区块链中台对接，实现文件的存放归档，满足查证需要。

（4）提供全行业 CA（认证机构）证书互认共享的高效数字身份共享授权确权体系：集成行业主体 CA 互认共享服务平台——中招互连 App，支持招标采购平台的核心企业、供应商基于移动 CA 实现身份信息共享和电子文件签名盖章、跨系统流转、签章互验，确保数据的真实性和完整性。此外，移动 CA 还能为供应商提供便捷的在线授权机制，实现主体自主上链、授权共享，助力链上合规交易。

3）应用效果

自上线以来，“融通易链”已与包括广发银行在内的多个金融机构和包括南钢集团内部的采购系统在内的多个招标采购平台开展合作，创造了巨大的社会效益和经济效益。

（1）招标采购平台和金融机构、外部系统之间通过统一的“融通易链”金融服务通道进行对接，减少了重复对接的工作量，降低了对接难度。以广发银行为例，在与“融通易链”对接前，广发银行采用“端对端”的对接方式，与供应链金融服务平台一一对接，开发工作量较大。在与“融通易链”对接后，广发银行发挥“总对总”优势，在无须过多开发的前提下对接外部系统，提高了对接效率。

（2）提升了招标采购平台的服务质量，提高了核心企业的资产运营效率，降低了采购成本。以南钢集团为例，其通过与“融通易链”对接，帮助上下游供应商高效获得融资，稳定上下游供应商资源，不但促进了供应链的良性循环，而且缓解了核心企业的资金周转压力。

（3）解决了供应商“融资难、融资贵”问题。“融通易链”覆盖了多个品类的金融服务产品，满足了不同供应商在不同场景中的各种需求，与传统金融贷款相比，利率低、保障高，可为供应商降低8%～15%的融资成本。

3. 创新与亮点

1）制定标准，引领行业发展

“融通易链”的技术服务方中招公信链联合中国招标投标协会和中国招标投标公共服务平台，制定了招标采购行业统一、规范的供应链金融服务标准，为招标采购平台、核心企业、供应商、金融机构和外部系统的合规运营提供了基础。

2）实现招标采购行业供应链金融产品全覆盖

“融通易链”立足招标采购全流程，实现了从投标阶段的投标贷和中标阶段的中标贷，到合同履约阶段的应收账款和其他阶段的票据贴现等全交易过程的金融产品全覆盖，满足了招标采购行业对供应链金融产品的需求。

3）搭建招标采购行业统一的金融服务通道

“融通易链”基于“行业互联、互通、互信”的顶层定位，提供统一的金融服务通道接口服务，在金融机构、行业平台、核心企业、供应商之间搭建了互联互通的桥梁，有效解决了企业自建供应链平台面临的金融机构对接难、对接银行多、对接工作量大等难题。

4）混合链模式，实现信息对称、信用传递

“融通易链”对接行业统一标准的区块链中台，完成了和本地链、行业链、司法链的互联对接，实现了跨链共享和交叉验证，增强了供应链金融平台的可信交易能力。

5）实现数据自主可控

“融通易链”不同于传统的 SaaS（软件即服务）模式，它在招标采购平台和金融机构内部部署本地化、私有化的供应链金融服务模块，实现了数据自主可控。

6）实现授权确权和精准追溯

“融通易链”创新性地为招标采购行业集成了移动 CA 互认共享服务，有效支持 CA 跨平台兼容互认，为供应链金融服务的主体确权、溯源查证、信息追溯等提供了有力的技术支撑。

参考文献

[1] 宋华. 困境与突破：供应链金融发展中的挑战和趋势[J]. 中国流通经济，2021，35（5）：3-9.

[2] 柴正猛，黄轩. 供应链金融风险管理研究综述[J]. 管理现代化，2020，40（2）：109-115.

[3] 邓昊天. 区块链技术如何为供应链金融赋能？[J]. 科技与金融，2021（8）：74-81.

[4] 张佳卉. 中小企业供应链融资策略选择的影响因素分析[J]. 现代商业，2018（18）：52-54.

1.7　基于“区块链+物联网”的产业链供应链金融解决方案

【案例相关单位】浙商银行股份有限公司

【案例提供人员】杨倩茹、沈珏、黄蓉、张文翰

1. 背景

产业链供应链金融在解决中小微企业的融资问题和促进金融“脱虚向实”

等方面具有重要作用。为响应“十四五”规划“提升产业链供应链现代化水平”“加快数字化发展 建设数字中国”的号召，贯彻落实《浙江省金融业发展“十四五”规划》中“发展供应链金融支持产业链现代化”的要求，浙商银行股份有限公司（以下简称“浙商银行”）以服务实体经济为导向，积极研究“区块链+物联网”技术，加强信用风险防控与公司业务创新，围绕产业链供应链上下游平台化、场景化应用搭建基于“区块链+物联网”的产业链供应链金融服务平台。该平台充分运用区块链技术，利用其去中心化、不可篡改、高安全性等技术特征，把企业在供应链中沉淀的应收账款转化成高效、安全、线上化的“数字凭证－区块链应收款”；融合运用物联网等数字化手段，整合物流、资金流、信息流等数据，构建完整的产业链供应链金融体系，利用其“物物互联、全面感知”的优势特性获取客观数据，解决银行和用户之间信息不对称的问题，服务小额、分散的信贷业务场景，积极推动产业链供应链金融数字化，为各行各业的产业链供应链上下游提供全面的金融服务，创造显著的经济效益和社会效益。

2. 主要痛点及解决方案

1）主要痛点

目前，全国所有企业每年的应收款数额巨大。传统供应链金融信用环境不佳、信息不透明，应收款融资手续烦琐、成本较高、流转困难，而且难以防范操作风险和欺诈风险，严重制约应收款融资业务的开展，难以大规模发展产业链供应链金融。

2）解决方案

浙商银行产业链供应链金融服务平台基于区块链的信息共享可信、不可篡改、可追溯等技术特征，融合物联网、大数据、人工智能、云计算、机器学习等数字化手段，把企业在供应链中沉淀的应收账款创新性地转化成可在线流转、偿付、转让的高效、安全的“数字凭证－区块链应收款”，重塑信用风险管控流程，创新产业链供应链金融服务模式，根据不同企业的场景化应用需求，提供定制化的融资、结算、资金管理等“一揽子”在线产业链供应链综合金融服务。该平台的应用架构如图 1-7-1 所示，它可以满足用户在采购、仓储、租赁、销售、分期还款和存量资产盘活等应用场景中的个性化金融需求，精准服务产业链供应链上下游。

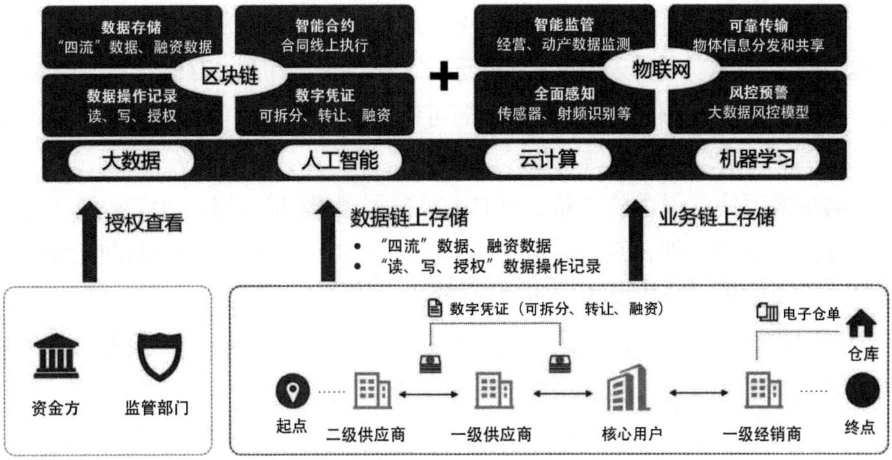

图 1-7-1　浙商银行产业链供应链金融服务平台的应用架构

该平台的总体架构如图 1-7-2 所示，其中，应用层由行内各系统组成，将传统的支付、融资等银行金融服务与上下游企业、商品产销全链条相结合。

图 1-7-2　浙商银行产业链供应链金融服务平台的总体架构

原生区块链层提供共识机制、分布式账本、智能合约、多级签名等区块链基础能力，以及区块链物联网数据存证、区块链物联网数据验证等功能，基于区块链的防篡改、分布式、可追溯等特点，确保数据在跨环节、跨部门传输后真实可信、可全链路追溯，特别是将物联网作为原生的数据上链，阻断中间的人工操作，增强数据采集的真实性。

物联网平台层提供各种物联网终端的灵活适配和海量数据的采集、分析等功能，同时为特定行业提供强大的开放能力，支撑各行业快速落地各种物联网业务应用，满足各行业用户的个性化业务需求，从而创造新价值。

物联网网络层提供多种协议接入能力，可接入异构设备，并建立异构设备与云服务、用户、其他设备的无障碍通信，在传输、计算、存储物联网数据的过程中，通过数据通信加密、内存级的可信计算环境、密文或密钥的存储管理等多种手段，实现数据全链路加密。

物联网硬件层通过传感器、PLC（可编程逻辑控制器）、边缘网关、边缘计算设备等多种硬件，直接采集企业真实的经营动态和大宗商品的仓储物流信息，实现业务现场数据的"底层穿透"。

（1）实现核心企业信用在上下游的多级传递，有效解决中小型企业"融资难、融资贵"难题。

浙商银行以实体企业在供应链上下游的应收账款和应付账款为切入点，搭建产业链供应链金融服务平台，充分运用区块链技术的高安全性和对供应链商圈、银行的增信特点，实现核心企业信用在上下游的多级传递，在降低供应链融资成本的同时，大幅降低银行机构面临的信用风险和欺诈风险，有效满足上下游经销商和用户的融资需求，帮助核心用户增加销售收入、加快现金回笼速度，实现供应链稳链、强链。

（2）提供定制化服务方案，打造产业链金融发展新模式。

浙商银行秉承"一户一策、一行一策"的定制化服务理念，从用户需求出发，依托区块链和物联网等创新技术，提供技术服务和业务平台服务，实现资金和货物的封闭式、全流程双线管控，为全产业链提供场景化、定制化、综合化服务方案，把用户账面上的应收账款、未来应收款、设备、存货转化为金融电子工具，实现对外采购偿付和融资，帮助用户盘活存量资产，助力企业构建健康、稳定的供应链"生态圈"。

（3）支持制造业数字化升级，推进产业链融资畅通。

浙商银行从智能制造实施过程的服务方和需求方两端入手，在初期选型、中期实施和后期运维等阶段，发挥银行的资金融通、信用中介、衍生服务等职能优势，创新推出履约见证、设备分期、设备外包等专项金融产品和服务，在业内首创线上化"融资、融物、融服务"的智能制造综合金融服务，推进浙江省制造业企业智能化改造和产业链融资畅通。

（4）运用技术手段，推动金融发展。

浙商银行运用人工智能、机器人流程自动化、OCR（光学字符识别）等数字化手段，通过产业链供应链金融服务平台一系列创新模式的应用，不断推进业务线上化、移动化，大大简化操作手续，为企业提供高效率、低成本的金融服务，优化用户体验，方便企业融资，降负债、降成本。

3）应用效果

针对中小型企业“融资难、融资贵”和周转效率低、难以大规模发展产业链供应链金融等痛点，浙商银行运用区块链、物联网等前沿技术手段，深耕产业链供应链金融服务领域，迭代升级产业链供应链金融服务平台，创新采购、仓储、租赁、销售、分期还款和存量资产盘活等多跨场景应用，推动产业链供应链上下游数据贯通、资源共享和业务协同，打造互促共进、互利共赢的网状数字生态，助力供应链稳链、强链。截至 2021 年 12 月末，浙商银行通过产业链供应链金融服务平台服务 4800 余家核心企业（如中国移动、中国建筑、三一重工、中粮集团、中铁十四局、吉利、珠海格力等著名企业），延伸服务上下游中小型企业近 3.4 万家，融资余额超过 1600 亿元，盘活企业应收账款超过 5500 亿元；其中，服务 1800 余家省内核心企业，延伸服务上下游中小型企业超过 7600 家，融资余额近 350 亿元。

浙商银行推出动产监管、信贷业务管控、资产数字化管理等多跨场景应用，并对接浙商银行区块链 BaaS 平台进行上链存证，形成“数字孪生”，构建“物”的客观征信体系，实现“产业链数据采集+多维度数据校验”的物联网自主贷后管理。基于“区块链+物联网”的产业链供应链金融解决方案已在平湖市兴隆钢结构安装有限公司、浙江生辉照明有限公司、湖州太湖君澜温泉度假酒店、杭州伊美大酒店等省内企业落地实施，并进一步辐射全国，完成对山西省、北京市、嘉兴市、湖州市、德清县等地区 45 个大宗商品仓库的物联网改造，服务企业授信总金额超过 90 亿元。

3. 创新与亮点

（1）有利于提升银行机构的服务能力：浙商银行运用数字化技术解决痛点、难点、堵点，着力提高跨部门协同和前台、中台、后台联动的效率，推动业务全流程线上化、数字化，大大简化用户的操作手续，为用户提供高效、安全、低成本的金融服务，有效解决民营企业和中小微企业“融资慢、融资繁”的问题，积极保障企业业务正常运行，践行“金融标准 为民利企”理念。同时，浙商银行走出了一条运用“区块链+物联网”技术服务实体经济的“新路子”，为同业提供了可借鉴的实践经验，在促进商业银行提升服务实体经济的能力和水平方面具有积极意义。

（2）有利于加强银行机构的风险防控：该平台有效降低了在传统产业链供

应链金融中银行机构面临的道德风险和操作风险，综合运用“区块链+物联网”技术，形成了对供应链商圈和银行的增信，实现了核心企业信用的迁移，以数字化转型推动金融生产方式和治理方式的变革。在“强监管、严监管”常态化的大环境下，浙商银行利用数字化手段自觉做好风险防控，守正创新，合理开展创新探索，以高适配性、高安全性、高稳定性的特色化产品为服务实体经济提质增效。

（3）有利于构建产业“生态圈”：借助“供应链+创新链”、智能制造、物联网自主贷后管理等一系列创新模式，该平台可同步解决上下游用户的融资问题，实现“一点用信、多处受益、链式流转”，真正助力产业链供应链高效协同，构建具备核心竞争力的产业“生态圈”，提升产业链供应链现代化水平。

基于“区块链+物联网”端边云链架构的产业链金融服务平台荣获央行“2020年度金融科技发展奖”三等奖；基于区块链的供应链金融服务平台入选中国国际工业互联网创新发展大会“2021数字供应链金融创新成果”；基于“区块链+物联网”的供应链金融创新案例荣获《银行家》“2021中国金融创新奖－十佳金融科技创新奖”。

参考文献

[1] 政府工作报告首提“创新供应链金融服务模式”释放了什么信号？[N]. 21世纪经济报道，2021-03-10（7）.

[2] 工业和信息化部. 提升产业链供应链现代化水平[N]. 人民日报，2020-12-25（2）.

[3] 浙商银行，易企银科技，浙江大学，等. 基于区块链技术的供应链金融白皮书（2020）[R/OL]. [2021-01-04].

[4] 浙商银行，中国电子技术标准化研究院，中钞区块链技术研究院，等. 基于“区块链＋物联网”的产业链金融应用白皮书（2021）[R/OL]. [2022-01-04].

1.8 碳数据监测分析与交易平台

【案例相关单位】杭州产链数字科技有限公司

【案例提供人员】蒋永亮、谢屿、杨雨

1. 背景

为推动能源低碳化和绿色发展，我国提出了力争在 2030 年前实现碳达峰、2060 年前实现碳中和的远景目标。实现“双碳”目标急需理论创新、技术创新和制度创新，从国情出发，加快能源开发、转换、配置、储存、使用等领域的创新迫在眉睫。碳交易市场是我国应对能源问题的重大制度创新，将在实现“双碳”目标方面发挥重要作用。

2021 年 10 月，《中共中央 国务院关于完整准确全面贯彻新发展理念做好碳达峰碳中和工作的意见》指出，实现碳达峰、碳中和目标要坚持全国统筹、节约优先、双轮驱动、内外畅通、防范风险的工作原则，并强调要加强绿色低碳重大科技攻关和推广应用，确保如期实现碳达峰、碳中和目标。

2. 主要痛点及解决方案

1）主要痛点

现有的碳交易市场存在碳排放监测计量数据不准确、信息不透明、政府监督管理力度不足、碳排放源难以监测和控制、运行成本高、管理效率低，以及商业信息机密与环境信息公开相矛盾等痛点，造成国家碳交易市场不活跃和区域、国家、国际碳交易平台对接不顺畅等问题。

造成上述问题的直接原因是碳监测过程中的碳排放数据“难采集、难追溯、难核算”，更深层的原因是碳监测的整体聚合能力需要进一步提升。区块链具备透明连接、价值可信、不可篡改和信息可追溯等技术特性，可解决碳排放监测计量数据不准确、碳排放核算体系不完善、信息不对称和数据不可追溯等难题。

2）解决方案

碳数据监测分析与交易平台的总体架构包括资源层、支撑层、应用层、接口层。资源层包括智能传感器和数据集成两部分：智能传感器的数据源包括碳排放监测物联网设备、能耗监测数据、企业业务系统数据，数据集成的数据源包括政府数据、国网电力数据、综合能源数据和其他外部数据。支撑层基于区块链、大数据、人工智能等新兴技术建设一体化基础支撑平台，包括区块链、大数据、人工智能、数据仓库和各种类型的数据存储。应用层包括区块链应用服务、碳账户、碳汇交易、绿色认证、绿色金融、区域能源优化等应用场景。接口层包括 Web 端、大屏端和数据接口，可与政府、企业、金融机构、监管机构、核查机构等实现数据安全共享。

碳数据监测分析与交易平台的总体业务流程如图1-8-1所示。该平台在链上聚合企业的煤、油、水、气、电等多维能源数据，结合碳排放因子库和碳排放量化模型，通过智能合约进行碳排放量化。核查机构负责对链上数据进行核查、出具核查报告，并根据量化结果和核查报告出具碳排放证明，基于碳排放证明进行碳排放分析、碳排放预测、可视化管控，制定能源优化策略。企业通过在线填报或在线监测的方式进行减排数据监测汇总，这些数据需要与政府数据进行交叉验证，由第三方机构核查，在通过核查后自动生成碳减排量证明，该证明可进入碳汇市场进行交易。

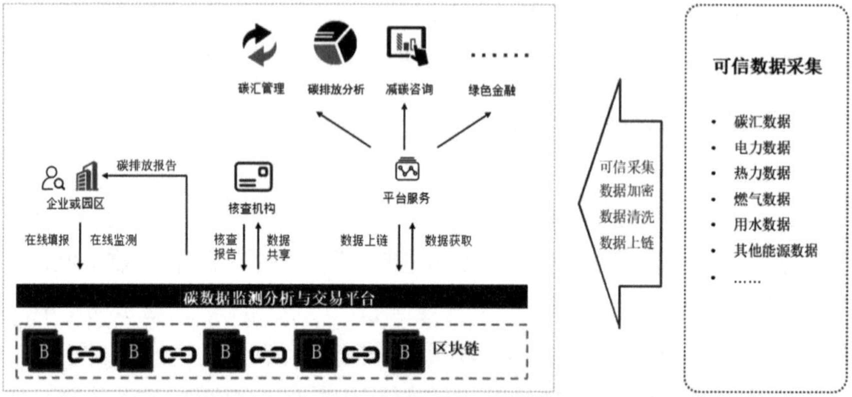

图1-8-1　碳数据监测分析与交易平台的总体业务流程

（1）“区块链+碳数据监测分析与交易平台”联盟链中的区块链节点包括政府相关部门、碳排放企业、核查机构、金融机构等，基于区块链的碳账户综合服务平台可实现碳排放数据和碳资产数据链上安全存储、可信计量、可信共享，促进碳数据监测分析与交易平台透明化、安全化、公平化运行。

（2）该平台基于区块链的透明连接、价值可信、不可篡改和信息可追溯等技术特性，构建企业碳账户体系和碳排放总量、企业碳效值、企业碳中和率、企业碳效波动率、区域碳排放总量、区域碳排放强度、区域碳排放指数等多维碳排放指标体系，有效解决碳排放能源结构不清晰、信息不对称、数据不可追溯和低碳优化发展路径不明确等痛点。碳排放数据实时核算分析有助于实现碳资产清晰、碳管控到位，加大监管力度，帮助政府掌握区域碳排放数据和碳排放结构，为区域实施电力能源优化发展战略提供量化决策依据和管理措施。

（3）该平台可提供基于可信碳账户的多跨场景应用综合服务，为碳汇交易、碳账户与绿色认证、碳账户与绿色金融、碳账户与区域能源优化等多跨场景提供安全、可信的数据服务，开发光伏、风能、碳捕捉等多个场景中的减碳量化智能核算模型，生成基于区块链的可信碳减排量证明。

3）应用效果

碳数据监测分析与交易平台连接了政府、企业、金融机构、监管机构、核查机构，通过对碳排放数据的监测、汇总、分析、报告和碳资产交易服务，盘活企业碳资产，助力实现碳中和目标。

（1）碳账户综合服务平台。

杭州产链数字科技有限公司（以下简称“产链”）帮助国网建设了碳账户综合服务平台（见图 1-8-2），运用区块链技术解决了数据安全问题，基于区块链的分布式存储、多方共同维护等特点，构建了基于区块链的可信碳账户体系和多维碳排放指标体系，提供了多跨场景应用综合服务，开发了多个场景中的减碳量化智能核算模型。

图 1-8-2　碳账户综合服务平台

（2）海曙区工业碳管家平台。

产链帮助宁波市海曙区打造了海曙区工业碳管家平台（见图 1-8-3）。借助该平台，海曙区政府部门不仅能获得全区规模以上工业企业的碳排放数据，还能掌握工业企业的详细信息、地理位置、土地数据、增加值数据等。截至 2021 年 10 月，该平台已对全区 750 家规模以上工业企业的碳排放数据实现监测全覆盖，并录入了 2018—2020 年的数据。除此之外，海曙区政府部门还可以在该平台中选择相关的乡镇（街道）、重点行业进行碳排放分析和查询，详细数据一目了然。

图 1-8-3　海曙区工业碳管家平台

（3）工业设备碳资产管理平台。

产链与东华科技开展战略合作，共建工业设备碳资产管理平台。双方基于区块链和物联网等数字化技术，对变频器元器件进行智能化改造，利用区块链边缘节点打通设备数据采集和上链接口，实现碳排放数据实时采集和自动上链。

（4）正泰物联网园区碳监测平台。

正泰物联网产业园区携手产链建设正泰物联网园区碳监测平台，基于区块链和智能物联网等技术，实现对园区能耗数据的实时监测和对碳排放数据的自动核算，通过监测、汇总、分析和报告，摸清园区的碳排放能源结构，实现碳管控到位；通过检测、碳普惠激励机制倡导绿色低碳行为，低碳行为可核算量化为碳减排量，抵消碳排放量，助力实现碳中和目标。

（5）“区块链+碳普惠”平台。

产链基于对区块链、大数据、人工智能等技术的应用，通过计算个人“碳足迹”来量化低碳行为和发放、兑换低碳积分，探索碳普惠内部交易闭环机制的“生态圈”，打造了全国第一个可测量、可核算、可追溯的碳普惠激励平台。

3. 创新与亮点

碳数据监测分析与交易平台基于区块链等新兴技术，打造了区块链服务、碳账户、智能诊断、智能顾问、减排管理、辅助交易和能源优化等功能模块。区块链服务模块能够为碳监测和碳分析系统的数据存储、数据建模、大数据分析提供支撑。碳账户模块能够对常规或临时的碳排放数据进行收集、监测、计算，有助于相关单位进行资产管理和数据分析，实现碳监测精细化、流程化。智能诊断模块和智能顾问模块通过区域分析、统计预测等功能为企业提供有效的低碳优化策略，有利于企业实现低碳发展、提高减排效率。减排管理模块和辅助交易模块能够为企业提供专业化减排管理服务，以及与碳资产相关的减排、履约、交易等业务的有效解决方案，帮助企业增强碳资产管理能力、优化碳资源配置。

1）解决碳排放数据“难溯源、难核算”问题，助力摸清区域“碳家底”

产链基于区块链的技术特性，解决了碳排放数据“难监测、难核算、难追溯”等问题，建设了连接政府、企业、金融机构、监管机构、核查机构的一站式综合服务平台，助力摸清区域“碳家底”。

2）充分发挥政府监管职能，增强绿色低碳发展意识

该平台可帮助政府掌握区域碳排放数据和碳排放结构，加大监管力度，通过绿色低碳政策的引导，增强企业的绿色低碳发展意识，以激励机制引导企业助力区域经济持续、稳定、绿色发展。

3）增强企业的碳资产管理能力，激活区域碳交易市场

该平台构建了区域碳交易市场，盘活了区域碳资产，调动了全社会践行绿色低碳行为的积极性，树立了低碳、节约、绿色、环保的消费观念和生活理念，扩大了低碳产品的生产和消费市场，拉动了低碳经济和产业发展，加快形成了政府引导、市场主导、全社会共同参与的低碳社会建设新格局。

4）增强低碳规划分析能力，优化区域能源产业结构

该平台通过对碳排放数据的分析和监测，构建了多维碳排放指标体系，优化了区域能源产业结构。

参考文献

[1] 何清素，韩庆芝，刘志远，等. 区块链技术在碳交易中的应用研究[J]. 综合智慧能源，2022，44（3）：23-28.

[2] 翟维. 基于多元线性回归的环境监测数据分析与研究[J]. 微型电脑应用，2022，38（3）：186-188.

[3] 刘周斌，王澍，谢知寒，等. 基于区块链技术的碳排数据全过程监管方法探究[J]. 低碳世界，2021，11（11）：165-166.

[4] 汪中华，胡垚. 我国碳排放权交易价格影响因素分析[J]. 工业技术经济，2018，37（2）：128-136.

[5] 吉斌，昌力，陈振寰，等. 基于区块链技术的电力碳排放权交易市场机制设计与应用[J]. 电力系统自动化，2021，45（12）：1-10.

1.9 “交通信易贷”平台

【案例相关单位】中银金融科技有限公司

【案例提供人员】沃亚威、陈灏中、段传运

1. 背景

2019 年 9 月，国家发展改革委和中国银行保险监督管理委员会（以下简称“中国银保监会”）联合印发了《关于深入开展“信易贷”支持中小微企业融资的通知》，要求加大对中小微企业信用贷款的支持力度。据统计，我国中小微企业贡献了 50%以上的税收、60%以上的国内生产总值、70%以上的技术创新、80%以上的城镇劳动就业岗位和 90%以上的企业数量。然而，长期以来，在注重财务报表、抵押物等内容的传统信贷模式中，中小微企业由于规模小、资产轻、管理弱、风险高，一直面临“融资难、融资贵、融资慢”等发展难题。《2020 年中国银行业社会责任报告》数据显示，截至 2020 年年末，银行业金融机构用于小微型企业的贷款（包括小微型企业贷款、个体工商户贷款和小微型企业主贷款）余额为 42.7 万亿元。另外，世界银行联合国际金融公司等单位共同发布的《中小微企业融资缺口：对新兴市场微型、小型和中型企业融资不足与机遇的评估》数据显示，我国有超过 2300 万家中小微企业的金融需求无法完全通过正规金融体系得到满足，存在贷款融资困难，需求缺口总额约为 11.9 万亿元。

“交通信易贷”平台是党中央、国务院普惠金融工作在交通运输行业的重要支撑，是国家发展改革委“信易贷”工作的组成部分。该平台是由交通运输部政策研究室会同国家发展改革委财政金融和信用建设司共同指导的非营利性项目，结合中银金融科技有限公司（以下简称“中银金科”）的区块链服务，有力推进交通运输信用体系建设，推动交通运输信用信息的全面归集，落地落实“信易贷”普惠金融，创新开展信用服务与应用。

2. 主要痛点及解决方案

1）主要痛点

近年来，全球市场不断变更，新冠疫情带来新的挑战，导致中小微企业的融资困难加剧。同时，众多交通行业企业的信用数据无法触达金融机构，金融机构难以为交通行业的中小微企业提供金融服务。如何利用企业的信用数据解决“融资难、融资贵”问题，为交通行业的中小微企业提供金融服务，促进实体经济和金融良性循环，是当前亟待解决的重大课题。

2）解决方案

“交通信易贷”平台建立了 360.7 万家交通行业企业的信用档案，部署了中银金科阡陌区块链服务，把申请企业的信用报告和信用评分等融资环节的数字化信息存储到区块链节点上。“交通信易贷”平台中的“个人中心-基础信用报告”页面如图 1-9-1 所示。

图 1-9-1　“交通信易贷”平台中的“个人中心-基础信用报告”页面

“交通信易贷”平台的应用模式如图 1-9-2 所示。该平台利用区块链技术的多方共享、数据透明等特性，协助银行等金融机构精准获知申请企业在行业内的信用情况，辅助金融机构做出放贷决策；有效解决“信用数据不可达”的问题，帮助中小微企业获得金融支持；实现上链信息全部公开，防篡改、可追溯，接受监管部门对融资环节的环环监督，真正做到商流、信息流、资金流“三流合一”。

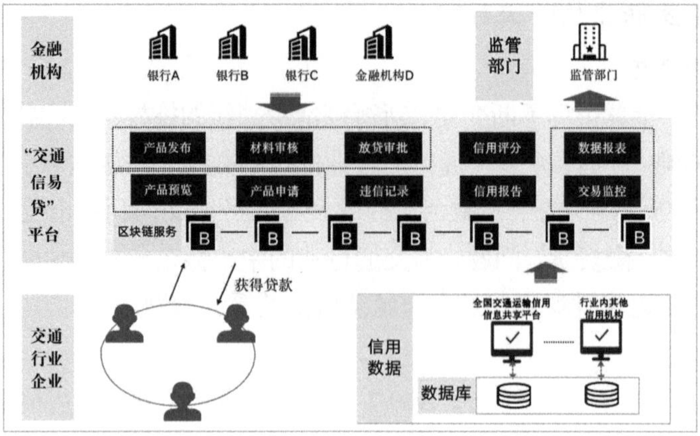

图 1-9-2　“交通信易贷”平台的应用模式

该平台支持 PC（个人计算机）Web 应用和小程序等多个线上渠道，在 2021 年首批上线中国银行（以下简称“中行”）“中银企 E 贷”等金融产品，把中小微企业难以流通的“硬资产”转化为“软实力”，更好地满足中小微企业短、频、急的融资需求。如图 1-9-3 所示，该平台的架构主要分为用户平台、应用场景和产品服务中台，其中的“用户”包括政府、银行、企业等多种角色。

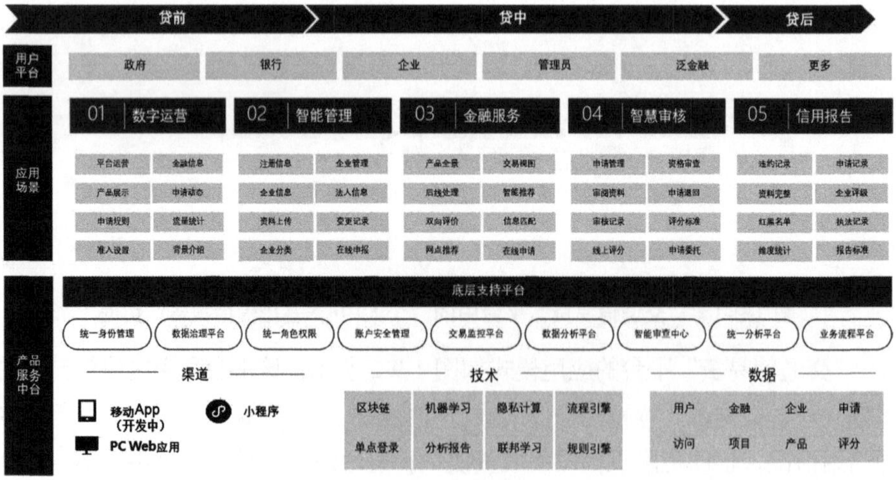

图 1-9-3　“交通信易贷”平台的架构

该平台的应用场景涵盖数字运营、智能管理、金融服务、智慧审核、信用报告等模块。

（1）数字运营：该模块为各种用户角色提供定制化的数据监测、数据下载和概览页面，如为政府用户提供区域内的各种信用数据统计图，便于政府用户监管；为企业用户提供统计自身信用数据和金融数据的功能；为金融机构用户统计授信数据，提供查看产品数据趋势的窗口。

（2）智能管理：该模块为不同的用户角色（如政府用户、企业用户、金融机构用户）划分不同的权限，并在每一种用户角色内部进一步划分权限，以保证用户操作互不干扰与数据安全。不同性质的用户群体的管理员具备专用的用户管理功能，以便对内部人员进行管理，金融机构管理员还具备金融产品管理功能。

（3）金融服务：该模块是按照“总行发布产品”—“用户申请产品”—“银行审批”的流程进行设计的，采用定制化的推荐算法，通过对企业用户的浏览行为和基础信息进行分析、计算，为企业用户推荐个性化产品。

（4）智慧审核：该模块具有智能的基础信用评价机制，在企业申请贷款前对企业进行智能评价，结合以往数据控制企业准入。对于不符合要求的企业，无须人工干预，平台自动禁止企业申请贷款。

（5）信用报告：该模块融合企业的基础信用信息和交通执法、违法等相关交通数据，通过综合计算，对企业进行信用评级，从而判断企业能否申请金融产品。

在产品服务中台的数据部署方面，该平台使用中行行内的 Hadoop、GBase、MySQL 等大数据存储处理技术，完成存储用户、金融、企业、申请等海量数据的任务；基于中银金科阡陌链平台构建的 Hyperledger Fabric 区块链网络，提供重要数据上链存储的底层区块链服务，引入官方私有数据和历史记录功能，提供更完善的区块链服务支持；利用 Java、Spring Boot、Spring Cloud 等构建后端服务，Redis 主从部署提供高性能数据读取服务，RabbitMQ 保证可靠的消息传输，多机器负载均衡实现高可用架构；提供小程序、PC Web 应用、移动 App 等多个终端访问渠道；采用联邦学习、机器学习等创新技术，基于金融机构自身的优势，结合平台上交通运输行业的数据，提供众多交通行业专属的金融产品，吸引海量的交通行业企业办理相关业务。该平台能够承受的并发量达到了百万级别，整体架构设计考虑了机器的各种情况，具有高可用的特性。

3）应用效果

该平台向全国 800 多万家交通行业企业提供金融服务，将海量的行业信息数据用于信用分析，形成公共基础信用报告，有效降低了金融机构的征信成本；充分利用区块链不可篡改的特性对接全流程，方便监管部门对企业的融资活动进行事前、事中、事后一体化监管。

“交通信易贷”这一交通行业专属的贷款平台凭借其对交通行业特色信用数据的支持，在交通行业内广泛传播，吸引了大量有融资需求的交通行业企业。特色信用数据的支撑不仅降低了中行贷款坏账的风险，还刺激了更多的贷款需求。根据中行总行的反馈，该平台自落地至 2021 年年底，已协助交通运输、邮政仓储等行业的企业申请普惠金融服务近 1 亿元人民币。

3. 创新与亮点

在信贷业务中，现有的贷前调查存在信息不对称的现象，加之各银行之间的信息不能完全共享，容易导致信息缺乏真实性，误导银行对信贷业务的决策，从而给银行造成损失。“交通信易贷”平台创新性地引入了区块链技术，把参与企业的基础信用数据和交通数据等用于信贷资质审查的各种信息记录在区块链中，利用区块链不可篡改的特性，保证数据的一致性；利用区块链可溯源的特性，保证数据来源可追溯，从而确认数据来源的准确性；利用区块链数据公开透明的特性，把数据公布给各个参与方，为各个参与方提供参考依据，降低信贷风险。

“交通信易贷”平台辅助金融机构，为运输物流、交通出行、交通工程建设等领域的企业提供优惠贷款，有效解决了在新冠疫情常态化防控和经济下行压力依然较大的形势下企业“融资难、融资贵”的问题。在后疫情时代，企业（尤其是中小微企业）日益重视贷款等资金需求，资金信息化建设成为中小微企业的普遍诉求。

“交通信易贷”平台融合了多家银行的金融产品，成为一站式金融产品选购平台，减少了企业用户和银行业务员的线下工作量，提升了效能；为各方的信用数据和信贷趋势数据等重要数据提供了可观测的窗口，并建立了智慧审核机制，确保风险及时可控。政府用户可以对部分重要数据进行观测和监管，把控合规性。资金在各方之间顺畅流通，区块链技术确保数据安全可信，降低了企业的参与成本和银行的贷前审查成本，提高了各流程的效率。凭借“效能提升、风险可控、监管透明、融通全局、安全可信、降本增效”六大价值，“交通信易贷”平台与中行、农业银行等金融机构携手合作，为我国经济的高速发展注入了“新的血液”。由于独特的技术先进性和应用实践性，该平台在 2022 年 1 月举办的第二届长三角金融科技创新与应用全球大赛中荣获“2021 中国金融科技最佳创新奖”。

参考文献

[1] 慕歌．法治是民企最好定心丸[J]．中国经贸，2019（11）：I0003-I0003.

[2] 中国银行业协会．2020 年中国银行业社会责任报告[M]．北京：中国金融出版社，2021.

[3] 曾光辉．推进“信易贷”服务中小企业融资[J]．宏观经济管理，2021（4）：34-39，47.

[4] 韩方方．物流开启掘“金”时代[J]．物流时代周刊，2018（12）：90.

1.10　基于区块链的供应链金融产融数据存证链——存义链

【案例相关单位】杭州云链趣链数字科技有限公司

【案例提供人员】刘洁

1．背景

近年来，政府通过把控规范、制定标准和监管审核，推动各类供应链金融产品规范发展。尤其是自新冠疫情发生以来，政府大力推动无接触金融和普惠金融业务，为供应链金融平台化、数字化发展创造了良好的政策条件。

传统的供应链金融存在贸易真实性难验证、物流难监控、企业主体之间有“信息孤岛”、交易信息易篡改等痛点，这为供应链金融业务的开展带来了许多不可预测的风险。区块链是应用范围广、使用场景丰富的创新技术，能够帮助供应链金融行业建立联盟，通过数据加密传输和应用解决不同交易主体之间的信用问题，促进资产方、资金方高效连接和可信业务交互，在一定程度上解决传统融资模式中核心企业的信用资产无法有效传递，中小微企业缺少便捷、低成本的融资渠道等问题，打造供应链上下游各主体高效协同合作的“生态圈”。此外，利用区块链技术搭建底层分布式数据存储链，还可以实现产融数据的加密上链和流转，有效解决业务过程中的隐私保护问题，打造高效、公平的营商环境。

2．主要痛点及解决方案

1）主要痛点

在传统的融资模式中，供应链上的中小微企业主要通过自有资金融通和外部融资来筹集资金。一方面，中小微企业由于规模小、信用评级低和缺乏优质抵质押物等原因，很难直接从银行等金融机构获得融资；另一方面，银行往往追求低风险，为中小微企业提供贷款和资金的内生动力不足，而且银行的风控程度较低、风险定价能力较弱，很少为中小微企业定向提供低成本、高额度的贷款。因此，在传统的融资模式中，融资渠道受阻及“融资难、融资贵”等成为阻碍中小微企业发展和整体产业链稳定的主要痛点。

在供应链场景中，链条上下游各主体掌握的信息数据和数据使用情况存在差异，信息不互通导致企业之间存在“信息孤岛”。产业链中的核心企业、上下游中小微企业和金融机构在数据安全方面有一定的顾虑，加之受制于技术创新不足与数据通路等基础设施落后的因素，信息传递存在阻碍，信用流转也随之停摆。

信息传递的滞后性和不准确性会进一步加剧“牛鞭效应”的影响。当供应链上的信息流从最终用户端向供应端传递时，由于无法实现信息共享，“信息失真”现象加剧，由此容易导致供应风险和库存积压问题，影响营销、生产等各个环节，甚至导致整条供应链混乱，进一步增加企业的现金流压力、降低企业的竞争力。此外，在业务运营的过程中存在大量异源、异构数据，这也为信息传递和数据清洗增加了困难。

总的来看，当前的供应链金融业务场景中亟待解决的难题主要集中在数据安全与数据应用等方面，这对数据存储、流通、交易、使用等全生命周期服务提出了新的要求。

2）解决方案

杭州云链趣链数字科技有限公司（以下简称“云趣数科”）从真实的业务场景出发，基于区块链底层技术，对供应链金融场景中的相关产融数据进行加密处理和有效存证。“存义链”是云趣数科基于区块链技术打造的产融数据存证解决方案，可实现产业数字金融中相关数据的存证和多方业务的互联互通。区块链去中心化的特性有助于节点之间进行数据传输与共享，在经过授权后，数据直接触达业务相关方，实现跨平台直接交易和平台之间的数据共享、协作。

本方案利用区块链技术，对用户信息和云信业务功能数据进行加密上链存证，并通过供应链金融平台与银行系统对接，把相关数据授权给对应的银行，为银行后期的溯源和查验提供有效依据，满足银行对融资核查、对账清分等方面的需求。另外，“云存证 2.0”方案还能为后续实现基于区块链技术的智能合约消息订阅，以及与银行进行区块链直连提供数据支持。

“存义链”基于分布式账本搭建区块链底层存证链，实现所有产融交易相关数据实时上链。“存义链”采用联盟链模式，至少具有 4 个节点，各节点共享链上加密数据，通过分割数据的所有权、存储权和查询权，实现数据交互的隐私保护。在“云存证”上，各节点之间形成一条联盟链，可跨平台、跨链进行数据交互，打造产融协作生态。

以往的供应链金融平台大多是“*N*+1+*N*”模式，即一个供应链金融平台连接多个资产方和资金方。在联盟运营中，这种模式并不适用，多个平台之间存在“信息孤岛”，不同平台连接的资产方数据和资金方数据无法交互共享。云趣数科通过“云存证”构建了一条产融数据高效、可信共享的联盟链，将以往“*N*+1+*N*”的多平台模式转换为“Link*N*”模式，实现多个平台和系统的直连，从单一的供应链金融平台生态迈向联盟生态。其中，云趣数科基于“存义链”为中企云链打造的“云存证”联盟生态如图 1-10-1 所示。

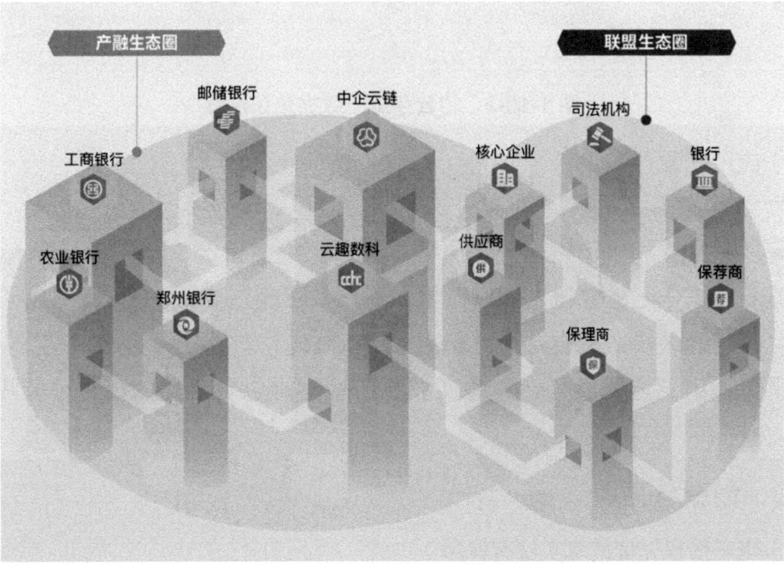

图 1-10-1　“云存证”联盟生态

“云存证”数据登记流程如图 1-10-2 所示。中企云链平台上的核心企业用户使用 CA 认证中心颁发的数字证书对交易信息进行数字签名，在签名通过验签后，CA 认证中心向区块链登记平台发起登记。区块链服务器、节点由中企云链和平台业务相关方共同部署、维护。各相关方对交易信息达成共识后，将其登记在区块链的所有节点上。

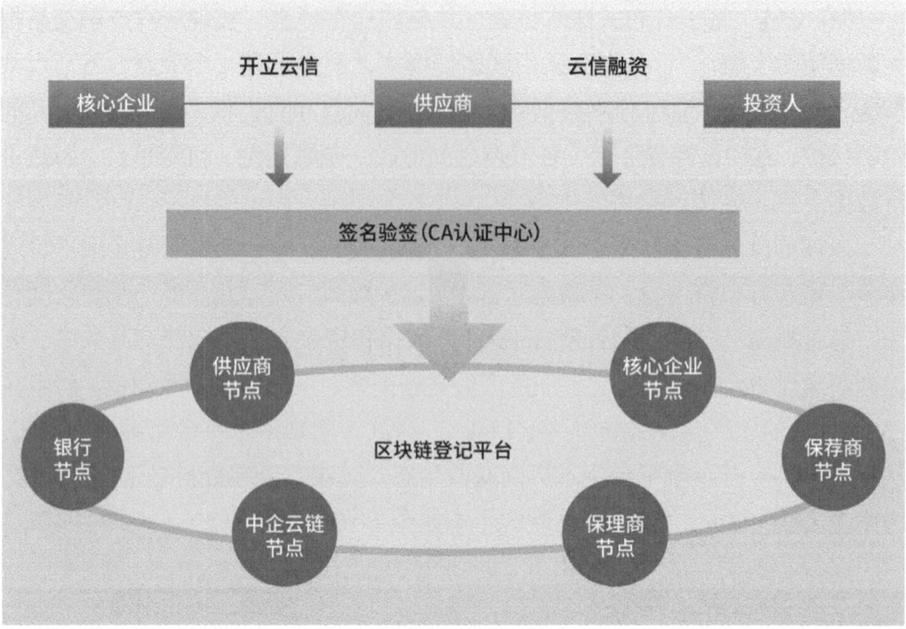

图 1-10-2 “云存证”数据登记流程

3）应用效果

截至 2022 年 5 月，云趣数科的“存义链”解决方案已为中企云链、晋商银行等多家企业和银行机构提供服务。其中，中企云链“云存证”接入 20 个区块链节点，登记笔数超过 200 万笔，登记金额超过 2.2 万亿元，并实现与多家国有银行的区块链数据共享。未来，云趣数科将对接更多金融机构、供应链金融平台和第三方服务平台，为产业生态运营提供更全面的数据服务和金融支持。

3. 创新与亮点

1）电子债权凭证的真实性有保障

在供应链业务的运转过程中，上下游中小微企业经常面临账期长、资金周转难等问题。由于中小微企业往往缺乏优质资产和健康的财务报表，因此银行很难为中小微企业提供融资服务。电子债权凭证的应用能够通过核心企业汇集多级供应商，打通供应链上下游，利用信息化手段完成核心企业信用的多级传递，将应收账款等资产的确权、流转、拆分、融资流程线上化，解决上下游多级供应商和经销商“融资难、融资贵”的问题。

区块链技术、“存义链”解决方案为平台上和跨主体流转的电子债权凭证打上了真实可信的“烙印”，实现从开立凭证到拆分、流转、贴现、融资等全周期的数据加密存储。此外，电子债权凭证的真实性在各主体之间达成了有效共识，未经允许数据不可篡改，如果数据出现问题，那么各主体可以追溯到数据存储时的经办和责任主体，并记录相关操作，大大增强了电子债权凭证的有效性。

2）数据“三权分立”，确保隐私安全

在促进数字资产要素化方面，云趣数科提出了基于区块链技术的数据“三权分立”理论，即对数据的所有权、存储权、查询权进行分配和确权，保障数据相关方的权益，同时实现不同业务主体之间的数据安全、可信互联，以确保数据隐私和权限清晰。

“存义链”解决方案充分融合了数据“三权分立”理论，利用区块链技术的底层特性和优势，严格按照企业与金融机构主体数据权益设计产品，对业务数据进行 3 层加密处理，为数据在生态中流转提供先决条件，解决业务场景中数据存证、共享和交易等关键环节的痛点。对于不同的风险偏好和安全要求，“存义链”可进行分级处理，利用区块链的分布式架构和数据权限控制，实现数据安全共享、流通，提升数据资产价值。

参考文献

[1] 赵立马，阿德·哈泽梅尔. 国际供应链金融框架与模式分类[J]. 供应链管理，2020，1（2）：73-85.

[2] 李佳佳，王正位. 基于区块链技术的供应链金融应用模式、风险挑战与政策建议[J]. 新金融，2021（1）：48-55.

1.11　兆票-MT 区块链供应链金融平台

【案例相关单位】湖南兆物信链科技集团有限公司

【案例提供人员】曹源、汪大明、文冉

1. 背景

近年来，我国多项政策积极推动供应链金融快速、健康发展。2019 年 4 月，中共中央办公厅与国务院办公厅联合印发了《关于促进中小企业健康发展的指导意见》，围绕中小微企业长期存在的“融资难、融资贵”问题提出了重要举措。2020 年 1 月，中国银保监会发布了《关于推动银行业和保险业高质量发展的指导意见》，提出要“积极稳妥发展供应链金融服务”“探索金融科技在用户信用评价、授信准入、风险管理等环节的应用”。2021 年 12 月，工信部等 19 个部门联合印发了《“十四五”促进中小企业发展规划》，对更好地缓解中小型企业的融资难题提出了重要举措，针对“创新金融服务模式”提出了 10 方面的建议。2021 年 12 月，国务院办公厅印发了《加强信用信息共享应用促进中小微企业融资实施方案》，对“进一步发挥信用信息对中小微企业融资的支持作用，推动建立缓解中小微企业融资难融资贵问题的长效机制”做出部署。

由此可见，供应链金融在我国发展战略中占据着重要地位。长期以来，中小微企业“融资难、融资贵”一直是一个“老大难”问题，虽然政府出台了一系列推动供应链金融发展和促进中小微企业融资的政策，在一定程度上增加了中小微企业获得贷款的可能性，但是从实际情况来看，开展供应链金融业务的过程中存在的诸多问题和困难（如“信息孤岛”、信用不可传递、缺乏可信基础平台、履约风险无法控制等）仍然制约着供应链金融的发展，中小微企业“融资难、融资贵”问题尚未得到根本性解决。

区块链技术具有共识机制、智能合约、点对点传输、分布式存储、加密算法等特点，能够为供应链金融中核心企业应付账款的快速确权提供便利。区块链技术能够很好地解决传统的供应链金融中无法有效传递信用等一系列问题，充分利用优质核心企业闲置的金融机构信用，促进整条供应链实现信息共享和资金流可视化，依托核心企业的信用，降低中小微企业的融资成本，提高资金流转的效率，从而间接降低整体的生产成本，惠及供应链上的众多中小微企业，有效推动供应链金融服务广大实体中小微企业。

2. 主要痛点及解决方案

1）主要痛点

在传统的供应链金融中，平台难以解决资金方和资产方的互信问题，尤其是供应链上的广大中小微企业如何“借用”核心企业的信用这一痛点。供应链上的各方之间存在“信息孤岛”，核心企业的信用无法传递，中小微企业的履约风险无法得到有效控制，而且存在“融资难、融资贵”问题，无法满足中小微企业的融资需求。

2）解决方案

如图 1-11-1 所示，兆票-MT 区块链供应链金融平台采用“N+N+N”模式，即“多家核心企业+多家供应商+多家银行”模式，以区块链技术为核心，依托核心企业的信用和支持，对接多渠道资金，为中小微企业解决“融资难、融资贵”问题。兆票-MT 区块链供应链金融平台的系统设计如图 1-11-2 所示。该平台的业务功能包括保理融资、风控处理、CFCA（中国金融认证中心）电子签章和银信开立、拆分、流转、结算等。该平台的业务实体包括资金方、供应商、核心企业、服务平台，以及外围的保理商、CFCA、会计师事务所、律师事务所等。

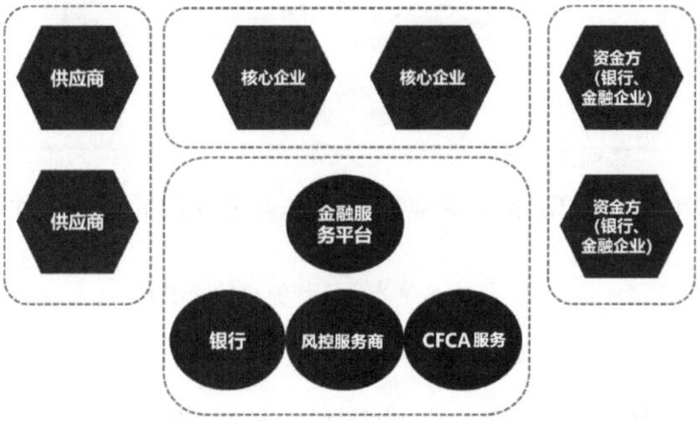

图 1-11-1　兆票-MT 区块链供应链金融平台采用“N+N+N”模式

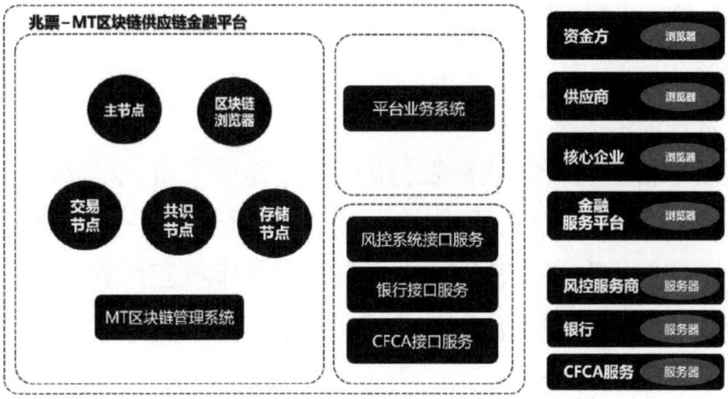

图 1-11-2　兆票-MT 区块链供应链金融平台的系统设计

兆票－MT 区块链供应链金融平台的总体工作流程如图 1-11-3 所示，主要包括以下环节：资金方（银行、金融企业）为平台授信；核心企业向平台上传应付款项数据；供应商向平台上传应收款项数据，开立应付凭证（兆票、银信），发起收款请求；平台将供应商的应收款项数据告知资金方；资金方向平台转账；平台既可以直接向供应商转账，也可以进行保理融资或发行 ABS（资产支持证券）等；平台使用兆票与核心企业结算，完成应收款项融资的整个工作流程。

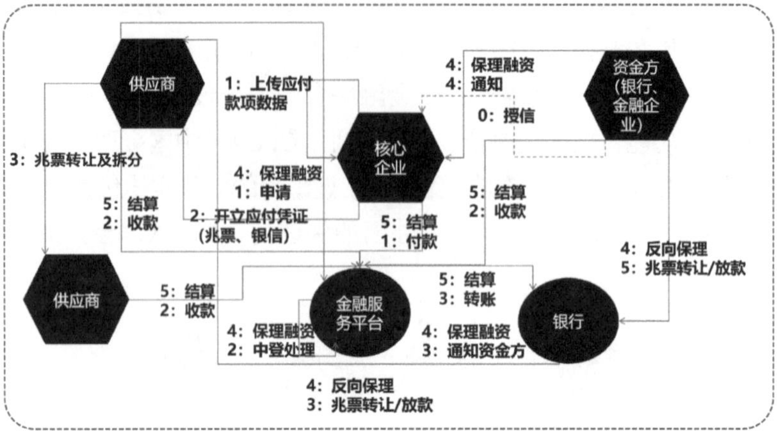

图 1-11-3　兆票-MT 区块链供应链金融平台的总体工作流程

（注：图中数字表示工作流程的顺序）

（1）授信。

授信主要是由资金方为核心企业授信，具体流程是“核心企业向资金方发起授信申请”—“资金方查询核心企业的相关信息，审核核心企业提交的企业资料，确定为核心企业授信的金额，并为核心企业授信”—“核心企业确认授信申请成功”。

（2）兆票开立。

兆票是该平台中基于区块链发行的票据，是平台资金流转的主要依据。兆票开立主要由核心企业完成，具体流程是“核心企业在平台中录入应付款项凭证和贸易合同等数据”—“平台确认相关数据并审核应付款项凭证”—“核心企业申请开立兆票”—“平台向核心企业发行兆票”。

（3）兆票转让及拆分。

该平台中的信用传递主要依靠兆票转让及拆分，具体流程是“供应商上传应收款项凭证”—“供应商向平台发起待转让兆票查询请求”—“平台审核并确定应支付给供应商的兆票”—“供应商既可以拆分兆票，也可以向下一级或多级供应商转让兆票”。

（4）兆票保理融资。

供应商可以使用兆票进行保理融资，具体流程是“供应商把保理融资协议和兆票提交给平台”—“平台审核通过后上传保理融资请求进行初审，并出具企业信用报告”—“资金方审核通过后在线下放款”—“供应商把从核心企业那里收回的应收款项债券转移给资金方”。

（5）兆票结算和资金转账。

兆票结算和资金转账主要在资金方与核心企业之间进行。

3）应用效果

兆票-MT 区块链供应链金融平台现已应用于湖南省产融信息对接服务平台，为湖南省的中小微企业提供供应链金融服务，服务中小微企业 5399 家、金融机构 65 家，帮助中小微企业把融资成本控制在 10%以内。国网湖南电力数字化资产服务平台为国网湖南电力系统内部和上下游相关企业开展供应链金融业务、供应商履约增信业务，构建了一整套可信、高效的供应商履约增信综合评估体系，项目累计收入达千万元。

该平台的应用效果如下。

（1）提高了核心企业的参与积极性：该平台充分利用了优质核心企业的信用，使大企业成为供应链金融中真正的核心，提高了供应链中核心企业的参与积极性。

（2）降低了中小微企业的融资成本：该平台推动核心企业对上下游中小微企业的经营数据、历史信用、财务信息进行有效整合，加强了核心企业的信用传递和商业银行对资金风险的精准把控，降低了中小微企业的融资成本，帮助它们把融资成本控制在 10%以内，为中小微企业解决了“融资难、融资贵”问题。

（3）提高了资金流转的效率：该平台实现了整条供应链资金流的可视化，帮助企业盘活应收账款，加强资金流动性管理，进一步提高了企业的资金周转率，间接降低了整体的生产成本。

（4）打通了参与主体之间的“信息孤岛”：该平台打破了参与主体之间复杂的网络结构壁垒，为供应链金融提供了可信的基础设施平台。

3．创新与亮点

兆票-MT 区块链供应链金融平台主要具有以下创新与亮点。

（1）区块链技术创新：该平台基于自主研发的兆信链（MT）国产高性能、安全、可靠区块链底层平台技术，采用自主设计的基于 DAG（有向无环图）的双层高效共识机制和 P2P 匿名通信技术；支持高级图灵完备智能合约；支持跨链通信和多链融合；支持国密算法、抗量子攻击密码算法等多种加密算法；在性能方面，实现了 TPS（每秒处理事务量）大于 10 万项，并支持在 PK 体系和鲲鹏架构等国产软硬件架构上部署。

（2）业务模式创新：该平台采用“*N*+*N*+*N*”模式，打破了以往的供应链金融体系中以金融机构为核心的传统模式，使大企业成为供应链金融中真正的核心，极大地提高了供应链中核心企业的参与积极性。

（3）业务流程创新：该平台基于区块链技术，减少了中间环节，交易数据可以作为存证，中间环节无法篡改或造假，而且可以追踪溯源，为核心企业应付账款的快速确权提供了便利。

兆票-MT 区块链供应链金融平台荣获中国通信学会“2020 区块链技术与应用创新成果奖”、中国物流与采购联合会区块链应用分会“2020 中国双链奖——优秀区块链应用案例奖”，以及中国信通院“2021 年 TBI 高价值金融案例奖”。

参考文献

[1] 曹源，陈友斌. 区块链供应链金融平台建设实践及思考[J]. 金融科技时代，2020（2）：42-48.

[2] 汤敏，赵罗红. 普惠金融下农业供应链金融模式探索与实践——以希望金融为例[J]. 金融发展评论，2018（11）：145-158.

[3] 胡跃飞，黄少卿. 供应链金融：背景、创新与概念界定[J]. 金融研究，2009（8）：194-206.

[4] 雷君. 供应链金融运作模式及融资模式分析[J]. 财会学习，2017（24）：202，204.

[5] 陈启农，周宇润. 关于大型国企供应链金融模式的思考[J]. 上海金融，2018（2）：79-81.

[6] 胡凯. 供应链金融下反向保理的决策研究[D]. 成都：西南交通大学，2018.

[7] 季品一，瞿毓楚，陈雪儿. 供应链金融信息平台中区块链技术运用研究——以美的集团为例[J]. 北方经贸，2019（2）：109-112.

1.12 数字债券全生命周期管理平台

【案例相关单位】成都质数斯达克科技有限公司

【案例提供人员】赵颖佩

1．背景

“提高直接融资比重”不仅被央行和证券监督管理委员会等监管机构多次提及，还被列入“十四五”规划，成为我国资本市场建设发展的重要使命。债券市场是一个国家的金融体系中不可或缺的部分，它既可以为全社会的投资者和筹资者提供低风险的投融资工具，也是传达中央银行货币政策的重要载体。由于历史原因，跨境债券市场存在基础设施碎片化和托管体系差异化现象，导致跨境债券市场在监管和清结算效率等方面存在较大问题。

一方面，基础设施碎片化体现在各国独立建设各自的金融基础设施，需要花费较高的成本进行建设和互联。目前，无论是国内债券市场还是国外债券市场，金融基础设施均未实现完全统一和互联，这直接导致机构之间系统交互复杂、交易过程复杂、清结算效率低、对账过程烦琐。由于传统金融基础设施的建设一般只允许极少数特许机构参与，缺乏市场竞争，因此金融基础设施的使用成本居高不下，提高了整体市场的交易成本。

另一方面，跨境债券市场同时存在一级托管体系和多级托管体系，导致国内监管体系和国外多级托管体系之间存在账户体系不透明的问题，投资者无法直接触及入池基础资产，难以监控资产池的情况。此外，金融市场监管设施复杂，对投资者进行“穿透式监管”比较困难，主要体现为投资者登记信息滞后、缺失、错误，使金融市场暴露了较大的风险敞口，从而导致债券市场存在风险难管控、交易行为难监管、历史信息难追溯等问题。

2．主要痛点及解决方案

1）主要痛点

当前，全球债券市场的金融基础设施尚未统一，传统债券业务流程较为复杂，而且涉及多个参与机构，每一个参与机构都有独立的账本和系统，导致信息层级较多，主要存在以下痛点。

（1）清算交收集中统一度不高：债券业务涉及的登记、清算交收等业务往往分散在不同机构，导致金融市场基础设施碎片化，各机构之间的多层连接降低了市场效率。

（2）监管信息碎片化：现阶段，跨市场、跨部门的监管信息无法充分共享，甚至存在监管盲区。

（3）成本高：在全球金融市场中，每年用于证券（包括债券）清算交收、担保品管理、托管业务的费用均高达数百亿美元。

2）解决方案

为了更好地优化传统债券业务流程，2021 年，区块链技术服务商成都质数斯达克科技有限公司（以下简称“质数斯达克”）推出拥有完全自主知识产权的基于区块链的数字债券全生命周期管理平台 STACS（以下简称“数字债券平台”），解决债券市场在监管和清结算效率等方面存在的问题，释放更多的流动性资产和资金。

数字债券平台采用联盟链的建设方式，通过传递系统内的专用业务报文完成信息传递和业务操作，基于 STACS 区块链网络连接全球的商业银行、交易所、证券公司、资产管理公司等持牌金融机构，发行人、参与机构、投资者等角色可以使用统一的业务平台进行协作，开展全球债券业务。基于区块链的数字债券发行流程如图 1-12-1 所示。

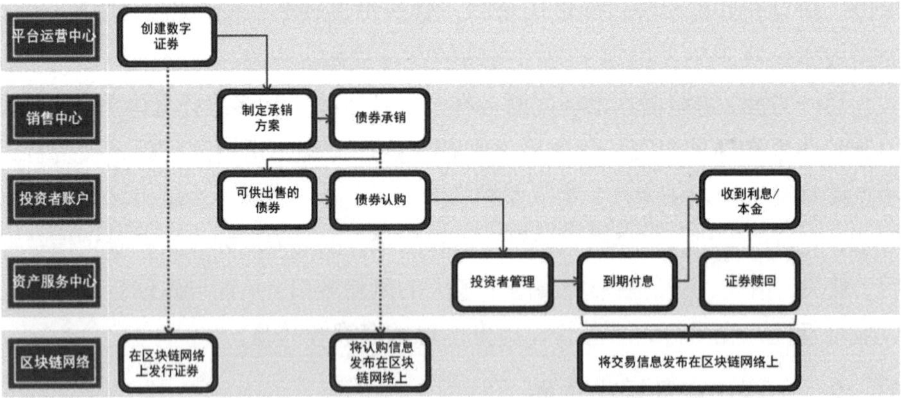

图 1-12-1　基于区块链的数字债券发行流程

通过智能合约，主承销方可以在区块链平台上发行通证化的债券，大幅缩短发行周期，即时清结算，提高对账效率，覆盖全球市场。发行人通过智能合约支付利息、赎回证券，在缩短清结算周期和降低成本的同时，降低发行人的主动违约风险。对于各个参与方来说，基于区块链技术的数字债券平台能够提供更加高效、可信的协作环境，缩短清结算周期，为各个参与方带来更好的体验。

数字债券平台不仅可以对业务流程和系统安全进行优化，还可以在交易时有效降低资金占用成本和对手方的风险。对于全额结算市场，如果日终结算处于“等券”或“等款”状态，就会出现交易失败的情况，导致交易方蒙受资产损失；对于净额结算市场，中央对手方需要承担“等券”或“等款”造成的损失。

在数字债券平台中，随着资金（数字货币）和现券（债券智能合约）的区块链化，资金和现券的结算将受到革命性的影响。

现有债券平台和数字债券平台的对比如图 1-12-2 所示。数字债券平台依然保留了传统的交易流程，即买卖双方通过交易场所（交易所或场外市场）撮合配对。不过，数字债券平台大大简化了清结算流程，买卖双方只需要用各自的私钥签名当次交易，随后，交易就会向全网广播，在智能合约（既定法规、既定合约）和各利益相关方（如监管部门、其他利益主体等）查验、确认交易后，数字债券平台自动将证券和资金释放到对方的账户，从而实现近乎实时的“交易即结算”。

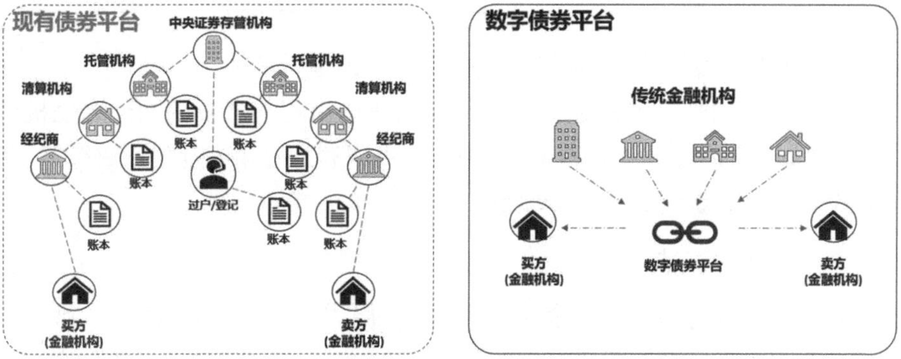

图 1-12-2 现有债券平台和数字债券平台的对比

基于较低的资产结算成本和较高的业务处理效率，数字债券平台可以随着交易被系统确认做到实时“钱券交割”，即实时全额结算。得益于实时全额结算的实现，系统无须把对手方的信用风险转移给中央对手方，可以从源头上消除对手方的信用风险。

3）应用效果

自上线以来，数字债券平台已为全球多个头部金融机构服务，包括德意志银行、马来西亚证券交易所 Bursa、菲律宾国家证券存管结算中心、建行（马来西亚纳闽分行）、直布罗陀证券交易所和菲律宾联合银行等金融机构，为其提供创新型的数字资产服务，并通过 STACS 区块链网络和智能合约满足债券业务对信息披露、身份认证、投资机构保护、监管对接、反洗钱的监管合规要求，实现国际债券业务流程自动化执行，完成与可持续性相关的数字债券等业务操作。与传统的国际债券业务流程相比，基于区块链技术的数字债券业务流程整合了中间服务机构（减少托管方），提高了业务效率（债券发行流程由原来的数十天缩短至数天，甚至当天即可完成)，实现了可信信息的实时共享。

对于数字债券平台项目，德意志银行证券投资服务部亚太区负责人阿南德·仁嘉岚贾表示，该项目可将债券模板镜像反映在智能合约上，实现快速部署，从而简化整个业务操作流程，并提高结算周期的效率，进一步推动全球数字债券的创新发展。

马来西亚证券交易所Bursa首席执行官拿督·穆罕默德·乌马尔·斯威夫特表示："我们非常高兴有机会与质数斯达克开展区块链数字债券方面的合作，并从中央存管机构的角度为数字债券平台项目做出贡献，从而为基于分布式账本技术的资本市场和相关参与方提供更多的实施建议、创新机会。未来，区块链技术将惠及更广泛的行业，并推动市场的增长。"

随着数字债券平台的蓬勃发展，质数斯达克将与更多的国际金融机构(如菲律宾国家证券存管结算中心、美国期货证券公司和印度国家银行等)开展多个基于区块链的数字债券项目。

3. 创新与亮点

在不改变现有债券市场金融基础设施格局和职能分工的前提下，数字债券平台吸引全球的商业银行、交易所、证券公司、资产管理公司等持牌金融机构作为许可节点加入STACS区块链网络进行协作，最终实现债券链上发行、登记、认购、交易、付息、回购、清结算的全生命周期管理。

区块链技术使债券的发行与交易更加高效、便捷、透明，扩展性和流动性更强，满足了高度数字化、生态化的商业需求，提高了资产和资金的运转效率，缩小了风险敞口，有利于实现"穿透式监管"，促进了现有债券市场的互联互通。

在债券发行、登记方面，数字债券平台运用区块链技术有效解决了发行、登记环节中信息不对称的问题，可防范数据篡改风险，实现发行、登记数据可追溯，提高了债券发行、登记的效率和安全性。

在监管支持方面，数字债券平台基于区块链技术的防篡改等特性，保障IPO(首次公开发行)业务涉及信息的真实性，为监管机构进行信息审核提供了依据。

在债券交易业务方面，数字债券平台在债券交易中引入了区块链和智能合约，缩短了托管链条，减少了对第三方机构的依赖和对账工作量，加快了业务操作流程，并提高了结算效率。

凭借亮眼的表现，数字债券平台先后获得了 2020 年新加坡金融科技节的“全球金融创新科技奖”和“The Asset Triple A-2021 年度最佳区块链项目奖”，并作为区块链典型应用案例入选了亚洲证券业与金融市场协会关于亚太地区通证化证券的发展报告，这代表着国际金融市场对数字债券创新发展的高度认可。

参考文献

[1] 刘瑜恒，周沙骑. 证券区块链的应用探索、问题挑战与监管对策[J]. 金融监管研究，2017（4）：89-109.

[2] 陈树斌. 区块链技术在金融领域的应用研究[D]. 辽宁：东北财经大学，2017.

[3] 徐广斌，牛壮，徐丹. 全球交易所区块链最新发展及相关思考[R/OL]. [2020-07-15].

1.13　基于区块链的“知识产权保险存证”服务系统

【案例相关单位】天津金融资产登记结算有限公司

【案例提供人员】林海、卜天舒

1. 背景

近年来，我国知识产权市场不断发展，2019—2021 年，我国申请人通过世界知识产权组织《专利合作条约》途径提交的国际专利申请量连续 3 年排名世界第一。与此同时，知识产权侵权事件时有发生，它们对创新的破坏和对企业财产的侵犯严重打击了创新者的积极性。越来越多的企业开始寻求保险公司的帮助，通过知识产权保险强化知识产权保护。随着知识产权保险业务的不断发展，保险公司不得不面对大量分布在不同地域的保险纠纷事件，“如何高效化解保险纠纷”成为保险公司迫切需要解决的问题。

天津金融资产登记结算有限公司（以下简称“天金登”）在“区块链存证+一键仲裁”方面积累了丰富的实践成果，能够提供基于区块链存证的金融交易保护服务，在交易双方发生交易行为的同时，利用区块链技术对交易数据和交易过程等信息进行采集、固定，并将相关数据和信息实时同步至“天空链”区块链平台进行存证，其保全的电子数据满足证据的真实性、合法性、关联性要求。若完成数据存证的交易双方发生纠纷，则可一键发起联网仲裁申请，仲裁委员会可以直接在链上查阅电子数据，并通过互联网络完成立案、受理、审理、裁决、送达等全部仲裁程序，解决处置交易资产效率低、成本高、时间长等难题。

基于“区块链存证+一键仲裁”方面的实践成果，天金登与保险机构、知识产权所有者、知识产权评估机构、仲裁机构等联合打造了基于区块链的“知识产权保险存证”服务系统，为知识产权金融提供线上登记、存证、确权、仲裁等服务，实现“存证前置，一键仲裁”。

2. 主要痛点及解决方案

1）主要痛点

随着区块链技术的快速发展，其与传统保险业务的结合越来越紧密。在确保链上原生数据和上链数据的可信度的基础上，如何减少“孤岛数据”、实现线上和线下数据协同联动、提升数据经济效益、助力传统业务发展，成为区块链深化发展面临的主要痛点。

知识产权是典型的数字资产，用传统方式存储的知识产权电子证据易复制、易篡改、易泄露，在发生纠纷时，常常存在取证难度大、处理纠纷耗时长、成本高等问题，如何更好地保护知识产权、提高交易效率、减少人工耗损迫在眉睫。

2）解决方案

基于区块链的“知识产权保险存证”服务系统建立了知识产权联盟，以天金登和网络仲裁云平台等公信力单位为区块链的联盟节点，与知识产权运营方、知识产权所有者、保险机构、知识产权评估机构、仲裁机构等形成了区域联盟网络。截至 2022 年 5 月 16 日，已有 12 家机构加入其中，共同打造该服务系统。

该服务系统运用“区块链+保险数据存证+哈希值校验+在线仲裁”相结合的方式，在天金登区块链平台上链存证知识产权保险交易数据和交易过程等信息，为用户提供高效、安全、可追溯的司法存证服务。同时，该服务系统从技术上解决了知识产权金融交易证据不易获取、校验难度大、处理成本高等问题，打通了知识产权的“信息孤岛”，打造了知识产权运营方、知识产权所有者、金融机构等多方参与的互信环境，形成了高效的数字市场，促进了知识产权金融化良性发展。

知识产权存证业务架构如图 1-13-1 所示。基于区块链的知识产权存证包括基础资源、技术支撑、功能模块、接口和用户等内容，可将包含原始交易值、用户信息、交易过程、提交文本等信息的数据块经链上关键节点交叉验证后，以块链式数据结构存储在链上，确保交易行为产生和变迁过程中各环节操作信息可信、可追溯。

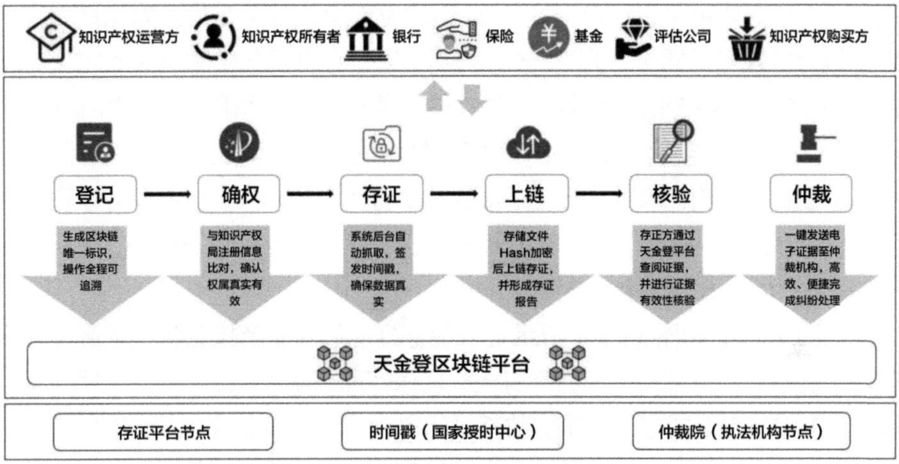

图 1-13-1　知识产权存证业务架构

该服务系统对区块链技术的运用主要体现在以下 4 点。

（1）权属确认：在知识产权运营方与保险机构等金融机构发生交易行为时，交易平台系统会记录双方提交的知识产权信息，并自动比对知识产权运营方提交的知识产权信息和知识产权局注册信息，在交易双方确认相关信息后进行确权，登记、确权的信息和过程会被实时存储在区块链上。

（2）数据存证：交易平台系统自动抓取并存储主体信息、交易过程信息和文本文件，签发可信时间戳，确保交易真实、时间可信。存储的数据信息通过天金登区块链平台上链存证，并形成存证报告，基于区块链保全的电子数据能够满足证据的真实性、合法性、关联性要求。

（3）真假核验：存证方可以通过天金登平台查阅证据，并进行证据有效性核验。其他想查阅存证文件的企业可以提交申请，在存证方同意后获取查阅（核验）权限。

（4）仲裁验真：若交易双方发生纠纷，则可在系统内向提前约定的仲裁机构发起仲裁申请，把防篡改、可验真、可溯源的电子证据一键发送至仲裁机构，高效、便捷地完成纠纷处理。

3）应用效果

天金登与人保财险、阳光财险、算话智能科技、智慧芽、中磊国际、中铭国际、七星天、北肆拍卖、安泰信用、备至征信、中佳世纪等企业合作搭建联盟链，共同打造了知识产权保险交易存证业务链条，已实现知识产权存证中专利侵权责任保险和专利执行保险业务存证的应用落地。截至 2022 年 5 月 16 日，天金登区块链平台已存证 51 860 份，发起争议订单 3 份。知识产权存证平台作为区块链的重要应用之一，为保险公司的知识产权保险业务和生态伙伴提供了安全、便捷的存证服务，创新性地将保险公司和科技公司相结合，进一步发挥了区块链、大数据、人工智能等技术的作用，降低了企业的投保成本，增加了企业的信用。未来，天金登将通过项目复制和推广，与更多的专利运营企业、保险公司、银行等共同打造知识产权保险交易存证业务链条，为实体企业的发展提供更多的金融支持。

如图 1-13-2 和图 1-13-3 所示，天金登打造的知识产权保险存证服务专区对外仅展示专利申请号、专利持有人、投保产品、保额、保险期间、保险单号和存证 hash，在提高存证透明度的基础上确保保单重要信息的安全性。其他想了解保单信息，以及想和投保人合作的机构需要提交查阅申请，在存证方同意后才能查阅存证报告，核验交易的真实性。

图 1-13-2　天金登打造的知识产权保险存证服务专区

图 1-13-3 已上链侵犯专利权责任保险存证信息

3. 创新与亮点

“知识产权保险存证”服务系统是区块链技术与知识产权保险业务深度结合的成果，其体现了以下创新与亮点。

1）安全、规范取证

该服务系统为用户提供了电子数据前期规范取证、中期安全存证、后期便捷出证等一站式知识产权综合金融服务，解决了电子数据保全过程中取证手段有限、证据效力不确定等问题。

2）便捷、高效解决纠纷

该服务系统打通了与仲裁机构的业务链条，不仅可以为用户提供一键发起联网仲裁申请的服务，还可以通过互联网络完成立案、受理、审理、裁决、送达等全部仲裁程序，从而便捷、高效地解决纠纷。

3）成本低、易操作

用传统方式存储电子证据需要耗费大量的人工和时间，而且易篡改、易泄露，这提高了企业的知识产权保护成本。天金登的知识产权存证利用区块链和人工智能等技术自动存储数据，并实时上链保存，既便于用户操作，又降低了企业的使用、存储、核验成本。

4）实现电子交易场景中的溯源治理

由于电子证据存在易篡改、取证效力小、司法认定成本高、举证难等问题，因此法院对电子证据的真实性、合法性、关联性的认定比较困难。该服务系统利用区块链技术的公开透明、不可篡改、可追溯等特性，对商标权、著作权、专利权的产生、认证、交易、金融化等全过程进行记录，利用可信的技术手段，把所有信息都公开记录在“公共账本”上，实现了基于身份流转的追踪和记录，可做到防止篡改、事中留痕、事后审计、安全防护，从而提高了知识产权电子证据的可信度和真实性，使商标侵权、著作权侵权等诉讼“重灾区”得到了有效治理。

参考文献

[1] 杨锦帆. 基于区块链的纠纷解决机制研究[J]. 陕西师范大学学报（哲学社会科学版），2021，50（4）：163-176.

[2] 安超帆. 基于区块链技术的版权保险制度[J]. 中国保险，2020（11）：47-50.

[3] 于淼. 区块链技术的保险行业适用性分析[J]. 金融科技时代，2020（7）：29-34.

[4] 杨剑，付月皓，刘帅，等. 区块链在保险行业的应用分析[J]. 环渤海经济瞭望，2021（3）：37-38.

[5] 马明亮. 区块链司法的生发逻辑与中国前景[J]. 比较法研究，2022（2）：15-28.

第2章 数字政府篇

2.1 基于区块链的电子招投标系统

【案例相关单位】中国电信股份有限公司北京研究院

【案例提供人员】梁伟、李静雯、李馨迟

1. 背景

招标投标是基本建设领域促进竞争的全面经济责任制形式，一般由若干施工单位参与工程投标，招标单位（建设单位）择优合作。2018 年 11 月，国务院办公厅发布了《关于聚焦企业关切进一步推动优化营商环境政策落实的通知》，强调党中央、国务院高度重视深化“放管服”改革和优化营商环境工作，近年来部署出台了一系列有针对性的政策措施，以消除招投标过程中对不同所有制企业设置的各类不合理限制和壁垒，维护公平竞争的市场秩序。同时，国家发展改革委、工信部、住房和城乡建设部（以下简称“住建部”）、交通运输部、水利部、商务部、铁路局等部门在全国开展工程项目招投标领域营商环境专项整治活动。

推行电子招标投标是中央惩防体系规划、工程专项治理和《招标投标法实施条例》提出的一项重要任务，对提高采购透明度、节约资源和交易成本、促进政府职能转变具有非常重要的意义，特别是在利用技术手段解决弄虚作假、暗箱操作、串通投标和限制、排斥潜在投标人等招投标领域的突出问题方面具有独特优势。在这种背景下，基于区块链的电子招投标系统应运而生。

基于区块链的电子招投标系统是中国电信集团有限公司（以下简称“中国

电信”)“双重项目”的重要内容。该系统立足于运营商的特点，依托区块链技术和智能合约技术，打造“基础平台（中国电信区块链底层基础设施）+行业重点标杆（电子招投标）”，利用区块链“规则代码化”的优势，提升企业的规范化治理水平，通过新兴技术推动国企完成制度创新和业务转型，在核心技术领域实现突破，为国企的传统业务升级和新业务拓展带来机遇。

2. 主要痛点及解决方案

1）主要痛点

（1）多方难协同、操作不合规：招投标业务对安全性、合法性、私密性的要求极高，传统的招投标过程涉及多个参与方，环节复杂、流程冗长，在操作合规性方面存在风险。

（2）招标效率低、交易成本高：招投标业务需要由招标方、投标方、监管方、中心化招投标系统运维方等多个参与方协作，涉及大量的人工核验操作，效率低、成本高。

（3）数据易篡改、网络风险高：网络有风险，在中心化招投标流程中存在评标打分、投标文件易被篡改和单点失效等隐患。

（4）信息不透明、过程难回溯：招投标流程信息不透明，过程难以回溯，公平性、公正性、公开性容易受到质疑。

（5）公信难自证、纠纷难定责：中国电信自建的中心化电子招投标平台难以完全获得其他参与企业的信任，难以自证清白，在招投标环节中出现文件被篡改、权益纠纷等问题时难以查证和精准定责。

2）解决方案

基于区块链的电子招投标系统依托区块链技术和智能合约技术，是一个结合了基础平台与行业重点标杆的可信电子招投标现网系统，旨在利用区块链“规则代码化”的优势，解决传统电子招投标过程中多方难协同、数据易篡改、信息不透明等痛点，提升企业的规范化治理水平，推动企业传统业务转型升级。区块链系统在电子招投标系统中的关键作用如图 2-1-1 所示。

如图 2-1-2 所示，基于区块链的电子招投标系统的架构主要包括应用层、存证服务层、区块链层。

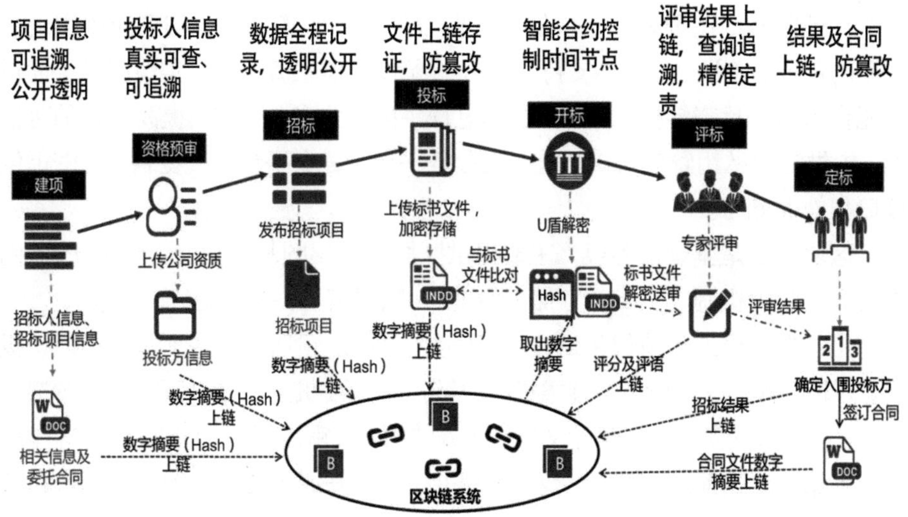

图 2-1-1　区块链系统在电子招投标系统中的关键作用

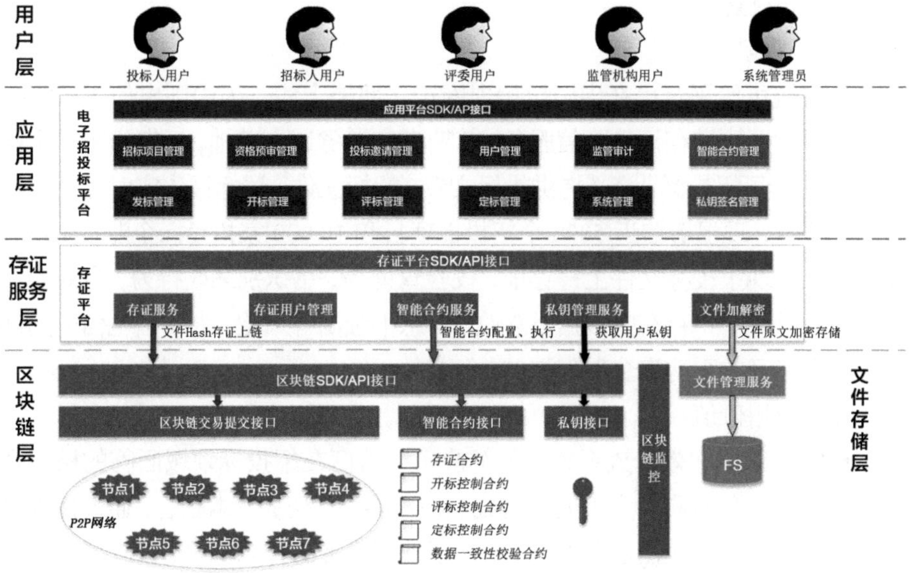

图 2-1-2　基于区块链的电子招投标系统的架构

应用层主要提供招标项目管理、资格预审管理、投标邀请管理、发标管理、开标管理、评标管理、定标管理、智能合约管理、私钥签名管理等功能（开展电子招投标业务的基本功能），以及系统管理、用户管理、监管审计等基础设施功能。

存证服务层主要提供区块链存证业务的对外服务功能，实现应用层上链数据的存证、验证、查询；支持智能合约配置管理服务接口，实现应用层通过智能合约触发状态转换，降低招投标过程中的人为参与程度，提高平台的可信度；提供链上私钥管理接口功能，为业务平台、链上平台统一签名、加密提供接口和处理能力。

区块链层是基础设施层，主要提供区块链底层的基本功能，包括 P2P 网络功能、共识机制、分布式存储、智能合约、加密体系、监控告警等。

电子招投标业务流程包括 7 个环节，分别是建项、资格预审、招标、投标、开标、评标、定标。本方案将区块链技术融会贯通在各个环节中，对招标项目信息、公司资质、招投标文件、业务数据、评审结果、合同进行哈希计算、存证上链、溯源查询、防篡改校验、精准定责，并通过智能合约技术进行自动开标查询、一键校验篡改等，降低协同成本，控制时间节点，做到过程可信、透明。

3）应用效果

（1）落地情况。

区块链可信平台已在中国电信内网正式部署上线，为中国电信电子招投标系统提供区块链存证等可信服务，前期在广东省试点落地，后期将覆盖全国31个省的电子招投标业务，提供投标文件、招标文件、评标报告实时上链和校验篡改服务，现已覆盖近5000个招投标项目和10 000家招投标企业。该系统在技术上实现了投标文件上链存证、校验查询等，可识别篡改行为，有效避免了在招投标环节中存在的数据易篡改、信息不透明等风险，为中国电信采购部每年数百亿元的采购资金保驾护航。

（2）应用价值。

- 实现降本增效：该系统有效解决了运营商在招投标领域面临的核心企业信任危机和高人工成本造成的信任隐患、经济成本隐患，通过技术改革促进了国企制度革新，并带来了外部产业合作与商机，形成了企业的竞争优势。
- 解决生产急需：中国电信紧抓区块链这一重要战略风口，通过基于区块链的电子招投标系统进行合规的招投标采购，实现规范治企，利用区块链的技术特性降低业务评审专家的评标文件被篡改的风险，解决生产急需。
- 提升社会价值：该系统是一个流程合规、多方协同、可信透明的电子招投标系统，提高了企业的现代化治理能力，推动了企业传统业务转型升级。

3. 创新与亮点

基于区块链的电子招投标系统的建立有助于解决传统电子招投标过程中存在的多方难协同、操作不合规等风险，助力企业提高招标效率，降低交易成本，完善招标管理手段，实现招投标文件公开、透明、安全、可信存储。联盟区块链促使众多企业共同参与、多方记账和达成节点共识，打造以中国电信为核心的区块链分布式可信采购“生态圈”，利用区块链时间戳和哈希文件等实现信息上链留痕，对篡改文件和权益纠纷等行为及时查证、随时回溯，为形成企业的竞争优势、提高企业的现代化治理能力、推动企业传统业务转型升级积基树本。

中国电信研发的电子招投标系统将区块链技术作为底层技术，确保招投标过程的公平性、公正性、公开性，解决了传统电子招投标过程中存在的多方难协同、操作不合规、网络风险高等痛点。

参考文献

[1] Lin S，Li J，Liang W. Research on Strong Supervision Algorithm Model Based on Blockchain in E-government[C]//2020 IEEE 5th Information Technology and Mechatronics Engineering Conference，IEEE，2020：345-349.

[2] Li J，Liu X，Zhao J，et al. Application Model of Video Surveillance System Interworking Based on Blockchain[C]//2021 IEEE 4th Advanced Information Management, Communicates, Electronic and Automation Control Conference, IEEE，2021：1874-1879.

[3] Liu X，Li J，Chen X，et al. Research on Network Resource Sharing Scheme of Proximity Service Based on Blockchain[C]//2021 IEEE 3rd International Conference on Civil Aviation Safety and Information Technology, IEEE, 2021：980-985.

[4] Li X. BCES：A Blockchain Based Credible E-bidding System[C]//2020 IEEE 6th International Conference on Computer and Communications, IEEE, 2020：2415-2421.

[5] Mali D，Mogaveera D，Kitawat P，et al. Blockchain-based E-tendering System[C]//2020 4th International Conference on Intelligent Computing and Control

Systems，IEEE，2020：357-362.
[6] Manimaran P，Dhanalakshmi R. Blockchain-based Smart Contract for E-bidding System[C]//2019 2nd International Conference on Intelligent Communication and Computational Techniques，IEEE，2019：55-59.

2.2 工银安心资金管理区块链——工银安心链

【案例相关单位】工行

【案例提供人员】唐寅、余纬中、李海平

1. 背景

资金管理是关于资金筹集、使用和分配的管理，它贯穿于企业生产经营的始末，是财务管理的核心内容。对于企业来说，高效的资金管理不仅能为企业带来新的增长活力，还是企业持续经营发展的必要条件；对于政府机关来说，高效的资金管理能够提高资金利用率，降低财务风险，增强政府公信力。

随着 5G 技术的深度应用，数字化进程逐渐从 C 端（个人）向 G 端（政府）和 B 端（企业）演进。特别是在“十四五”时期，多项国家战略陆续实施，不断衍生新的金融需求，促使金融机构从传统信贷的“独木桥”式服务向政府、企业、个人三端全链路资金管理的“立交桥”式综合服务转型。

工行以资金管理为入口，积极适应政务互联网、产业互联网、平台经济快速发展趋势，进一步连接 G 端、赋能 B 端、突围 C 端，强化“场景化获客、平台化运营、智能化风控”金融服务新模式，打造政府、企业、个人三端生态场景业务协同联动的发展新格局。

2. 主要痛点及解决方案

1）主要痛点

资金管理领域涉及面广、业务流程复杂，资金类型可分为专项资金、预付费资金、工程建设资金、公益慈善资金等，不同类型的资金管理存在不同的痛点。

在专项资金管理领域，典型场景有征迁安置资金管理和社保基金管理。在征地拆迁安置项目中，往往存在参与各方信息不共享、资金使用信息不透明、资金流向监管难、审批流程效率低等痛点。该场景的普遍现状是政府机构之间存在“信息孤岛”，土地储备中心掌握征地拆迁规划，财政所掌握用款计划，按照项目将安置款拨付给拆迁安置户，资金监管面临着业务流、资金流、指令流不统一的问题，资金的使用没有和业务形成有效联动，致使资金拨付不透明，资金的使用是否合理无法得到精准监管，同时普遍存在信息采集、合同签署、资金拨付等工作只能在线下进行的情况，资金拨付效率低。在传统的社保基金管理工作中，关联方多、层级多、审批流程长，甚至存在手工处理财务的情况，导致资金流和信息流不及时、不透明、难监管，以及存在操作风险等痛点。该业务涉及人社、财政、税务等部门，多部门业务信息未统一运营，形成"信息孤岛"；业务方和财务方多方审核，无法及时掌握资金流和信息流的情况，不能实时获取资金拨付进度和到账情况，无法进行有效监管；基金归集、拨付和待遇发放等业务环节未实现"端到端"的系统闭环，手工处理财务容易造成操作风险。

在预付费资金管理领域，存在政府部门监管难、商家经营难、消费者维权难等痛点：对于政府部门，存在政策推进难、市场数据缺失和监管难等问题，虽然各部委持续加强对相关行业预付费的监管，各地政府主管部门希望落实政策要求，但是缺少抓手，监管效率低；对于商家，消费者行为由线下转为线上，中小微商家缺少线上服务渠道，而互联网巨头提供的电商平台存在高额抽成和高额推广费等现象，中小微商家急需成本低、功能完善的商家运营系统；对于消费者，个人权益和资金安全无法得到保障，在出现问题后不能及时得到妥善处理。

在工程建设资金管理领域，工程资金拨付与工程建设进度信息脱节，农民工工资被拖欠，传统的纸质审批流程低效、不透明，业主单位资金监管难等是常见的痛点。

在公益慈善资金管理领域，公益慈善项目信息维护和资金使用存在操作风险、道德风险。公益慈善领域的资金募集和使用情况是公众关注的焦点，传统捐赠流程烦琐、管理工作方式落后，无法做到实时公示和追溯资金去向，而且在手工统计数据的过程中可能出现差错，甚至违背捐赠者的资金使用意愿，容易激起捐赠者乃至广大民众对公益慈善机构的不信任情绪。

2）解决方案

工行基于自主研发的区块链技术平台"工银玺链"，充分利用区块链的多方共识、智能合约自动执行、数据可追溯、防篡改等特性，搭建了资金管理各方共同参与，金融和行业服务深度融合的开放生态平台——工银安心资金管理区块链（简称"工银安心链"）。

"工银安心链"基于技术平台的支撑，提供由行业基础服务和金融基础服务组成的资金管理基础服务：行业基础服务为政府端提供机构管理和商户管理等服务，基于平台基础业务数据保证商户具备基础运营能力，依托区块链的防篡改等特性，为政府部门提供商户评级、舆情监管等行业监管服务；金融基础服务基于工行丰富的金融功能，为监管部门提供账户管理和风险控制等服务。"工银安心链"基于资金管理基础服务，针对政府、企业、个人三端的资金管理需求，重点搭建了专项资金管理、预付费资金管理、工程建设资金管理、公益慈善资金管理4个场景，其整体架构如图2-2-1所示。

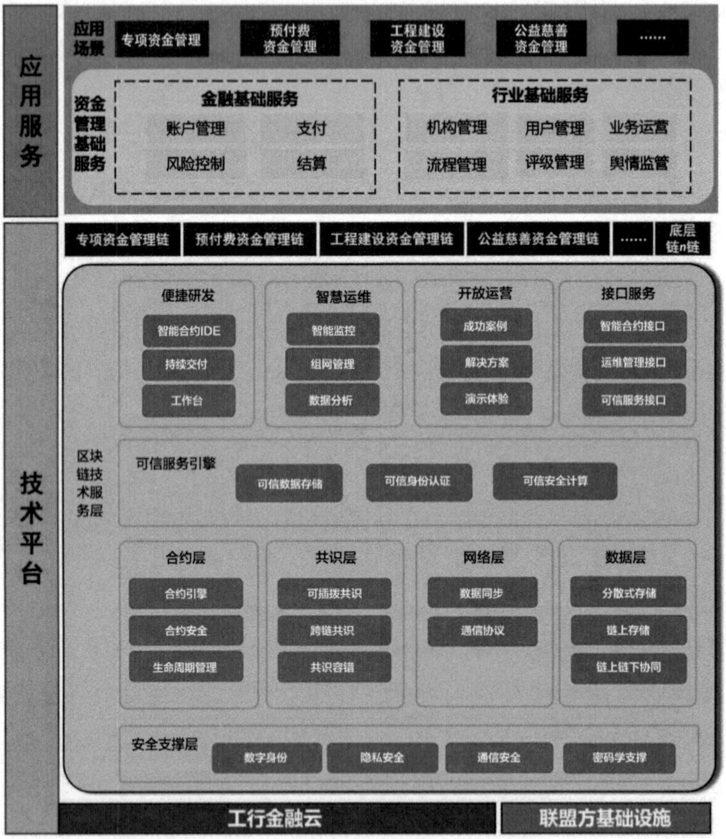

图2-2-1 "工银安心链"的整体架构

（1）"区块链+专项资金管理"场景。

该场景主要为征地拆迁管理部门和人社部门等专项资金主管单位提供项目管理、资金监管等服务，解决资金流向不透明、监管难，资金利用效率低、流转慢，跨机构、跨部门存在"信息孤岛"等痛点，通过系统互联、业务互通、数据共享实现对资金的安全、高效管理。

在征地拆迁资金管理方面，“工银安心链”基于区块链技术的安全、可信、防篡改等特性，将资金支付指令上链存储，保证交易信息可查、可验真，申请和拨付流程可追溯，资金审批和使用规范、透明，政府或监管部门可通过系统驾驶舱视图对资金流向进行“端到端”全流程监控，避免资金“跑冒滴漏”。拨付指令由智能合约根据预设拨付条件自动生成，并通过“穿透式支付模式”实现专款专用，避免资金沉淀，与传统的资金逐级逐层拨付、层层沉淀的方式相比，“穿透式支付模式”将拆迁补偿资金从财政专户直接发放至补偿对象账户，一步到位，在审批完成后资金实时到账，快捷高效，降低了中间挪用风险，缩短了停留时间，大大增强了资金管理流程的安全性，有效提高了资金拨付效率。

在社保养老基金统筹管理方面，“工银安心链”基于区块链技术，将一定区域的社保业务系统、财务系统、统收统支平台、各商业银行作为区块链接入节点，连接多方，实现了信息共享和“端到端”流程闭环管理，通过智能合约自动触发基金的拨付和归集，将基金统筹管理过程中的业务财务数据、审批记录、支付指令上链存储，借助区块链的智能合约，实现了在多场景中安全、快捷拨付基金，利用区块链的多方共识、防篡改和可追溯等特性，实现了整个基金统筹管理过程的规范化、透明化。

（2）“区块链+预付费资金管理”场景。

该场景主要为教育局、市场监督管理局、商务局等监管部门提供商家准入、预付费资金划拨、管理层驾驶舱等服务，为商家提供预付费产品发布、监管账户开立、收费退款管理、电子发票开立等服务，为消费者提供统一入口，以及购买产品、消费使用、发起投诉、查询明细和余额等功能，利用区块链技术，发挥区块链在连接多方、促进互信、防篡改、可追溯等方面的优势，将各方产生的业务数据上链存储，保证监管过程透明化、公平化，提高监管时效性和监管效率。在消费者和商家双赢的基础上，解决消费者退费难和商家卷款“跑路”等监管难题，确保预付费资金的安全，构建社会信用体系。

（3）“区块链+工程建设资金管理”场景。

该场景主要为工程建设领域的政府机关和业主单位提供资金监管服务，解决工程建设资金监管难的问题，基于区块链技术，将工程建设过程中的合同、凭证、预算和支付记录上链存证，避免数据造假，及时追溯历史记录，保证合同材料和合同支付款项明细可管、可控、可追溯，真正实现透明化、精细化监管，从而实现工程建设资金可管、可控的透明化管理，有效保障工程建设过程中资金的使用效率，加大对下游单位工程款流向的监控力度，实现下游企业款项及时到账和按时、按期发放农民工工资的目标。

（4）“区块链+公益慈善资金管理”场景。

该场景主要基于区块链技术实现捐赠数据上链，在数据上链后实时对外公示，自动运行业务流程，支持捐赠者追溯自身捐款去向，保证捐赠数据和资金账目可查询、可追溯、防篡改，实现规范管理、透明管理、公开公平。“工银安心链”支持根据区块链智能合约的约定信息，定期、定额接收资金、支出资金，实现自动化管理，从而提高管理效率和透明程度，避免捐款被挪用，增强公益项目公信力。

3）应用效果

通过持续推广，“工银安心链”成功助力更多的政企用户实现数字化转型，提高资金管理水平，防控资金管理风险，助力建设“廉洁政府”和“服务型政府”，保障广大企业和群众的切身利益，其应用效果主要体现在以下4个方面。

（1）在征地拆迁、养老补贴、惠民补贴等专项资金管理场景中，“工银安心链”可确保专款专用和信息可追溯，如在征地拆迁场景中实现依法征迁、阳光征迁、和谐征迁，确保相关工作经得起法律和实践的检验，保证征迁安置的每一个环节和每一个步骤都在阳光下进行。

（2）在教育培训、文化娱乐、餐饮等预付费资金管理场景中，“工银安心链”可落实政府主管部门的监管责任，保障广大预付费群众的利益，解决预付费商家卷款“跑路”或倒闭给消费者带来的预付费资金损失、退费难等问题。

（3）在工程建设（铁路、公路、水利、城市建设等）资金管理场景中，“工银安心链”可解决总包、分包、供应商、劳务公司等参与主体之间存在信息割裂，工程建设资金的利用情况不透明，以及暗箱操作、违规支付、多层盘剥、款项滞留、资金挪用等问题。

（4）在公益慈善资金管理场景中，“工银安心链”可利用区块链的防篡改等特性，增强机构公信力，由单一监管变为共同监管，确保公益慈善项目的公开性和透明性，助力公益慈善事业发展。

“工银安心链”以“区块链+风控管理”特色试点专家评审得分第一名的成绩入选国家区块链创新应用试点名单。截至2022年5月，“工银安心链”在专项资金管理、预付费资金管理、工程建设资金管理等领域累计上链管理资金2875亿元。

3. 创新与亮点

“工银安心链”充分利用区块链的多方共识、智能合约自动执行、数据可追溯、防篡改等特性，实现了资金管理各方共同参与，金融和行业服务深度融合，在技术、模式、业务方面具有以下创新与亮点。

1）技术创新

“强安全”：“工银安心链”基于身份认证、访问控制、数据安全等安全防护能力，实现了权限控制规则按需灵活配置和动态更新，满足了资金管理领域多组织、多用户、多层次的权限管理需求，同步完成了底层技术平台服务器国产化软硬件替换，提升了自主可控水平。“护隐私”：“工银安心链”融合使用了零知识证明、门限签名、同态加密等前沿性加密算法和数字身份、多方安全计算等技术，提升了区块链的隐私保护能力，满足了跨机构资金流转过程中的用户隐私保护需求。“互操作”：“工银安心链”基于跨链技术和链上、链下数据协同技术，赋能资金管理链与政府监管链、法律链等跨链协同场景共建。“智监管”：“工银安心链”提供了区块链事前、事中、事后监管技术能力，通过协议脆弱性分析和检测技术实现了事前监管，支持交易、资金、账户等多维一体的“穿透式事中监管”，基于统一指标采集和归集分析能力，完成了对链上交易资金可审计性的事后监管，满足了资金管理场景中政府和行业主管部门的跨机构监管审计需求。

2）模式创新

“工银安心链”打造了政府、企业、个人三端生态场景服务区块链平台，为工行的数字化转型和智能化创新提供了基础支撑，依托区块链等科技手段，打通了政府、企业、个人三端业务，实现了数据要素价值化，强化了科技赋能金融服务的边界扩展效应。“工银安心链”推动政府、企业、个人三端场景业务快速上线，助力工行及时把握产业互联和政务互联的市场机会，变“单赢独享”为“互通共享”模式，由独立提供服务向与第三方合作提供嵌入式服务转变，重塑了内部运作机制，提高了运营效率。

3）业务创新

“工银安心链”以“一平台、多场景、强生态、高效益”为目标，成为充分发挥区块链价值、行内外合作共建、适用场景广泛的开放生态平台，助力建设可信体系，成为市场上非常有影响力的资金管理区块链平台。其中，“一平台”是指建设统一、自主可控的资金管理区块链平台，发挥区块链技术优势，实现资金的可信、高效使用；“多场景”是指紧跟国家政策导向，持续丰富资金管理适用场景，提供一站式高效资金管理服务，打造政府、企业、个人三端联动的全场景服务生态；“强生态”是指合作共建开放生态，支持行业合作伙伴发挥各自优势，支持与同业银行合作制定标准接口，实现金融服务开放、平等接入，促进数据共享；“高效益”是指打响品牌，实现规模化推广，形成较大的社会影响力和经济影响力。

参考文献

[1] 中国工商银行“征拆迁资金管理区块链平台”落地南京江北新区[EB/OL]. [2022-05-16]. http://js.cnr.cn/2011jsfw/whly/20200516/t20200516_525092512.shtml.

[2] 工行区块链技术助力“数字雄安”建设[EB/OL]. [2022-06-05]. http://blockchain.people.com.cn/n1/2019/0513/c417685-31081579.html.

[3] 工行金融科技研究院发布《区块链金融应用发展白皮书》[R/OL]. [2022-04-11]. http://www.cecc.org.cn/m/202204/566002.html.

[4] 工行区块链平台通过工信部五项测评[EB/OL]. [2021-01-05]. http://m.people.cn/n4/2021/0105/c141-14667714.html.

2.3 区块链应急物资管理平台

【案例相关单位】京东科技信息技术有限公司

【案例提供人员】杨琛、李婧、王义

1. 背景

自新冠疫情发生以来，抗疫物资种类较多、型号不一，以传统方式实现一线抗疫需求和物资供给的及时匹配存在一定难度。如何高效、透明地对防疫、抗疫应急物资进行管理，保障防疫、抗疫一线的物资供给，是当前亟待解决的关键问题。

区块链作为一种新型底层技术，具有分布式数据存储、点对点传播、共识机制、加密算法等技术优势，能够很好地用于多方参与的应急物资管理，将所有参与方聚合在一个网络结构中，提供一个可共享但不可篡改的分布式数据库，从而提高突发事件应急物资管理的效率和透明度，增强公开性。在解决紧急救援问题时，区块链可基于去中心化、不可篡改、智能合约等特点，为解决应急物资管理中存在的部门协同难度高、信息不透明等问题提供技术支持，一方面能够保证物资调配的及时性和有序性，另一方面能够保证物资调配的公开透明。

京东科技信息技术有限公司（以下简称“京东科技”）结合自身技术优势，为满足国家防控新冠疫情的紧急需求，自主研发了定制化的区块链应急物资管理平台。该平台将区块链技术应用于应急物资管理系统，提供应急物资管理解决方案，在一定程度上缓解了应急响应缓慢，应急物资保障过程中供需不匹配，应急物资的质量无法得到保证和捐赠的透明度、信任度不足等问题。

2. 主要痛点及解决方案

1）主要痛点

应急物资管理涉及两个问题：一是流转架构，二是信息机制。流转架构是指以何种方式管理和配送应急物资，信息机制是指管理和配送应急物资过程中的信息要求及其实现方式。当前的应急物资管理系统，在流转架构上缺乏应急物资管理和配送流程的统一规划，容易造成供需错配，在信息机制上难以实现整个应急物资管理和配送过程信息的公开、透明、真实、完整、共享，在发生纠纷时不易追溯。

有关部门在设计应急物资管理的流转架构和信息机制时，需要考虑应急物资管理涉及的众多组织和部门。应急物资的信息发布、存储、采购、调拨、运输、配送、使用、回收等各个环节由多个部门负责，各个部门一般根据自身的需要和惯例开展应急物资管理工作，不同系统之间的数据难以交换、兼容和更新。各个部门的信息不能实时共享，无法追溯应急物资的来源与去向。应急物资管理系统是一个庞大的有机网络体系，既包括防控突发事件的整个流程，也包括多个利害相关部门的合作，还包括物资流转之间的环环相扣，如果任一系统节点遭到攻击，那么所有的重要信息都有泄露的风险。

2）解决方案

京东科技基于应急物资信息化、数字化全流程防伪追溯的技术优势，研发了定制化的区块链应急物资管理平台。该平台聚焦于应急物资追溯场景，对物资的生产、加工、流通、使用进行全局性、差异化整合，由系统型供应链平台进行统一管理，为抗击新冠疫情提供了有力的后勤保障。

通过去中心化的分布式结构，应急救援管理工作中的各方能够实现点对点数据通信，保证信息的及时传递和共享，将信息及时上链，利用区块链强大的信息共享能力，无须层层上报各项信息，提高了各个组织和部门的数据管理效率，满足了应急物资管理的时效性要求。

通过加密算法，该平台可以保证所有物资流通节点都能进行全网传播，如果某个节点的数据被篡改，那么将无法与其他节点的数据保持一致。该平台提供了进行多核并行计算的高性能哈希算法和加密算法，将其用于应急物资的采购、配送、分发环节，以全链路的方式对运输、仓储、分发等数据进行存证，所有的流转信息均可追溯，杜绝假冒伪劣货物。在物资捐赠环节，捐赠方、公益组织、获赠方三者之间的物资流动情况，以及捐赠物资所处环节和是否及时发放变得更加清晰明了。

通过智能合约，在无法更改数据的基础上，该平台预先将规则条款以代码形式写在区块链上，减少了人工干预和手工文书工作，在预先设定的条件得到满足后，立即自动执行智能合约的协议条款，简化了流程，提高了执行效率，即使没有中心机构的监督，合约也能准确、有序地执行。该平台在智能合约中内置数据展现样式，提供全网统一、不可篡改且符合业务规范和习惯的应用数据展现功能，在突发事件监控预警、应急预案自动响应、供需快速匹配等方面显著提高了应急物资管理的效率。

京东科技的区块链应急物资管理平台如图 2-3-1 所示，该平台贯穿生产、仓储、物流、发放等各个环节，基于物资码实现物资全程追溯，其提供的应急物资管理解决方案对促进业务开展起到了很大的帮助作用，具体表现在以下 3 个方面。

图 2-3-1　京东科技的区块链应急物资管理平台

（1）应急物资需求、仓储、运输数字化、显性化。信息化、智能化的区块链应急物资管理平台可数据化、系统化采集应急物资信息，前端处理更复杂的物资信息，后端对接物流数据，实现信息流完善、可视，为应急保障决策提供科学有效的依据。

（2）应急物资的提报、审批、调配流程高效、规范、透明。各级需求单位按照要求统一部署，在同一个平台提报物资申请，上级单位快速审批，在多维度汇总数据后实时上报上级相关部门，方便统一决策、调配物资。

（3）对前端采购、库存管理、货物流向进行大数据管理，实现辖区全部应急物资仓储入库、出库、签收、验收、复核、审核等环节和流程的一体化，便于物资调配和管理，提高了物资调配效率。

3）应用效果

针对抗击新冠疫情急需的防护服、口罩、护目镜等物资的生产、库存、调拨、分配，区块链应急物资管理平台实现了全程可视追踪，高效集中管控。该平台接入上百家应急物资供应商，物资种类近 200 种，已申请物资码多达上千万个，已发货贴码物资多达上百万种。如图 2-3-2 所示，该平台中显示了区块链追溯等物资全流程信息记录，有效补全了供应链的基础数据，为智能化决策提供了更完备的数据基础，基于物资的流转数据和京东的仓储物流数据，结合大数据分析，做到了高效响应、按需生产、及时补货、高效调度。该平台实现了应急物资使用信息公开透明，以可视化形式实时输出相关物资的产能、库存、调配和消耗情况，保障应急物资管理的最优成本结构和最高供给效率。

图 2-3-2　区块链追溯

3. 创新与亮点

与应急物资管理领域过去采用的区块链应用相比，京东科技的区块链应急物资管理平台具有以下创新与亮点。

1）助力政府监管

政府监管部门可同步获取各个主体写入区块链中的数据，一旦发生问题，可以快速定位问题来源，查看问题涉及产品的去向，快速采取应急处理措施，避免问题进一步扩大。基于区块链的数据来源，政府监管部门还可以快速对问题的责任方进行相应的管理，从而以高效的技术方式实现对物资的安全管控。

2）技术自主可控

该平台基于京东科技区块链技术的多年积累，可实现应急物资使用信息公开透明，依托区块链的去中心化、不可篡改、全程留痕、可以追溯、公开透明等特点，将主要信息登记在区块链上，通过可信时间戳，将生产、库存、调拨、分配等数据一起打包并实时上链存储，同步给监管机构，解决了物资信息难溯源、易篡改等痛点。在区块链技术的保障之下，该平台可以对各个流通环节进行数据监控，确保各个环节透明。

3）促进技术协同

该平台在充分应用区块链技术的同时，兼顾了区块链与人工智能、物联网等现代通信技术的结合，利用其他技术的优势弥补区块链的不足。例如，区块链与人工智能技术结合，可以自动监测区块链系统的运行状况，及时采取措施，将损失降到最低；区块链与物联网结合，可以辅助鉴别上链信息的准确性，防止不可靠信息上链。

参考文献

[1] 邓秀琴，倪卫红，陈太. 新冠疫情下基于区块链的应急物流和物资保障体系研究[J]. 物流技术与应用，2020，25（10）：176-179.

[2] 闫佰义，潘博. 基于区块链技术的代维支付平台的研究与设计[J]. 信息通信技术与政策，2018（7）：47-52.

[3] 田方晨，蒋桂芳. 运用区块链技术提升意识形态风险防控能力研究[J]. 燕山大学学报（哲学社会科学版），2021，22（3）：29-37.

[4] 区块链信息服务管理规定[EB/OL]. [2010-01-10]. http://www.cac.gov.cn/2019-01/10/c_1123971164.htm.

[5] 王延川. 区块链赋能突发事件应急物资保障系统探析[J]. 北京理工大学学报（社会科学版），2020，22（5）：126-133.

2.4 基于区块链的公共资源交易数据共享平台——EbidChain™区块链平台

【案例相关单位】广州交易集团有限公司、标信智链（杭州）科技发展有限公司

【案例提供人员】庄奕铖、金石成、余颜宏

1. 背景

国务院办公厅先后发布《国务院办公厅关于印发整合建立统一的公共资源交易平台工作方案的通知》《国务院办公厅关于同意建立公共资源交易平台整合工作部际联席会议制度的函》《国务院办公厅转发国家发展改革委关于深化公共资源交易平台整合共享指导意见的通知》等指导性文件，明确了我国公共资源交易平台的基本模式、建设方向与建设目标。各地的公共资源交易中心在全国范围内初步构建了规则统一、公开透明、服务高效、监督规范的公共资源交易平台体系，公共资源交易市场迅速发展，公共资源配置的效率和效益明显提高，促进了经济、社会的持续健康发展。

随着“一网通办”“跨省通办”的全面推进，各省市加快升级完善公共资源交易服务能力架构，聚焦交易数据治理能力和中台支撑服务能力，积极补位以可信共享、过程存证、安全追溯为核心的新型公共资源交易数据治理能力，逐步形成完善的公共资源交易数字能力架构。不过，除部分省市有统一的电子交易系统之外，大部分公共资源交易平台仍是独立建设的，做不到交易数据互联互通、信息共享。

基于以上背景，针对公共资源交易行业依然存在的交易主体信息不能真正共享，交易主体跨区域交易不便利，交易数据未得到充分利用等问题，结合区块链技术可信共享、可信存证的特点，本案例探索了在公共资源交易领域如何引入区块链技术，创新实践“区块链+公共资源交易”方案，推动公共资源交易发展进入“区块链时代”，促进公共资源交易更加公开透明、便利快捷，交易各方更加诚实守信，交易监管更加科学高效，交易结果更加公平公正。

2. 主要痛点及解决方案

1）主要痛点

（1）交易主体资信信息应用仍有造假漏洞。交易主体资信信息包括资质与业绩，是交易主体参与招投标活动和体现企业竞争力的必备信息，直接反映了企业从事业务活动的资格和能力。目前，各系统之间无法共享信息，各地交易中心和行业监管部门无法有效鉴别所有文件（尤其是业绩文件的真实性），容易给不良交易主体可乘之机。由于业绩造假现象严重且无有效防范手段，有些地方直接规定仅允许将本地中标的业绩作为评分依据，这无疑会产生地方过度保护和影响优化营商环境的新问题。此外，在交易过程中出现争议，需要跨部门合作解决时，往往需要引入监管部门、公证机构、司法鉴定机构、仲裁机构或法院等进行调查认定，涉及部门多、数据取证难度高、流程复杂。

（2）市场主体跨区域交易不便。当前，市场主体在参与公共资源交易时，必须在不同的交易平台注册并提交各种证明文件，办理CA数字证书，提交资质、业绩、奖励等各种资信文件。对于需要跨区域招投标的企业来说，带着数量较多的CA数字证书和资信文件参加招投标是跨区域交易中的普遍现象。虽然一部分省市（如贵州省、湖南省、武汉市、鄂州市）已经实现了全省或部分区域主体身份统一认证和CA数字证书、电子印章互认，为市场主体减少了近70%需要携带的CA数字证书，但是大部分省市无法完全实现“一个CA数字证书即可通行”，跨省互认则更加不便。

（3）交易过程公信力失信风险尚存。虽然交易中心建立的交易系统拥有政府背书，具有一定的公信力，但是对于标书解密失败和主体库数据变化导致投标失败等问题，如果没有可信的自证方式，那么同样会遭到市场主体的质疑。国内曾曝光交易平台软件服务公司或交易中心工作人员参与篡改交易系统后台数据非法获利的案件，给交易系统中心化管理模式中交易过程的公信力带来了一定的负面影响。

（4）市场主体在参与市场交易时仍面临“融资难、融资贵”的问题。虽然国内已经有一部分交易中心（如贵州省公共资源交易中心、海淀区公共资源交易中心、厦门市公共资源交易中心等）与金融机构合作，提供电子保函和中标贷等融资服务，在一定程度上缓解了市场主体的资金压力，但是，由于交易中心对接的金融机构数量有限，并且自身数据无法充分揭示中小型企业的信用风险，因此绝大部分市场主体（尤其是中小型企业）难以享受高便利性、低成本的融资服务。

2）解决方案

为充分发掘区块链在深化公共资源交易平台整合共享中的作用，广州交易集团有限公司于 2019 年 8 月与北京市建设工程发包承包交易中心、珠海市公共资源交易中心、标信智链（杭州）科技发展有限公司开展区块链应用合作，搭建了基于区块链的公共资源交易数据共享平台——EbidChain™ 区块链平台。EbidChain™ 区块链平台致力于开展基于区块链的跨区域合作共享应用，着力解决公共资源跨区域交易信息共享不充分，交易过程存在信息隐患，CA 数字证书不兼容互认，以及中小型企业融资难等问题，为市场主体提供更加满意的服务体验。

如图 2-4-1 所示，EbidChain™ 区块链平台采用“五横两纵”的架构体系，横向为功能架构体系，用于实现平台业务功能，纵向为功能保障体系，用于保障平台安全、稳定运行。

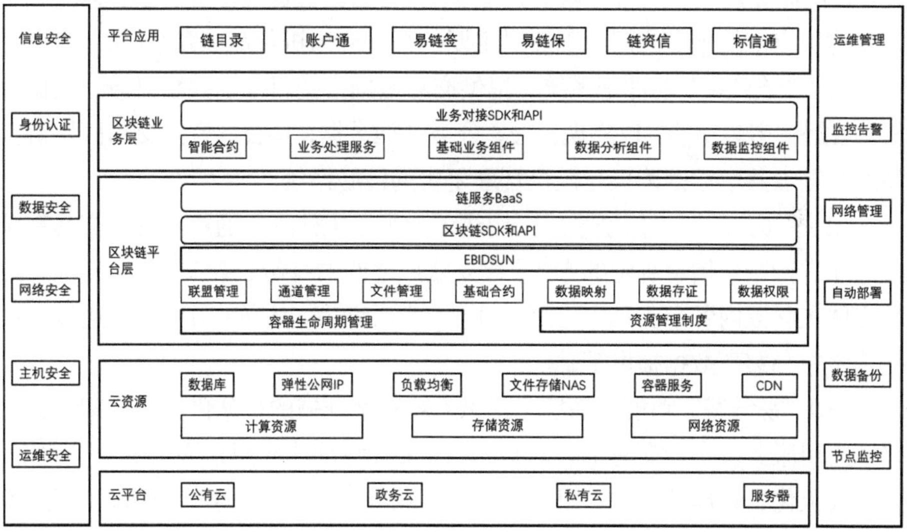

图 2-4-1　EbidChain™区块链平台采用“五横两纵”的架构体系

EbidChain™ 区块链平台的节点网络部署结构如图 2-4-2 所示。通过在各个交易中心部署一个区块链节点，安装一套链服务系统，展示一面区块链看板，提供一款共享应用工具，该平台可实现数据上链存证、确权授权、互认共享等功能。

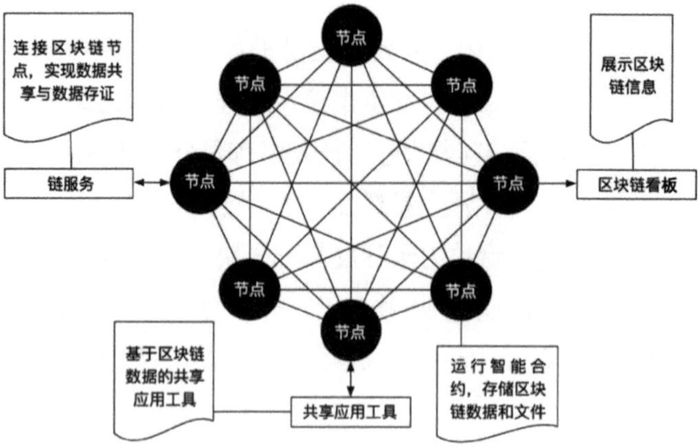

图 2-4-2 EbidChain™区块链平台的节点网络部署结构

利用区块链技术的特点，EbidChain™ 区块链平台可实现交易数据高效、安全、便捷互认共享和可信认证。同时，结合公共资源交易业务的需求，该平台创建了丰富的平台应用，下面对主要的平台应用进行简单介绍。

（1）“链目录”功能子系统：提供交易数据上链目录、共享目录、数据确权、数据解密等功能，以实现分级、分类管理数据，是公共资源交易区块链实现所有链上共享数据确权与授权管理逻辑的核心系统。

（2）“账户通”功能子系统：构建统一市场主体库，通过与现有交易系统主体库进行账户信息绑定的方式，建立账户之间的身份映射关系，实现同一市场主体在联盟内各个交易中心统一登录，为后续市场主体自主、自发通过区块链来跨中心共享数据提供基础。

（3）“易链签”功能子系统：提供 CA 数字证书的移动化解决方案，通过移动应用服务，实现交易中心 CA 数字证书的移动化应用，形成应用移动化、办理线上化、管理统一化、服务兼容化的业务模式。“易链签”接入了国家市场监督管理总局电子营业执照、中华人民共和国公安部（以下简称“公安部”）人脸识别等权威数据和多家 CA 机构、电子签章系统，打通了交易主体在不同交易系统中的账户互认，实现了跨中心 CA 数字证书和电子签章共享。

（4）“易链保”功能子系统：提供移动化电子保函解决方案，借助区块链平台存储的项目信息和主体信息，为投标企业和金融机构提供移动化电子保函服务，利用链上数据解决授信、开函过程中的信息可信度问题，降低金融机构的风控难度，丰富交易主体的融资渠道，提升交易平台的服务能力。

（5）“链资信”功能子系统：构建资信数据共享应用体系，整合不同来源的资信信息，实现资信信息的可信化应用，让投标主体可以跨中心、跨项目重复使用链上业绩和资质等资信信息，简化投标操作流程。

3）应用效果

自 EbidChainTM 区块链平台筹备组建以来，截至 2022 年 5 月 26 日，全国已有 78 家公共资源交易中心加入其中，覆盖 17 个省份。其中，贵州省实现了全省公共资源数据上链，并被列为国家级公共资源交易区块链数据共享工作试点。该平台已为全国 37 695 名用户办理通用共享的 CA 数字证书 12 604 个，为全国 2915 家投标企业开具电子保函 30 272 次，减少现金负担约 1 768 295 万元。

EbidChain™ 区块链平台入选了国家发展改革委发布的《部分地方深化公共资源交易平台整合共享工作典型做法》，在国务院发布的《〈优化营商环境条例〉实施情况第三方评估发现的部分创新举措》中位列榜首，中国政府网发布专题，对其“公共资源交易+区块链”的创新应用模式给予了高度肯定。

2021 年，EbidChain™ 区块链平台与国家级区块链新型基础设施“星火・链网”顺利对接，升级为国家级公共资源交易区块链新型基础设施。

3. 创新与亮点

1）链上数据共享，信息互联互通

该平台实现了企业主体库的基本信息、资质信息、业绩信息、人员信息、信用信息、监管信息、项目信息等数据上链共享，信息“一处登记，处处使用”，打通了“信息孤岛”，减少了企业重复录入数据和提交资料的工作量，做到了为企业减负。

2）业务“指尖办理”，切实降本增效

该平台集成了支持 CA 数字证书应用的“易链签”工具，实现了业务办理向“指尖端”延伸，交易主体只要在一处注册、办理 CA 数字证书，就可以在合作方交易中心共享使用，彻底解决了重复注册、办理 CA 数字证书的问题，真正降低了交易成本，增强了企业的获得感。

3）链上金融服务，衍生平台价值

该平台嵌入了提供跨平台金融服务的“易链保”工具，实现了一处授信，多地开展融资和使用电子保函，既免除了企业多头对接银行和申请授信的麻烦，也减少了各地交易中心在线对接众多金融机构的工作量，确保企业切实享受普惠性的金融服务。

4）保障交易公平，促进社会监督

该平台强化了对公共资源交易服务的监督制约，推进了预防、惩治腐败体系的建设。该平台在公开原有交易信息和政务信息的基础上，进一步扩大了公开范围，依法公开交易公告、资格审查结果、成交信息、履约信息和有关变更信息等，确保交易在阳光下运行。此外，该平台还公开了各级交易监督部门有关公共资源交易项目备案、市场主体和中介机构的资质资格、行政处罚等监管信息，通过建立健全的公共资源交易信息和信用信息公开共享制度，充分发挥社会监督作用，完善监督机制，防止权力滥用。

基于在公共资源交易行业的创新性、先进性、典型性，EbidChain™ 区块链平台分别于 2020 年 8 月荣获“2020 中国产业区块链创新奖”，于 2020 年 11 月入选由中国信通院、北京大学等 18 家机构的专家和企业代表共同评选的“2020 高价值案例”年度优秀案例名单，于 2020 年 12 月被纳入国家发展改革委《部分地方深化公共资源交易平台整合共享工作典型做法》典型案例。

参考文献

[1] 金石成，郑臣克，庄奕铖，等. 基于区块链的交易主体资信数据的应用方法及装置：202010334055.1[P]. 2020-04-24.

[2] 可信区块链推进计划.“2020 高价值案例”年度优秀案例名单[EB/OL]. [2020-11-06].

[3] 《优化营商环境条例》实施情况第三方评估发现的部分创新举措[EB/OL]. [2021-03-03]. http://www.gov.cn/xinwen/2021-03/03/content_5589965.htm.

2.5 区块链生态环境监管平台

【案例相关单位】杭州安存网络科技有限公司

【案例提供人员】黄震霞、章妍晨

1. 背景

党的十九大以来，党中央、国务院高度重视大数据在推进生态文明建设中的地位和作用，深化生态环境监管信息化建设成效显著。然而，面对现实中存在的涉污企业证据类型众多、监管人员人少事多、审查认定难、执法效率低和偷排偷放屡禁不止等突出问题，环境监管工作仍然面临着证据易篡改、采信固证难、企业信用自治难、频繁监管影响生产、安全生产和应急管理两法两条例执法检查（以下简称“两法”）证据存在采集差异等难点。区块链作为数字经济的重要组成部分，已被列为数字经济的可信基础设施，其拥有的去中心化、不易篡改、加密隐私等技术特点正好可以解决上述问题。

在推进国家治理体系和治理能力现代化的大背景下，滨州市生态环境局邹平分局积极回应互联网时代生态环境监管的新需求，联合杭州安存网络科技有限公司（以下简称“安存科技”）打造了“以智慧执法为中心，以监管预防为抓手”的区块链生态环境监管平台。该平台旨在充分利用区块链技术，确保生态环境数据真实可信，从而赋能生态环境监管的高效、精准执法。

2. 主要痛点及解决方案

1）主要痛点

受技术落后和制度缺失等因素的限制，生态环境监管工作存在诸多痛点：随着查办环境污染犯罪案件的增多，地方执法机关、司法机关存在调查取证难、司法鉴定难等突出问题；在互联网时代，环境违法案件具有数据量大且分散、证据电子化且易灭失、类型多、执法成本高、协同效率低等新特点，有关人员难以高效利用海量数据信息。

此外，篡改生态环境监测数据的违法现象层出不穷，数据不准确或不完整，即使是环保局也无法自证用于执法的电子证据的真实性，监测监控数据难以获得司法认可，存在数据不符合司法电子证据采纳规范的痛点。

结合行业痛点和在山东省邹平市开展的实地调研，有关人员发现邹平市排污企业众多，并且各自采用不同的监测监控设备系统，证据类型多且分散，导致执法、司法资源紧张；不同设备厂商系统之间无法互通，逐渐形成“信息孤岛”，存在数据共享难、安全性弱、协同效能低等问题。

2）解决方案

区块链生态环境监管平台围绕“一链双台”开展建设，“一链”是指生态环境保护联盟链，“双台”是指协同执法电子证据共享平台和生态环境监测监控平台。该平台在滨州市生态环境局邹平分局已有的生态环境监测监控平台的基础上，结合区块链、时间戳、数据加密、北斗定位算法等先进技术手段，将司法证据规则和数据采集规则前置，实时采集终端设备和系统等多种监测监控数据源头，并通过生态环境局节点实时上链固证，实现监管数据从终端接入到产生、收集、上链存取、归类、共享、验证等全流程实时留痕可追溯；同时，计算哈希值直通司法部门，保障监管数据全生命周期安全可信，实现信息全链路可信、可查验，全节点共享安全、可流转，其运行机制如图 2-5-1 所示。

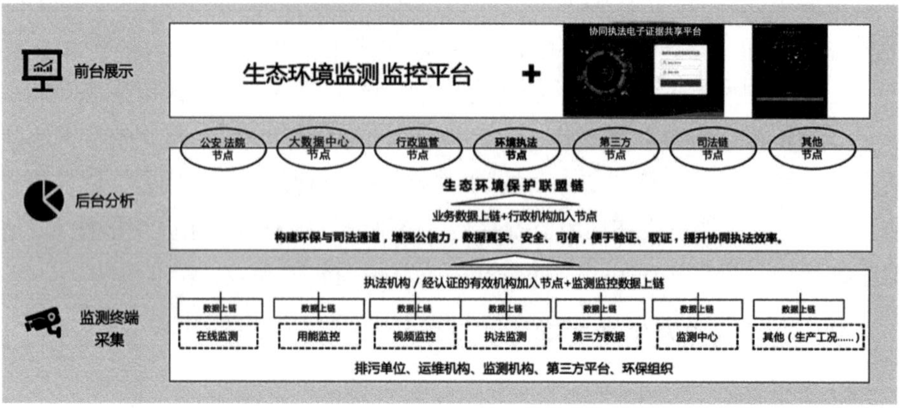

图 2-5-1　区块链生态环境监管平台的运行机制

生态环境保护联盟链部署区块链机硬件节点，以生态环境局为联盟链主节点，协同公安、法院、大数据中心等相关部门节点，提供可核验、可调用的执法证据，并且为执法证据共享提供所需的原文证据流转和认定，实现协同执法电子证据共享。该联盟链利用区块链的可信智能合约技术，将全市企业的用能监控数据统一纳入协同执法电子证据共享平台，确保执法案件证据更为可信、完整、安全，并且符合司法证据规则和数据采集规则。当有环境执法需求时，执法机关可通过各方的协同执法电子证据共享平台进行互联互认和智能验真，有效提升证据司法效力和协同执法效率。

区块链生态环境监管平台将排污企业源头监测监控数据实时上链、存证、固证，以此建立真实可信且有应用价值、法律效力的生态环境监测大数据库和电子证据池，解决无法高效利用生态环境监测数据，难以跨部门互通互认，电子证据不符合司法要求和协同执法难等问题。该平台使用的区块链技术主要体现在以下 4 个方面。

（1）该平台在监测终端设备内置区块链智能合约，自动化执行采集数据的实时上链操作，将源头数据上链，确保上链数据的真实性。

（2）该平台通过区块链的数据存证明确提供数据的责任主体，对数据的所有操作行为均进行链上记录，实现数据防篡改、可追溯。

（3）该平台对采集的数据进行司法标准化、结构化、要素化梳理，辅以时间戳、数字签名、完整性鉴别等合规技术，确保数据符合司法电子证据采纳规范。

（4）该平台通过区块链对数据的分布式存储和共识机制，实现数据跨部门共享，在协同执法时，通过区块链智能校验对电子证据的真实性进行高效审查，提高联勤联动、协同共治的效率。

3）应用效果

滨州市生态环境局邹平分局联合安存科技打造的区块链生态环境监管平台自 2020 年 12 月上线以来，已实现 5 个以上部门协同共享，链上治理企业超过 1000 家，链上监控点位覆盖 6000 余个终端，链上数据量达千亿条，实现了监管范围内无一条环境监测篡改伪造记录，无一家企业环保数据造假涉案，对工业企业潜在的环境违法行为形成了巨大震慑，极大地提高了工业企业环境自治的效率，有效避免了生态环境监测造假的行业弊病。

在实际应用的过程中，当监控系统发出警报时，该平台可以提交报警数据，并与链上事前固定的电子证据进行智能校验，在确认无误后生成区块链保全证书。该平台已出具全国首个用电监控区块链保全证书，并成功通过生态环境保护联盟链实现链上执法，依法对违法单位进行处罚并向司法机关移交案件，打通了业务全流程，司法对接顺畅，大大提升了监管执法效能。

3．创新与亮点

1）协同联动，依法开创共治新局面

（1）该平台创新建立了可信的数据采集制度，将数据采集规则前置，确保执法证据符合司法证据规则，同时编制了监管数据统一接入技术规范。

（2）该平台创新打造了环境执法与刑事司法的链上衔接机制，实现了全链路可信、可查验，建立了环境执法与刑事司法的专线通道，监测监控数据加密直通司法链，提升了非现场执法的公信力、司法震慑性和“两法”联勤联动效能。

（3）该平台创新形成了跨部门、多节点的链上共治共享格局。

2）技术研发驱动，数字监管新手段

（1）该平台创新运用区块链技术、物联网、传感器的组合，助力数字政务可信基础设施建设，打造了可信的数据采集装置，保障环境监管数据源头治理和数据的运行、更新，全流程可信、可追溯，有效进行数字监管。

（2）该平台创新引进时间戳、隐私计算、完整性鉴别、北斗定位算法等多种先进的合规技术，满足了环境监管数据的“三性”（机密性、完整性、可用性）要求和保密性要求。

基于上述创新与亮点，区块链生态环境监管平台荣获首届“中国新型智慧城市创新应用大赛”优政赛道一等奖、中国信通院“可信区块链推进计划 2021 潜力案例”、中国环境科学学会“生态环境创新技术产品”。

参考文献

[1] 章妍晨. 基于区块链的生态环境监管——杭州安存网络科技有限公司[J]. 环境与生活，2021（12）：88-89.

[2] 徐单恒，林皓. 区块链机、区块链数据接入认证方法及计算机可读存储介质：CN202010389846.4[P]. 2021-04-16.

[3] 张鹏飞，冯慧娟，孔庆云. 带区块链和定位功能的分表计电装置：CN202121722869.9[P]. 2022-03-01.

[4] 全国首个区块链生态环境监管平台在邹平上线[N]. 滨州日报，2020-12-24.

2.6 政企通链

【案例相关单位】南京博雅区块链研究院有限公司

【案例提供人员】李青山、胡昊、丁涛

1. 背景

互联网平台经济是生产力的新型组织方式和经济发展的新动能，可基于“区块链+大数据”技术优化资源配置，促进跨界融通发展和大众创业万众创新，推动产业升级，拓展消费市场。

在区块链技术和应用发展方面，国家将区块链作为重点研究方向，并积极引导区块链的良性发展。

在政企数据联通共享应用方面，2019 年 8 月，国务院办公厅发布的《关于促进平台经济规范健康发展的指导意见》中指出，应优化完善市场准入条件，降低企业合规成本，推进平台经济相关市场主体登记注册便利化，创新监管理念和方式，夯实新业态成长基础，加强政府部门与平台数据共享。

在民营企业与中小型企业发展方面，要想基于商业可持续的模式解决成本和风险对称问题，急需利用技术手段降低成本、提升风险控制能力，如利用数字获客和数字风控等手段解决小额贷款的信用放款问题。

2. 主要痛点及解决方案

1）主要痛点

近几年，政府不断优化自身的信息化能力，初步实现了委办局之间和政企之间的数据共享，为优化企业服务奠定了基础，不过仍然存在以下痛点。

（1）跨部门、跨协作单位“不能、不敢、不愿”进行数据共享。

企业数据包括经营数据、财务数据和管理数据等，涉及数据安全、企业隐私、商业机密和数据权属。由于存在数据不同步、更新不及时、数据质量低、数据安全和隐私保护等问题，企业和政府部门之间“不能、不敢、不愿”交互集成、共享数据，致使数据未得到有效利用，无法充分发挥深层价值，造成行政流程优化困难，“放管服”改革推进缓慢，以及无法利用大数据技术进行经济决策支持和行业监控预警等。

（2）企业扶持效率低、政策落地慢，“融资难、融资贵”。

中小型企业体量小、资产流动性差，多数中小型企业容易遇到市场需求减少、经营成本提高、竞争力减弱、融资困难突出、税费负担较重等问题。为此，政府出台了一系列惠企政策。不过，惠企政策往往缺少细节和针对性，企业难以判断自身是否符合政策要求，导致政策落实慢、效果不明显，在一定程度上制约了企业发展。此外，中小型企业的融资途径较少，缺乏官方和权威机构背书，获取金融服务的各项成本比较高。

2）解决方案

南京博雅区块链研究院有限公司基于底层基础设施 BOYARegChain 区块链平台，提供高效、安全、合规、灵活的区块链服务，建设大数据技术中台，依托数据中台和模型中台实现对数据的处理分析；构建平台运营管理中心和平台运维管理中心，协助委办局进行政策管理、数据共享、系统运营等，为企业提供简单易用的区块链服务，帮助企业快速用链、上链，一键完成政策申报等；打造智慧招商新模式，提供可信的企业画像和风险评估报告，为企业提供政策扶持和普惠金融服务，为政府分析决策提供有力支撑。

（1）梳理数据资源，制定共享标准。

如图 2-6-1 所示，企业数据分布于多个经济管理部门，数据条块分割，涉及数据的保密属性和所有权等属性，无法按需交互、互通共享，因而无法优化企业业务流程；部门之间自动化业务协同困难，无法有效进行大数据分析和挖掘。因此，平台需要以服务目标为导向，梳理企业的数据资源，制定数据共享标准，以支撑数字化的供应链产业链信息服务、政策服务、金融服务。

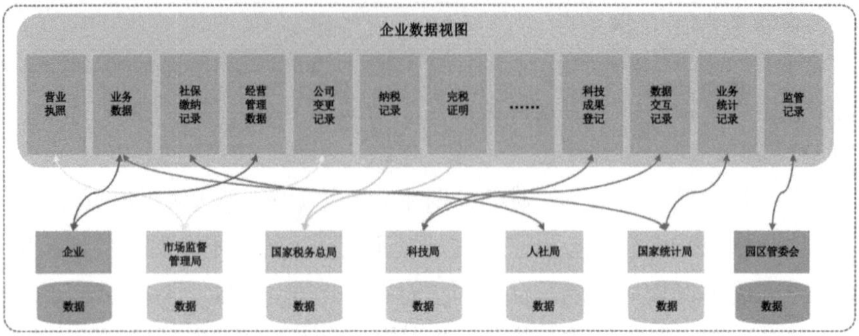

图 2-6-1　企业数据分布于多个经济管理部门

（2）打造“政企通链”，实现数据可信共享。

“政企通链”围绕各委办局建立联盟链，多方参与共识、分布式记账，企业接入成员节点，参与链上业务，其应用模式如图 2-6-2 所示。共识节点负责共识和记账，存储系统的全部数据，成员节点负责计算，不参与共识过程，只存储与用户自身相关的数据，可实现数据的可信接入。

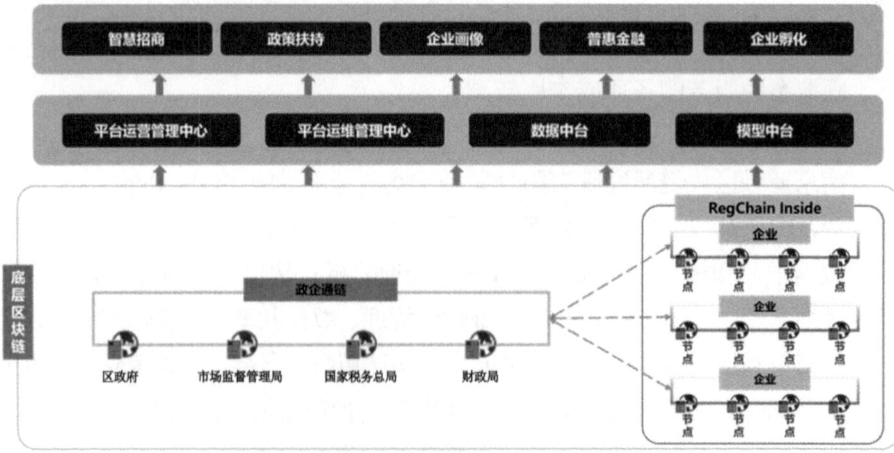

图 2-6-2　“政企通链”的应用模式

以区块链为基础打造的“政企通链”在保障数据所有权和保护数据安全的前提下，可实现企业相关数据可信、安全共享交换。服务平台通过对数据的采集、治理和分析，形成区域数据资产，为政府或园区的运营管理和数字化服务提供数据基础。

（3）构建综合数据治理管理能力。

“政企通链”融合元数据管理、数据集成管理、数据质量管理、数据标准管理、数据安全管理、数据资产管理等模块，建设产业链综合数据治理管理平台（见图 2-6-3），从数据源端到数据中台，再到应用中台，实现全过程管理，打通数据治理的各个环节，满足政府和企业的各类数据治理需求。

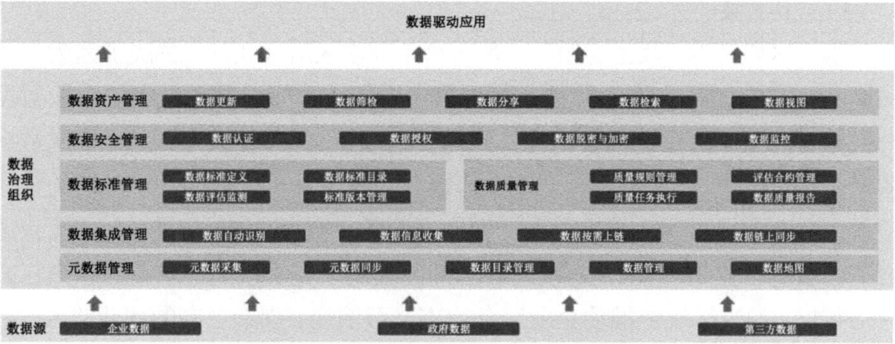

图 2-6-3　产业链综合数据治理管理平台

（4）企业画像建模和普惠金融模型构建。

“政企通链”依托链上共享数据，针对企业画像和普惠金融等服务需求，在模型应用中构建小微信用评分模型、申请授信额度模型、企业画像模型、贷后反欺诈模型、综合评价模型等企业画像建模和普惠金融模型（见图 2-6-4），为平台提供 AI 分析能力。

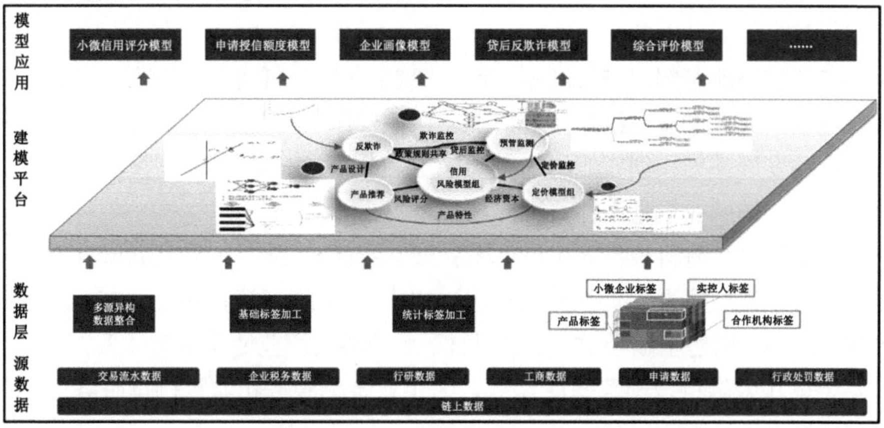

图 2-6-4　企业画像建模和普惠金融模型

“政企通链”以底层区块链系统为支撑，政府主导，企业上传相关数据，进行数据质量管理，在链上维护企业可信数据，实现业务自动化办理，全程留痕，并且基于链上数据，结合大数据和人工智能技术进行企业风险评估、企业画像分析等，为政府决策提供支持，优化产业布局。“政企通链”打通了政府部门和金融机构，以政府拥有的企业数据为背书，为企业提供了更多的金融产品和服务方式，增强了企业金融服务的便利性；通过优质的企业服务优化营商环境，不断吸引更多企业加入其中。

3）应用效果

基于区块链的“政企通链”已在南京市鼓楼区落地实施，解决了因为鼓楼区高新企业的优惠政策名目繁多，政策申报和监管部门需要采集的企业数据种类繁多而造成的企业很难精准找到需要的政策，不得不反复报送，报送数据质量差甚至弄虚作假等问题。“政企通链”为政策发布机构提供了可信的企业数据，为企业提供了政策推荐和一键申报服务。截至 2022 年 5 月，“政企通链”已服务企业 30 余家，为政府经济部门提供了高质量的企业数据和第三方评估数据，通过区块链推动企业服务生态升级演变，创造更高的营业收入。截至 2021 年 12 月 31 日，“政企通链”服务企业的营业收入已超过 8000 万元。

3. 创新与亮点

（1）促进数据开放、连接、共享：在政府数据方面，“政企通链”推动企业登记和信用评价等不涉及国家安全的公共数据对外开放；为制定数据权利归属和数据交易等相关法律制度提供实践参考，建立数据交易市场，鼓励政府部门和企业之间进行数据交易共享；针对企业服务、财政奖补、企业融资等典型场景建设示范应用，有效发挥区块链在政务民生、社会治理、普惠金融等方面的优势。

（2）支撑政府部门进行规划决策：“政企通链”可实时监控研发机构、人才和高水平成果进展，结合经营情况、企业合作、“产学研”等维度，评估不同产业的发展基础和创新能力，掌握各产业的人才分布情况，支撑动态人才战略调整，辅助产业规划设计。

（3）构建金融科技行业生态体系：“政企通链”助力国家互联网金融和金融科技基础设施建设，推进区块链、大数据、人工智能等新兴技术在金融领域的深度应用，构建基础科学、金融科技、监管科技产业链和生态体系，促进互联网金融和金融科技规范健康发展，为企业金融服务和监管科技服务提供有力支撑。

参考文献

[1] 国务院关于印发“十四五”数字经济发展规划的通知[EB/OL]. [2022-01-12]. http://www.gov.cn/zhengce/content/2022-01/12/content_5667817.htm.

[2] 重庆：多措并举优化金融营商环境 提升企业金融服务能力[EB/OL]. [2022-05-25]. https://cq.cri.cn/chinanews/20201109/8fa856d9-e48c-aa17-288f-88dbd7becc2d.html.

[3] 习近平在中央政治局第十八次集体学习时强调 把区块链作为核心技术自主创新重要突破口 加快推动区块链技术和产业创新发展[J]. 网信军民融合，2019（11）：4.

[4] 国务院办公厅关于促进平台经济规范健康发展的指导意见[EB/OL]. [2022-05-25]. http://www.gov.cn/gongbao/content/2019/content_5421543.htm.

2.7　印记区块链电子印章

【案例相关单位】安徽高山科技有限公司

【案例提供人员】杨宁波、黄丰、陈峰

1. 背景

随着数字经济的发展和新基建的加速推进，传统的用章方式给企业带来的成本高、效率低、管理难、风控弱等问题日益明显。电子印章作为数字应用的基础设施，具有便捷高效、安全环保、无纸化等优势，呈现出强势发展态势。

“十四五”规划提出要加快推动数字产业化，推进产业数字化转型。电子印章（电子签名）既是产业数字化的基础，也是企业业务全面电子化、数字化的“最后一公里”。自 2005 年正式施行《中华人民共和国电子签名法》（以下简称《电子签名法》）后，其他法律法规和行业层面的政策陆续出台，强化了电子签名的合法地位。

近年来，受企业数字化转型需求刺激和国家政策支持，我国电子签名行业实现了飞跃式发展。艾媒咨询于 2021 年 2 月发布的《2020—2021 年中国电子签名行业发展现状及用户调研分析报告》数据显示，2016—2020 年是中国电子签名市场的飞速发展时期，行业规模由 2016 年的 8.5 亿元快速增长至 2020 年的 108.2 亿元，年均复合增长率高达 66.33%。

新冠疫情刺激了电子签名行业的发展，显著表现在协同办公和财税等领域。电子签名是企业数字化的“基础设施”之一，电子签名行业维持着稳定增长趋势。截至 2020 年，我国电子签名签署次数已突破 500 亿次大关。艾媒咨询预计，2023 年，中国电子签名市场将接近 250 亿元。

2．主要痛点及解决方案

1）主要痛点

在现有的电子印章解决方案中，大部分方案采用 CA 数字证书的技术路线来构建电子印章系统。如此一来，电子印章系统必须依靠数字证书认证系统来实现电子印章的签章和验章，用户在使用电子印章时，受制于 CA 数字证书的兼容性，影响使用效率。目前，市面上主流的电子印章系统为了提高使用效率，几乎都采用中心化托管的方式，中心化系统统一管理用户的 CA 数字证书，用户每一次签字或用章，实际上都是中心化系统代用户进行签字或盖章，存在人为干涉、恶意篡改、冒名顶替等风险，给用户的文件安全、用章安全、签字安全造成重大的安全隐患。

在数据安全方面，传统的电子印章系统将用户的数据和文件存储在中心化系统中，数据的安全得不到有效保障，存在隐私泄露、文件丢失、数据被篡改及伪造等风险。

此外，采用 CA 数字证书的电子印章和电子合同需要为每一个用户或每一个组织申领认证一个 CA 数字证书，用户需要支付额外的认证费用，提高了用户的使用成本。

2）解决方案

（1）系统架构。

印记区块链电子印章系统由底层区块链和相关加密技术、文件存储技术、账本分析技术、智能合约技术、去中心化分布式身份技术提供系统、整体的基础技术支撑，通过标准 API 服务、SDK 和各类终端的支持，满足用户在各种场景中的使用需求。

如图 2-7-1 所示，从整体架构来看，印记区块链电子印章系统由区块链层、能力层、服务层、接口层、应用层 5 个层级组成。

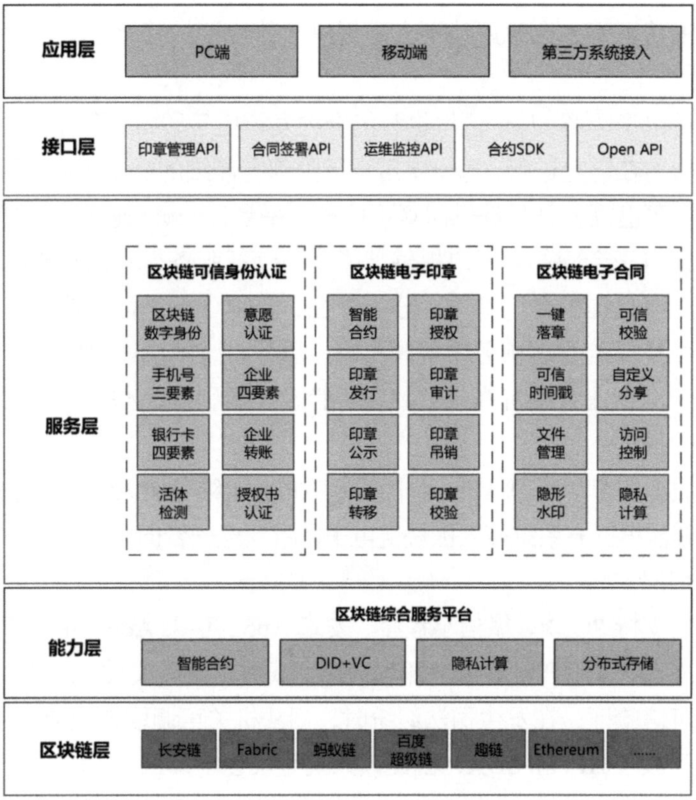

图 2-7-1　印记区块链电子印章系统的整体架构

- 区块链层。

区块链层支持多种底层链，如长安链、Fabric、蚂蚁链、百度超级链、趣链、Ethereum（以太坊）等，系统可在不同底层链之间实现平滑迁移。

- 能力层。

能力层中的区块链综合服务平台包括智能合约、DID+VC（分布式数字身份+可信凭证）、隐私计算、分布式存储技术，为数据中台和上层应用提供技术支撑。

- 服务层。

服务层包括 3 个核心模块，分别是区块链可信身份认证、区块链电子印章和区块链电子合同。

区块链可信身份认证：与公安、市场监督管理等权威部门打通，为用户提供可信的身份认证服务；提供多种身份认证模式，为个人提供手机号三要素、银行卡四要素认证等，为企业提供企业四要素、营业执照真实性核验、企业转账、授权书认证等，在意愿认证方面提供活体检测、签署密码、手机短信认证等。

区块链电子印章：基于区块链智能合约发行电子印章，印章的发行、授权、用章全逻辑均在链上进行，每一次用章行为都有详细的链上记录，所有记录都不可篡改、可追溯，并且提供印章可信校验平台，一键校验印章的有效性。

区块链电子合同：为用户提供智能合同管理服务，不但赋能用户的合同管理能力，而且提供合同范本、分类管控、合同分析统计等功能，帮助用户从烦琐的纸质传统管理事务中解脱出来。另外，该模块还提供完善的企业管理服务，帮助企业管理者高效把控各类管理元素，提高整体办公效率。

- 接口层。

接口层提供印章管理 API、合同签署 API、运维监控 API、合约 SDK 等工具，方便其他第三方系统接入区块链电子印章、电子合同及其配套功能。

- 应用层。

应用层支持 PC 端、微信小程序、安卓 App、苹果 App、企业管理端、政府平台管理端等，用户足不出户即可快速完成线上签署文件。此外，应用层还提供文件可信验证，在发生司法纠纷时，司法机关可调取链上数据进行审判。

由于开放了 API 和 SDK，因此该系统可快速与第三方 ERP（企业资源计划）、OA（办公自动化）、CRM（客户关系管理）等系统打通，为不同领域和场景赋能。

（2）业务流程。

传统的中心化身份认证服务令用户的身份认证和管理对单一的中心化系统产生了较强的依赖性，并且各终端应用所需的用户身份属性信息各异，应用之间不互通，导致用户需要针对不同的应用服务多次提交身份属性信息。不同于传统的中心化系统，印记区块链电子印章系统由用户自主创建去中心化的分布式数字身份，并自主管理私钥。与传统的身份体系相比，分布式数字身份具有以下优势。

- 安全性：身份所有者的身份信息不会被无意泄露，可以由身份所有者持久保存，在提供身份信息时可遵循最小披露原则。
- 自主可控性：身份所有者可以自主管理身份，无须依赖可信第三方，还可以控制对自身身份数据的分享。
- 可移植性：身份所有者可以在他们需要的任何地方使用其身份数据，无须依赖特定的身份服务提供商。

印记区块链电子印章系统的业务流程如图 2-7-2 所示。当用户的本地钱包应用创建 DID 后，由区块链可信身份认证服务为用户进行实名认证绑定，颁发可验证身份凭证，保证用户身份的真实有效性；由区块链电子印章服务为用户发行个人或企业电子印章；由区块链电子合同服务为用户提供在线签署全流程的安全保障和过程可溯服务。三大子系统相辅相成，为用户在线用章和在线签署提供安全、高效、可信赖的体验。

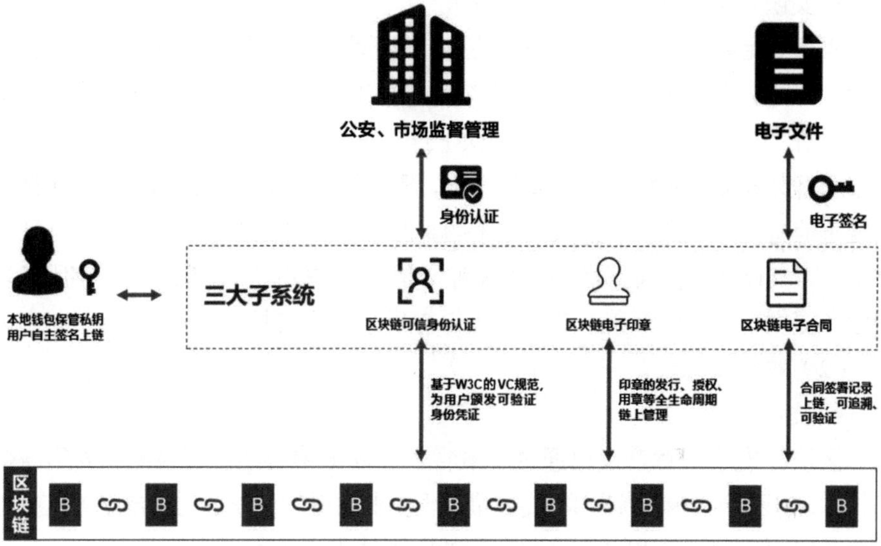

图 2-7-2　印记区块链电子印章系统的业务流程

- 该系统与公安、市场监督管理等权威部门打通，为用户提供可信的身份认证服务。
- 该系统将私钥归还给用户，不负责私钥托管，用章过程仅由用户控制，没有系统干涉的可能性。
- 该系统基于区块链智能合约发行电子印章，全逻辑均在链上进行，所有记录都不可篡改。
- 当用户需要对电子文件进行签署或用章时，该系统可以调用区块链智能合约，并由用户保管自己的私钥签名，整个流程无中心化系统或人为干涉的机会，全程在链上进行和记录，所有记录均可追溯。

3）应用效果

（1）典型案例。

- 高等学校区块链可验证凭证系统（安徽省教育厅）。

高等学校区块链可验证凭证系统是由印记的区块链可信身份认证服务、区块链电子印章服务、区块链电子合同服务提供技术支撑，与校内学生管理体系打通的综合数字证书系统。该系统整合了证书认证各参与方，将身份指纹和证书数据上链，为用户、高校、机构提供了跨单位、跨地域的证书数据核验、证书管理与流转的证书全生命周期管理解决方案，实现了数字证书“一次生成，多方复用，联盟管理，互认共享”，为证书认证各参与方提供了信任背书。

• 安徽省版权印（安徽文交所）。

版权登记存在内容版权与存证专业化手段不足的矛盾。作为“安徽版权在线”数字服务平台的重要组成部分，安徽省文化产权交易所有限公司（简称“安徽文交所”）构建了以印记为底层技术的安徽省版权印，以解决业务中的痛点和难题。安徽文交所结合版权业务需求，建设了区块链基础服务平台，包括区块链可信身份认证服务、区块链电子印章服务、区块链电子合同服务，在作品登记、版权存证、合同签署、招投标等场景中为“安徽版权在线”数字服务平台业务提供了区块链赋能，为数据上链提供了能力支撑。

（2）效益和成果。

• 技术成果。

区块链电子印章产品已通过安徽省软件评测中心的登记检测和安徽省信息技术应用创新适配验证中心高标准、严要求的适配测试，入选合肥市首批数字经济经典应用场景和国家区块链创新应用试点名单。

• 经济效益。

以区块链为核心技术打造的电子印章平台凭借自身的特性优势，大大降低了合同签署成本，最高可帮助企业节省90%的打印和快递成本。

• 社会效益。

作为“智慧升级时代”的基础设施，电子印章不仅可以减少能源消耗，还可以通过对区块链技术的应用，保证合同内容和签署过程的真实性、有效性，构建诚信社会。

3．创新与亮点

1）技术创新

该系统采用公民网络身份识别方式，结合万维网联盟的 DID 规范和 VC 规范，为用户颁发具有法律效力的身份凭证；采用智能合约颁发区块链电子印章，将印章全生命周期逻辑上链，在授权、签署时使用 ECDSA（椭圆曲线数字签名算法）技术，签名私钥与用户一对一绑定，由用户保管，杜绝系统干涉风险；采用“区块链+IPFS（星际文件系统）+隐形水印”技术，全方位保护数据的完整性和安全性。

2）模式创新

该系统的实名认证模式不同于只进行身份认证的常规模式，而是在身份认证之前加入对认证材料的确权，先保证所提交的材料属于某一个用户，再进行用户身份的实名认证，这样既确保了用户的信息是实名的，也证明了所提交的材料确实是用户本人提交的。

3）体验创新

现有的和区块链结合的电子印章系统基本上只提供简单的链上查询工具，或者直接让用户在区块链浏览器上查询信息，用户可能查询不到想要的信息或看不懂过于复杂的技术性结果，严重影响用户体验。印记在系统和区块链之间为用户搭建了一座“桥梁”，既方便用户查询链上的各种信息，又能为用户“翻译”各种技术性结果，用户可以无障碍地看懂每一步操作和链上对应的记录，极大地提升了用户体验。

印记区块链电子印章凭借创新的思想、领先的技术和广阔的市场前景，展现出较高的经济价值和社会价值，于 2021 年 9 月荣获第六届“创客中国”安徽省中小企业创新创业大赛企业组三等奖，于 2021 年 12 月荣获“常青梦空间”第七届安徽创客大赛创意组亚军。

参考文献

[1] 2021 年中国电子签名行业年度发展研究报告[EB/OL]. [2022-01-19].

[2] 2020—2021 年中国电子签名行业发展现状及用户调研分析报告[EB/OL]. [2021-02-25].

[3] 分布式数字身份产业联盟. DIDA 白皮书[EB/OL]. [2020-08-24].

[4] 可信区块链推进计划. 基于可信数字身份的区块链应用服务白皮书（1.0 版）[EB/OL]. [2020-12-29].

2.8　危化品全流程区块链监管服务系统

【案例相关单位】四川易链科技有限公司

【案例提供人员】刘旭林、沈长军、李志俭

1. 背景

危化品即危险化学品，是指具有毒害、腐蚀、爆炸、燃烧、助燃等性质，对人体、设施、环境具有危害的剧毒化学品和其他化学品。当前，我国作为世界化工产值第一大国，化工产值占世界总化工产值的近一半，是全球规模最大的危化品生产、贮存、运输、使用和消费大国。

2020 年 2 月，中共中央办公厅、国务院办公厅印发了《关于全面加强危险化学品安全生产工作的意见》，要求提高科技与信息化水平：研究建立危险化学品全生命周期信息监管系统，综合利用电子标签、大数据、人工智能等高新技术，对生产、贮存、运输、使用、经营、废弃处置等各环节进行全过程信息化管理和监控，实现危险化学品来源可循、去向可溯、状态可控，做到企业、监管部门、执法部门及应急救援部门之间互联互通。

区块链技术是点对点传输、分布式存储、非对称加密和授权技术、共识机制、智能合约等多种技术的集成应用，具有去中心化、不可篡改、可追溯等特性。危化品全流程区块链监管服务系统利用这些特性，对危化品领域各参与方的活动进行记录，同时引入了各类、各级监管机构进行监管。此外，该系统还引入了属性密码，利用属性密码多对多加密的特性实现灵活的权限控制，各类监管机构和机构内部的各级组织仅能获取必要数据，极大地降低了泄露和滥用数据的风险。

四川易链科技有限公司团队积极响应国家政策，利用区块链技术对危化品进行“身份认证”，将危化品生产方、贮存方、运输方、使用方、销售方和各级监管部门串联在一起，对危化品的生产、贮存、运输、使用、经营、废弃处置进行全过程、全链条的信息化管理，建立透明、可信的共享平台，并对生产、贮存、运输、使用、经营企业和各级监管部门授权，全流程记录危化品流转和监管信息，打破不同部门、不同层级、不同区域之间的“信息壁垒”，将监督、管理企业的安全生产状况纳入危化品安全监管工作，有利于构建企业与监管部门多方参与、相互促进、交叉监管的共管格局。

2. 主要痛点及解决方案

1）主要痛点

（1）危化品全生命周期协同监管短板突出。现阶段，我国共有 8 个部门对危化品实施监管，分别是安全生产监督管理部门、质量监督检验检疫部门、环境保护主管部门、交通运输主管部门、卫生主管部门、公安机关、市场监督管理部门、邮政管理部门。不同部门之间信息不公开，协作不畅，管理部门繁多，数据共享程度不高，信息交互不够及时，执法过程不够严格。

（2）危化品信息化管理滞后。在管理危化品的过程中，由于担心数据泄露或出于自身利益的考虑，企业往往选择瞒报或虚报信息，而且在危化品生产、流通和使用的全过程中没有便捷、可靠的追溯方式，危化品全流程信息化管理系统建设滞后。

（3）危化品风险的外溢性大。在我国的危化品企业中，80%为中小型企业，它们存在生产装备落后和安全监管力量不足等问题。危化品涉及生产、贮存、运输、使用、经营和废弃处置 6 个环节，与其他行业领域最大的不同点在于风险的外溢性大，一旦发生事故，往往危及公共安全，影响和损失非常大。

（4）部分化工园区的安全监管力量薄弱。危化品领域的安全监管由各级地方政府部门负责，部分地方政府部门为了发展经济和解决就业问题，放低项目准入门槛，导致大量低端项目上马，对部分中小型化工企业的安全监管执法“宽松软”。同时，化工园区的安全监管机构执法权力有限，人员专业化程度低，安全监管力量薄弱，抓危化品安全监管显得力不从心。

（5）危化品运输管理与实际脱节。在我国，大部分管理部门和企业依靠经验进行危化品运输管理，以危化品载体为管理对象，造成管理与实际脱节。为了提高危化品运输管理的效率，有关部门必须尽快建立以危化品本身为管理对象，能够提供决策、跟踪和预警服务的危化品全生命周期综合管理信息系统。

2）解决方案

如图 2-8-1 所示，危化品全流程区块链监管服务系统的结构包括企业节点、监管节点、存储信息的底层链、去中心化属性密码服务、用户合约层和实现主要监管功能的系统合约层。其中，企业节点由参与危化品生产、经营、运输等环节的相关企业组成，监管节点由相关监管机构组成，去中心化属性密码服务的引入使系统可以实现精细化的权限管控，各监管机构仅能获取必要数据，从而降低泄露和滥用数据的风险。

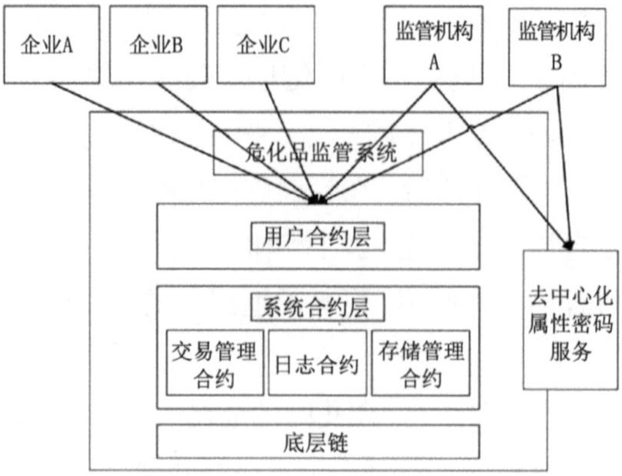

图 2-8-1　危化品全流程区块链监管服务系统的结构

危化品全流程区块链监管服务系统的工作流程如下。

（1）各企业节点和监管节点部署危化品监管系统，并负责提供相关的可调用业务接口。

（2）各企业节点和监管节点共同维护去中心化属性密码服务平台，负责各节点的属性授予、撤销和密钥的分发。

（3）生产危化品的相关企业在生产出相应的产品后，调用相应的合约生成对应的唯一 ID，实时在链上进行记录，并追溯产品流通和使用的整个过程。

（4）贮存、运输、交易危化品的相关企业在开展各自业务的过程中调用相应的合约，从而实现危化品可追溯和交易合约可调用外部的支付接口。

（5）使用危化品的相关企业在使用完相应的危化品后，调用相应的合约进行记录。

（6）在生产、流通和使用危化品的全过程中，系统级的监管合约通过调用日志来监控各节点有没有违规情况，一旦发现违规情况，自动向相应的监管节点发出提示。

（7）各监管节点可以基于自身属性向去中心化属性密码服务平台申请统一的用户密钥，对自身权限范围内的数据进行解密。

（8）该系统利用区块链技术对危化品全生命周期的信息进行存证（包括人员身份认证等），对生产、贮存、使用、经营危化品的企业和各级监管部门授权，全流程记录危化品流转和监管信息，并实现数据实时同步，如图 2-8-2 所示。该系统利用区块链的不可篡改、数据透明公开、数字签名和时间戳等功能，有效追溯各个环节存在的问题，提高了安全监管效率，同时有利于举证和追责。

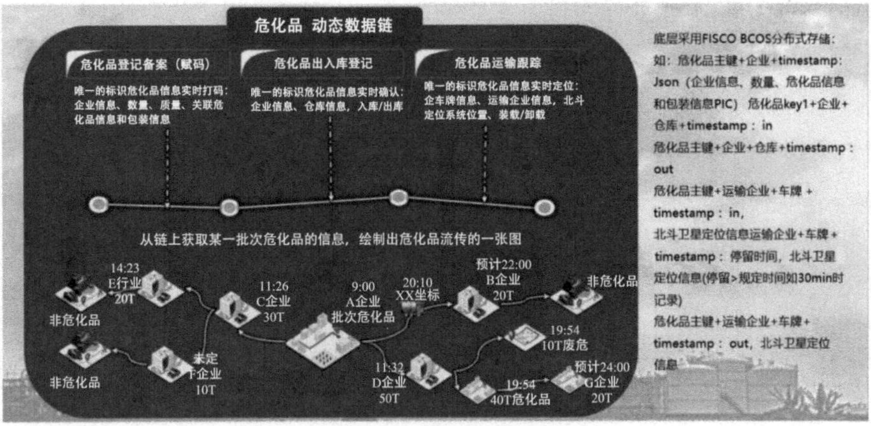

图 2-8-2 数据实时同步

风险隐患大数据、安全预警监测、全生命周期监管、危险废弃物监管、管理对象大数据、应急救援大数据等模块形成了覆盖危化品全流程的大数据信息链，建立了透明、可信的共享平台，实现了数据综合分析和企业动态监管，多级协同、纵向贯通，打破了不同部门、不同层级、不同区域之间的“信息壁垒”，打造了全国危化品生产、贮存、运输、使用、经营、废弃处置等全生命周期内各个环节“横向到边，纵向到底”的“部门监管智能横向整合+企业安全信息纵向串联”的危化品全流程区块链监管服务系统。

3）应用效果

眉山市高度重视工业园区智慧化、信息化建设工作，特别是产业定位为化工、新材料的园区，鼓励化工园区和园区内企业采用区块链、5G 通信、人工智能等新一代信息技术，全面整合化工园区的信息化资源，利用多种手段建设智慧化工园区，提高感知、监测、预警、处置和评估能力，提升园区信息化、数字化、智能化水平和园区综合管控水平。截至 2021 年年底，眉山市危化品全流程区块链监管服务系统已接入 11 家企业的相关数据，涉及一级、二级、三级、四级危化品生产企业重大危险源监测监控数据，主要包括温度、压力、液位、可燃气体和有毒有害气体泄漏等监测数据，以及值班室、关键部位和场所视频监控数据。

化工厂需要购买一些危化品作为生产原材料，在购买时可以直接调用供货方在链上部署的交易合约，合约自动调用系统层日志管理在链上记录的关键信息，通过系统级的交易合约调用第三方的支付接口完成支付。在危化品的流通过程中，物流企业作为该系统中的节点，负责提供相应的合约，记录其承运的危化品，借助物联网等技术手段（如无线射频识别）对危化品的流通过程进行记录。生产危化品的企业需要调用相应的合约，在系统中实时记录危化品的生产量、销售量和存储量。通过这些手段，整个系统可以追溯危化品生产、流通、使用的全过程。如果在上述过程中发生了违规情况（如企业在完成某笔交易后，其危化品的存储量将超过规定，或者企业购买了不在其资质范围内的危化品），该系统就会自动向相应的监管机构发出警报，同时，违规情况将被存储在系统日志中。此外，由于引入了去中心化属性密码服务平台，因此该系统可以对交易中的敏感信息进行精确的权限控制。

3. 创新与亮点

与现有的化工行业采用的数字化应用相比，该系统具有以下创新与亮点。

1）在节点权限方面采用属性密码

该系统的属性密码不同于传统的加解密方式，而是利用属性的特定逻辑组合进行加密，只有具有特定属性的用户才能解密。例如，如果设定访问控制策略为“A 和 B 或 C”，那么只有具有属性 A 和 B 或具有属性 A 和 C 的用户才能解密。基于这样的特点，该系统的属性密码不同于传统的公私钥加密体系。传统密钥数据的访问权取决于其背后的业务逻辑，复杂的业务逻辑往往导致复杂的密钥映射关系，而属性密码使用的属性与分享数据时背后隐含的逻辑相契合，可以实现灵活的权限控制，并且使该系统具备了事前、事中、事后全方位监管能力。

2）系统合约可实现自动判别预警

该系统的系统合约由监管机构依据国家关于危化品管理的法律法规进行编写并公开，所有的系统合约一旦被部署在区块链上，就会根据规则自动判断企业是否违规，如果发现企业违规（如在某笔交易完成后，企业中某危化品的存储量将超标），就会及时将信息提交给监管机构，并长期保留提交记录。

3）加密算法仅分发所需数据

基于区块链的可追溯、不可篡改等特性，该系统可以对危化品生产、流通、使用的全过程实施有效监管，加之属性密码的引入，该系统可以使相关监管机构仅能获取所需数据，其余数据不可见，最大限度地避免了泄露和滥用数据的风险，极大地消除了被监管方的疑虑。

4）实现预警、监管、应急、决策管理协同

该系统基于多层级、多维度、跨行业、跨区域协同的危化品全流程区块链服务，使数据的共享交换实时性更好、管控性更强、共享率更高、权责更清晰。区块链支持应急管理、公安、交通、环保等危化品监管部门协同；企业落实主体责任，相关监管部门落实监管责任，危化品运营公司和监管部门协同追责；企业和相关监管部门支持监测预警、监督管理、应急指挥，辅助决策协同，通过云端算法、边缘计算、算法芯片化、“端边云”等技术来协同实现。

5）运用多种技术确保数据安全

该系统采取 VPN（虚拟专用网络）、数据库定期备份、嵌入式防火墙等安全措施，运用区块链的去中心化和分布式账本、属性密码和授权技术，确保不发生数据丢失或被篡改、窃取等问题。

参考文献

[1] 俞茜. 基于区块链技术的危化品全流程监管模式探讨[J]. 信息技术与信息化，2019（6）：202-204.

[2] 洪淼. 基于区块链技术的危化品全流程监管模式探讨[J]. 石油石化物资采购，2021（36）：163-165.

[3] 阮环阳，张万里. 区块链在危化品安全管理中的应用探讨[J]. 工业安全与环保，2021，47（5）：64-67.

[4] 冯琳琳，司博章，许亨哲. 基于区块链的危化品追溯管理系统[J]. 科技创新与应用，2021（6）：185-187.

[5] 胡松，成卫. 区块链技术应用在危化品运输行业问题中的探讨[J]. 物流科技，2019，42（10）：42-44.

2.9　“区块链+干部人事档案”管理系统

【案例相关单位】湖南天河国云科技有限公司

【案例提供人员】覃海利、杨征

1. 背景

为深入贯彻落实党中央对区块链的决策部署，国内各省市地方政府不断推进区块链技术及其应用落地研究，探索区块链技术的应用模式。干部人事档案管理工作是党的重要工作之一，党的十八大以来查处的一系列干部人事档案造假问题，暴露出现有的信息化技术方案和纸质档案的“双套制”档案管理模式不能有效保证数据信息的安全性、真实性、完整性，特别是对内部人员的数据篡改和伪造行为，显得更加无能为力。

当前，区块链技术已经在金融、医疗、政务、食品溯源、投票、数字档案等领域应用落地，成效显著。鉴于干部人事档案的敏感性和内部性等特殊要求，结合区块链技术的分布式存储、加密算法等技术特点，将区块链技术应用于干部人事档案管理工作是一种较为现实、可行的解决思路。在管理干部人事档案的过程中应用区块链技术，建立一个可溯源、防篡改的干部人事档案管理系统，可以实现管理过程中身份信息、数字档案、审批流程等数据的安全可信存储，实现全操作流程日志存证，确保干部人事档案真实可信，从而防止数据造假问题，有效杜绝“档案造假”问题干部的出现，为建立公正、可信、健康的干部人事档案管理体系提供技术保障，全面提升干部人事档案工作的信息化管理水平。

2. 主要痛点及解决方案

1）主要痛点

干部人事档案是各级党委（党组）和组织人事等有关部门在党的组织建设、干部人事管理、人才服务等工作中形成的，是党培养和使用干部的重要依据。如果人事档案信息不能真实反映干部的实际情况，就会给组织人事工作造成许多困难、产生不利因素。目前，干部人事档案管理主要存在以下痛点。

（1）档案材料来源不规范。

不同时期的工作人员不同，工作方式和习惯也不同，收集档案材料这一工作很容易存在不规范的问题。如果干部档案外调，各部门、各地区差别很大，导致材料来源和档案形式多种多样，档案管理人员在整理的时候就会很迷茫，对资料内容不熟悉甚至找不到资料。有些档案字迹不清晰、表意不明，导致档案材料更加不易管理，影响下一步工作的顺利开展。

（2）档案材料不够真实。

干部人事档案是教育培训和人才测评的重要依据，是党的重要执政资源。由于每一次填报前后的信息可能不一致，有些干部会出现记忆错误。此外，由于信息量较大，档案管理人员很难检查干部每一次填写的信息是否一致。一些干部出于对自身利益的考虑，在填写档案时故意歪曲事实，伪造个人档案，造成个人档案的歪曲和不实。一旦这些档案材料进入档案馆，就很难在今后的参考资料中核实和鉴别真伪。

（3）档案管理难度高。

科学管理档案并充分发挥档案的价值存在较高的难度，有些档案管理人员对人事档案归档要求不严，个人档案缺少一些资料或档案目录，导致出现档案不严谨或不完整的现象。有些干部不能及时报送和归还档案，导致档案难以记录，还有些干部在移交档案的过程中故意丢失，如果档案管理人员不能及时发现丢失的资料，就会对后续的档案管理工作造成不可弥补的损失。

2）解决方案

"区块链+干部人事档案"管理系统分为基于区块链的干部人事档案管理平台和区块链管理平台两个部分，该系统的整体架构如图 2-9-1 所示。

图 2-9-1 "区块链+干部人事档案"管理系统的整体架构

（1）基于区块链的干部人事档案管理平台。

基于区块链的干部人事档案管理平台的具体功能如下。

- 档案人员名册管理。

档案人员名册管理包括人员基本信息录入、修改、删除，人员查找、综合查询、花名册打印、转库信息处理等基本功能。档案人员名册信息随着人员职务变动和其他可能因素的变化而变化，档案管理人员必须及时进行更新维护，以保证档案人员名册信息能够真实反映干部的历史情况、最新单位、任职或退（离）休现状。该功能基于区块链技术，将干部的基本信息上链存证，保证档案人员名册信息不可篡改、可追溯。

- 档案目录管理。

档案目录管理是整理档案的重要环节。为了便于对档案的管理和查询，在整理档案的过程中，档案管理人员必须按规定对档案目录进行分类，并认真填写或打印档案目录。档案目录管理包括档案材料目录分类归档和材料分类录入、修改、删除等维护功能，以及档案目录的打印功能。该功能基于区块链技术，实现了档案目录管理全流程可控审批、操作全程留痕、链上查询，提高了人事档案的可信度。

- 档案及材料转递管理。

在管理干部人事档案的过程中，档案管理人员经常需要进行档案及材料的转递，在转递档案及材料时，必须按管理规定进行报送和接收登记。档案及材料转递管理包括档案转递、材料转递和声像资料转递、登记，以及综合查询、打印查询结果等相关功能。该功能基于权限管控，将全过程档案及材料上链存证、存储，对干部人事档案管理过程中的相关权利进行监管，实现全过程留痕和记录查询、统计。

- 档案提供利用管理。

档案提供利用管理主要包括对干部人事档案查阅和借阅的管理，对查（借）阅档案历史记录的统计和查询，查（借）阅档案呈报和登记表的自动生成、输出等功能。该功能基于区块链技术，实现全程可控审批和操作全程留痕，并进行存储和上链存证，确保信息不可篡改、可追溯。

- 其他日常管理。

其他日常管理主要包括与干部人事档案管理相关的收文、发文的登记管理，干部人事档案材料的销毁登记，未归档材料的查询，未整理档案的查询，查询档案库房的分区、分箱等功能。

- 管档单位及人员管理。

管档单位及人员管理主要包括对管档单位的管档资格认证和管档人员持证上岗的业务管理，实现对各级、各层次管档单位、档案库房、管档人员基本情况的全员管理和报表统计。该功能基于区块链技术，将管档单位及人员管理信息上链存储、存证，除了可以杜绝信息被恶意篡改或清除，还可以为对虚假信息的追溯、调整和追责提供基础数据依据。

- 档案数字化及数字化档案管理。

档案数字化及数字化档案管理主要是对电子原件的录入、维护、查阅管理。该功能基于区块链技术，将档案电子原件上链存证，实现电子原件查阅全流程可控审批，确保电子原件无法被篡改或清除。

- 系统管理。

系统管理主要包括管档方式、系统基本字典、用户及权限设置、档案材料及目录设置、数据信息删除管理等功能。

（2）区块链管理平台。

区块链管理平台旨在对干部人事档案管理系统的基础数据和日志进行管理，实现加密处理，达到不可篡改、可实时追溯的效果，有效确保人事档案数据的安全，该平台主要包括以下内容。

- 区块链基础平台。

区块链基础平台包括区块链平台搭建、节点部署、加密机制、P2P 网络传输、数据抽取工具等。搭建区块链基础平台是为了防止干部人事档案管理系统在处理业务和传输资料的过程中出现数据被恶意篡改的情况，如果干部人事档案管理系统无法识别这些情况，就会导致重大责任事故。

- UDFS 分布式存储系统。

UDFS 是一个去中心化的文件存储系统，该系统将数据切成小块并加密后分散到多个存储点，既可以避免中心化存储的集中式风险，也可以避免信息泄露。该系统利用智能合约记录存储空间的使用情况，档案管理人员既可以通过控制台、API、SDK 等方式简单、快速地接入 UDFS 存储服务，完成对海量文件的存储和管理，也可以通过 UDFS 进行文件的上传、下载和管理。UDFS 可以为档案管理人员提供高可靠性、强安全性、低成本、可扩展的存储服务。

- 系统基础数据和日志全生命周期监控系统。

该系统利用数据抽取工具，先通过区块链技术对干部人事档案管理工作流程中的基础数据和日志进行及时加密、备份处理，然后利用分布式存储技术对数据进行存储。如果某些数据被篡改，那么该系统可以通过区块链平台提供的接口或界面查询正确的信息，既可以提示档案管理人员，也可以对业务流程信息溯源，还原数据本身的情况。

3）应用效果

（1）干部人事档案信息防篡改。

该系统基于区块链技术的核心特性，对干部人事档案信息进行记录和归档，确保分布式网络中存储的干部人事档案数据安全可靠、不可篡改，并且支持对数据的有效性、完整性、可用性进行验证，实现全过程留痕和可追溯管理，确保数据真实可信。

（2）权力可控、可监管、可追责。

该系统基于干部人事档案数字身份和审批流程的可监控、可追溯，可实现对干部人事档案信息变动和日常管理业务等流程的安全监管，确保权力使用的合规性和可追溯性，在链上对全流程数据存证记录，确保干部人事档案信息安全可信。

（3）公正管理，提升选人、用人水平。

该系统基于区块链技术不可篡改的核心特性，确保干部人事档案管理全流程信息可信，杜绝通过篡改档案谋取利益的行为，为相关部门提供真实的档案信息，从而提升选人、用人水平。

（4）可信数据自动化执行效率高。

该系统结合大数据和人工智能技术，在通过区块链技术确保数据真实可信的基础上，可实现传统干部人事档案管理无法实现的对干部档案进行大数据分析、评估和统计等功能，大幅度提高干部人事档案管理工作的智慧化程度和信息化程度。

（5）数据安全可控。

该系统基于区块链技术和 UDFS 分布式存储技术，通过加密算法、权限控制、数字身份、分布式存储等手段确保数据安全，通过授权、用权和权限监管等实现管理过程安全可控，提高整体系统的安全管控能力，杜绝非授权数据访问和操作。

3. 创新与亮点

1）采用区块链看板

图 2-9-2 所示为区块链看板，它可以展示区块链在业务系统中的运行概况，主要包括每日数据上链总数的走势和主要的上链模块。

2）采用文件篡改核验功能

文件篡改核验功能的作用是便于档案管理人员对本地文件与链上文件进行核验。由于区块链具有不可篡改的特性，因此本地文件可与存储在区块链上的文件进行核验，在二者一致的情况下证明文件是未被篡改的源文件。

用户可单击“上传文件”按钮，选择上传本地文件。在本地文件与链上文件完全一致的情况下，文件哈希值是相同的，档案管理人员可判断核验结果为校验一致。若链上未存储相同文件或文件已被篡改，则无法得出校验一致的结果。

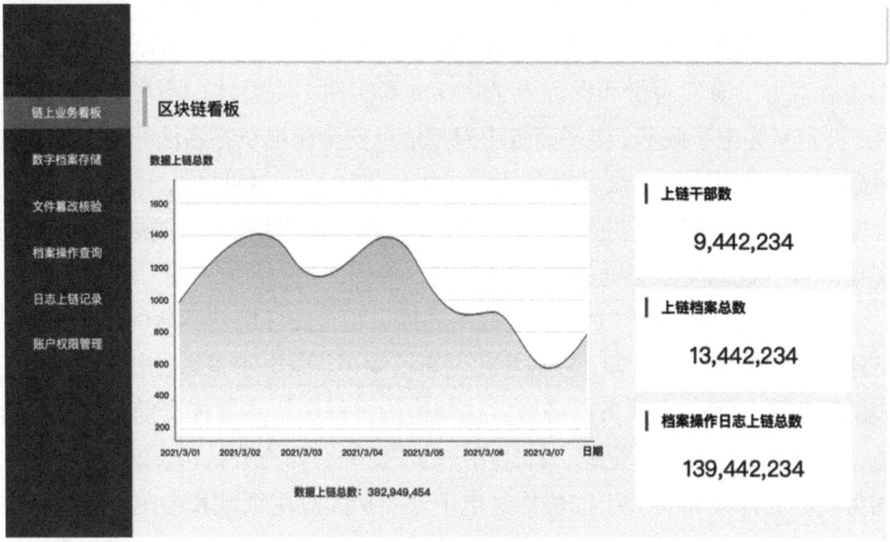

图 2-9-2　区块链看板

参考文献

[1] 刘洪，罗茜．关于新技术热潮下在档案领域应用区块链技术的冷思考[J]．北京档案，2020（9）：15-18.

[2] 张珊．区块链技术在电子档案管理中的适用性和应用展望[J]．档案管理，2017（3）：18-19.

[3] 马仁杰，李梦云．关于区块链技术应用于我国档案利用工作的若干问题[J]．档案管理，2020（4）：29-33.

[4] 白茹花．基于区块链技术的电子档案信任体系建设[J]．档案管理，2018（5）：28-29.

[5] 刘越男，吴云鹏．区块链技术在档案管理中应用路径研究[J]．中国档案，2020（9）：28-31.

2.10　区块链物电同源电子印章

【案例相关单位】易签链（深圳）科技有限公司

【案例提供人员】沈虹、易磊、王广聪

1. 背景

电子印章是电子签名的一种表现形式，其利用图像处理技术将电子签名操作转化为与纸质文件盖章操作相同的可视效果。电子印章可以确定电子文档签署双方的真实身份和保证电子文档的真实性、完整性、不可否认性等特性，被定义为电子政务、电子商务中保障信息安全和电子签名法律效力的重要基础要件，广泛应用于众多行业领域。由于印章地位的特殊性，印章业一直是公安机关治安管理工作的重点监管行业。电子印章与实物印章同属印章，应与实物印章一致，向公安机关备案。

近年来，随着国家“放管服”改革的推进和营商环境的不断优化，数字经济建设进入全面加速阶段。在数字化创新浪潮中，以电子签章、电子签名为代表的数字化技术，在政务服务数字化转型的过程中逐步发挥出前所未有的价值，越来越受到政府、企业、其他用户的广泛关注和充分认可。2022 年 1 月，国务院办公厅发布《关于加快推进电子证照扩大应用领域和全国互通互认的意见》，鼓励企事业单位、社会组织、个人等各类主体开展电子签名、电子印章社会化应用。2022 年 2 月，国务院在《关于加快推进政务服务标准化规范化便利化的指导意见》中再次要求“规范各地区各部门电子印章制发核验和用印”。同时，国务院、国家市场监督管理总局和各省市政府相关部门多次发文，提出从电子印章的推广到落实电子印章的应用，再到完善电子印章的标准化和应用场景等想法。

易签链（深圳）科技有限公司（以下简称“易签链科技”）基于区块链技术的物电同源电子印章创新产品的研发，将辅助公安机关保持印章管理技术水平的先进性，更加高效地整合社会印章服务资源，转变电子印章发展模式，促进电子印章行业又好又快发展，更好地为电子政务和电子商务服务。

2. 主要痛点及解决方案

1）主要痛点

传统电子印章主要采用“印章图片+数字认证”技术来制发，全国现有的数字认证机构大多拥有独立的密钥体系和签章技术，以及相对独立的商业运营模式，往往各自为政，导致传统电子印章在全国范围内难以实现互通互认，给实现电子印章“跨部门互认、跨平台互认、跨地区互认”带来了问题。电子印章行业亟待统一标准，采用创新技术，推动互信互通。

2）解决方案

鉴于传统电子印章在现阶段完全基于数字证书体系和难以互通互认等痛点，易签链科技创新性地以区块链技术为底层技术，通过建设共识节点，融合物电同源技术与电子印章基础技术，研发出创新型产品“区块链物电同源电子印章”。该电子印章利用区块链的共识信任、不可篡改、唯一性等技术特性，实现对电子印章从制发、应用到事后监管的全生命周期留痕存证，通过共识节点来搭建强信任的跨域互信互认通道，实现电子印章“跨部门、跨平台、跨地区”的互通互认。此外，基于公安部“源点印模”生成的物电同源电子印章，可实现电子印章与实物印章同源、同模、同权，并统一在全国印章数据库备案。

区块链物电同源电子印章不仅解决了电子印章互通互认的难题，还符合公安机关对电子印章与实物印章的一体化治安管理要求，为推进数字政府建设、优化营商环境、政务服务跨省通办等政策必需的电子印章模块提供最优解决方案，其整体功能架构如图 2-10-1 所示。

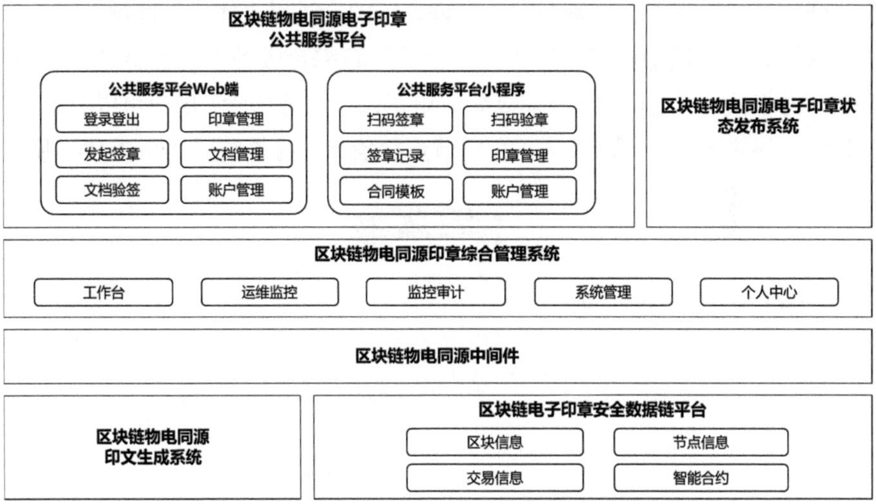

图 2-10-1　区块链物电同源电子印章的整体功能架构

区块链物电同源电子印章的整体功能架构包括多个模块，分别提供不同的支持能力，各地可根据具体需求和现场实际情况上线不同的模块。各模块提供的功能和服务如下。

（1）区块链物电同源电子印章公共服务平台：提供 Web 端和小程序端系统，服务用章单位进行电子印章管理与签章应用。

（2）区块链物电同源印章综合管理系统：服务监管单位对用户、印章、参数等数据进行管理。

（3）区块链物电同源电子印章状态发布系统：实时发布电子印章的状态。

（4）区块链物电同源中间件：以中间件的方式对该产品包含的核心技术进行封装，对外提供服务，包括印章管理组件、数字认证组件、印模生成组件、区块链组件等。

（5）区块链电子印章安全数据链平台：利用区块链技术搭建安全数据链节点，并提供电子印章数据上链、加密存储、数据溯源等服务。

（6）区块链物电同源印文生成系统：提供智能生成电子印章和电子印文等服务。

区块链物电同源电子印章利用区块链多点共识计算、数据协同、不可篡改的分布式存储、多重加密、智能合约确权签署等技术特性，以用章或需要多方确权的场景为切入点，将结果可信升级为过程可信，在签署身份、签署过程、签署结果等电子印章全生命周期的各个环节实现信息同步留痕，搭建签署身份认证、签署过程追溯、签署结果存证举证的全过程整体式信任链。

区块链物电同源电子印章支持在全国印章综合服务平台上验签，为用户提供官方权威、安全可靠、便捷高效的电子印章服务体验，用户可以查询签章有效性、签署平台、认证机构、存证节点等信息。验签结果如图 2-10-2 所示。

图 2-10-2　验签结果

3）应用效果

易签链科技研发的区块链物电同源电子印章具有广泛的应用场景，已在多个省市成功落地应用。其中，云南省建立了省级平台“云南电子印章公共服务平台”，实现了全省电子印章与实物印章的一体化综合管理，为全省 300 多万个市场主体提供了电子印章服务；同时，云南省公安内网建成了电子印章平台，通过“云治安”“云治采”模块，实现了从刻章企业提交经营许可申请，到治安监督检查、违法违规处置、从业人员动态管理等特种行业管理审批流程的电子印章全面应用，形成了一整套从互联网到公安网的全闭环服务和管理体系。广西壮族自治区搭建了地市级平台“钦州市区块链物电同源电子印章公共服务平台”，实现了新开办企业的电子印章与电子营业执照、实物印章同步发放，为全市企业制发电子印章 10 万余枚，并与广西壮族自治区企业电子印章公共服务平台实现互通互认。在行业应用方面，重庆市成功搭建了由国家级生猪大数据中心研发运行的“区块链猪肉溯源大数据平台”和“区块链生猪监管电子签章平台”，成为 2021 年 10 月召开的全国畜牧渔业工作会议现场观摩的亮点。

3．创新与亮点

易签链科技作为区块链物电同源电子印章的研发单位，由其牵头起草的《区块链电子签章参考架构》团体标准已于 2021 年 1 月 15 日起在全国实施，现已启动国家标准的编制工作。易签链科技对区块链技术、物电同源技术和电子印章技术进行融合，以公安机关备案的“物电同源”印章为唯一数据源，对物电同源电子印章的申请获取、授权使用、签署流程等核心信息进行区块链存证，确保电子印章的完整性、不可篡改性、不可伪造性，保障签章行为的安全性和可追溯性。区块链物电同源电子印章不仅实现了电子印章与实物印章的一体化综合管理，还将各个环节上链存证，从源头上杜绝了伪造电子印章、电子公文等违法犯罪行为。

在数字化发展趋势的推动下，区块链物电同源电子印章成为数字政府建设的重要工具，可以满足政府“互联网+政务服务”的需求，加强各级政府部门政务服务工作的数字化、智能化高效运行和透明管理。在数字政府建设中，区块链物电同源电子印章助力政务服务工作在审批、盖章、管理等环节实现全流程电子化，帮助简化当地政务工作流程，提高服务效率。一方面，政府部门可以便捷地对各类政务文件跨部门使用电子文件和电子印章，减少整理和归档纸质档案的工作量，节约办公成本，进一步提升政府行政效能；另一方面，企业和群众可以直接在线加盖电子公章，减少到办事窗口的次数，尤其是降低在新冠疫情期间的聚集风险，进一步降低办事成本。

未来，随着我国数字经济规模的不断扩大和政策规则的健全，区块链物电同源电子印章在社会范围内的应用将更加广阔。易签链科技将通过区块链物电同源电子印章，继续为各地政府机构推进电子印章在政务服务方面的深化应用和创新发展贡献力量。

参考文献

[1] 信息安全技术 术语：GB/T 25069—2010[S]. 中国国家标准化管理委员会，2010：1.

[2] 区块链 参考架构：CBD-Forum-001-2017[S]. 中国电子技术标准化研究院，2017：1.

[3] 区块链存证应用指南：CBD-Forum-003-2018[S]. 中国电子技术标准化研究院，2018：1.

[4] 区块链跨链实施指南：CBD-Forum-002-2019[S]. 中国电子技术标准化研究院，2019：1.

[5] 信息安全技术电子签章产品安全技术要求：GA/T 1106—2013[S]. 公安部信息系统安全标准化技术委员会，2013：1.

[6] 信息安全技术 安全电子签章密码技术规范：GB/T 38540—2020[S]. 全国信息安全标准化技术委员会，2020：1.

[7] 区块链密码应用技术要求：GM/T 0111—2021[S]. 密码行业标准化技术委员会，2021：1.

2.11 区块链不动产交易纳税登记平台

【案例相关单位】湖南智慧政务区块链科技有限公司

【案例提供人员】王超、杨勇、胡林智

1. 背景

近年来，不动产交易涉及面广、老百姓关注度高。随着办税业务量的急剧增加，现有系统暴露出繁杂的问题，致使办税效率不高。买房子是中国人一生中的大事，不动产登记制度对房产经济的宏观影响成为人民群众最关切和与人民群众的现实利益最直接相关的问题之一。“不动产办证难”是群众办事的堵点、难点问题，突出反映在部门信息共享交互不畅，群众办证流程烦琐，不动产税费征缴管控困难，营商环境评议不佳和群众信访集中等方面。

2020 年，国家税务总局会同相关部门联合印发《关于加强房屋网签备案信息共享提升公共服务水平的通知》，自然资源部、国家税务总局、中国银保监会发布《关于协同推进“互联网+不动产登记”方便企业和群众办事的意见》，一张“以税务核心征管系统为中心”，探索将区块链技术深度应用到房地产交易生命周期全环节的“为民蓝图”逐步展开。

与此同时，传统信息共享技术进入瓶颈阶段，急需探索尝试区块链等新型信息技术来解决问题的路径。运用区块链实现不动产交易办税和登记信息共享，有助于深入推进“一窗受理、并行办理”，解决纳税人“反复跑、多头跑、跑多门”等痛点，对压缩不动产登记办理时间和优化税收营商环境具有重要意义，为利用区块链技术创新“共享数据、智慧政务、一网通办”政务新模式奠定坚实的基础。

2．主要痛点及解决方案

1）主要痛点

随着时间的推移，在房地产行业发展的不同阶段和市场建立、运行的过程中，难免出现税收重叠、顾此失彼等各种不连贯、不完善的问题，主要痛点如下。

（1）从计税环节来看，各个相关部门的系统之间没有打通不动产税务，导致在大部分城市按家庭征税的情况下，买卖双方在每一次进行不动产交易过户或每一年缴纳房产税时，都需要提供大量的纸质证明材料，如婚姻证明、户籍证明、房屋套数证明等。

（2）房地产税收的征收需要以完善的产权体系、客观的房地产评估、及时的不动产登记为基础，在现阶段，这 3 项工作都存在模糊滞后或人为干扰的问题，束缚了房地产税收体系的正常运行，甚至可能造成纠纷、偷税漏税现象和提高征税过程中的税收成本等问题。

（3）国内一部分城市使用的仍是基于片区价格评估的老一代纳税评估系统，无法做到“一房一价”程度的准确评估，案例数据、影响因素数据、标准房数据等过于陈旧，致使房价评估结果严重偏低，税收少缴。

（4）由于过时、过旧、不合理的业务流程和老旧系统对接不流畅等因素，征税人员需要在不同系统之间来回切换、拷贝、手工录入等，导致征税办理时间过长，买方、卖方、经纪人等人员等候时间过长。

（5）税务监管和稽查均要求税源数据、税基数据、纳税记录、完税凭证等信息“实时共享、流程可追溯、数据防篡改”，关键数据的存证和共享是较大的难点。

2）解决方案

区块链不动产交易纳税登记平台是以不动产交易纳税征管和数据应用为切入点进行区块链生态建设，按照“集成上链、一体办理”原则，针对增量房交易和存量房交易两类登记业务共 6 个业务场景，运用区块链技术开发的业务办理系统。该系统构建了统一的上下链数据标准，有效集成了国家税务总局、公安部、民政局、住房保障和房产管理局、自然资源部等部门的信息资源，开启了以不动产交易数据为核心的多部门一事联办、实时监控、智能协同的智慧政务新模式。

（1）设计架构。

区块链不动产交易纳税登记平台的设计架构如图 2-11-1 所示，具体分为 5 个部分。

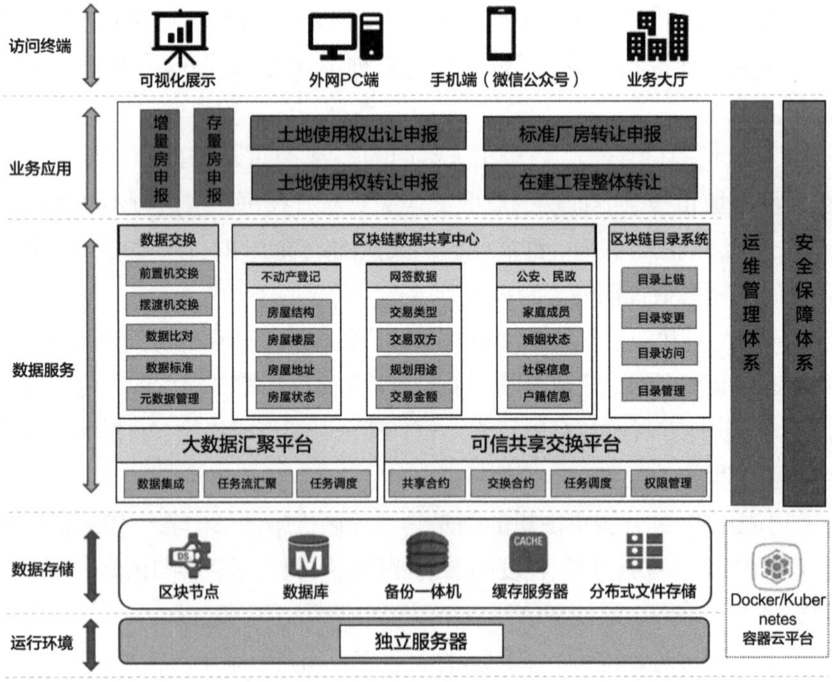

图 2-11-1　区块链不动产交易纳税登记平台的设计架构

- 运行环境层：采用 Linux 系统分布式部署多个节点，每个节点独立运行。

- 数据存储层：用于存储数据，包括缓存和文件实时备份。
- 数据服务层：该平台的核心部分，为系统应用提供基础服务，包括数据交换、区块链数据共享中心、区块链目录系统、大数据汇聚平台、可信共享交换平台。
- 业务应用层：用于房屋、土地、厂房、在建工程等业务的申报和转让。
- 访问终端层：包括 PC 端和手机端，提供数据的应用服务和效果展示。

（2）平台优势。

"解难题"，各部门数据实时共享。该平台建立了由不动产登记中心、国家税务总局、住房保障和房产管理局、民政局、公积金中心共同参与、管理的政务信息联盟链和统一的数据标准，具有独立的公私钥，各单位对上链数据进行独立维护和管理，并授权联盟链上的其他部门使用，同时，基于区块链开放的 API 可供银行机构、政务中心等其他第三方进行限定查询。

"拆壁垒"，全流程上链管控。该平台通过区块链提供安全加密和实时数据交换等服务，打破了部门之间的"数据壁垒"，可与金税三期系统、不动产登记系统、房产网签系统、自然人税收管理系统等内外系统实时对接、协同联动、一网通办，各单位可全流程在区块链上进行业务协同，实现了不动产交易的全流程闭环监控管理。

"塑流程"，全程办理更便捷。该平台重塑了不动产交易登记一体化流程，将传统的串行审批升级为并行审批，将收件材料简化为区块链的共享数据或电子证照材料，统一了楼盘表、测绘成果和网签合同等数据标准，实现了多系统业务联动、一链办结，取得了减时增效的良好效果。

"简材料"，一张身份证即可办事。办事人只要扫描身份证信息，就能获得纳税人在各个部门的数据，该平台自动将纳税人涉税房屋的所有指标写入金税三期系统，实现不动产登记数据"零录入、零差错"。

3）应用效果

区块链不动产交易纳税登记平台于 2021 年 7 月在娄底市成功开具湖南省首张区块链电子税收完税证明。目前，该平台已全面实现链上数据"零丢失、零修改"和多方实时共享，通过区块链技术统一上下链数据标准，集成多部门信息资源，数据信息从纸质审核变为电子抓取，9 个环节的 17 种纸质材料 100% 通过信息共享自动生成，不动产登记实现"一窗办理、一链办结"，受理、缴税、领证全程电子化线上办理，平均办理时间从 3 天缩短为 3 小时，极大地提高了办事效率。

3．创新与亮点

区块链不动产交易纳税登记平台在充分利用区块链、大数据、云计算等先进技术的基础上，推动“互联网+不动产交易纳税”向更高层级发展，建立了集成、统一的线上平台，实现了不动产交易相关信息在多个部门之间的互联互通，并且与金税三期系统无缝衔接，为实现“一次受理、自动分发、并行办理、依法衔接、一网通办”的工作目标奠定了坚实的基础。

在流程上，该平台实现了各级数据自动分发、实时同步、无缝衔接，各环节数据实时监控和实时上链存储，增量房交易和存量房交易登记在线申报、复核、缴税、开具完税凭证，以及业务数据统计和分析等。在技术上，该平台具有以下创新与亮点。

1）简化办理流程

该平台联合自然资源部门和房产部门，通过“区块链+不动产交易缴税登记平台”对房产交易进行税款征收、税收减免、税源监控等一系列税收征管，实现了真正意义上的房产交易一体化服务和管理。

2）突破办理限制

该平台通过区块链技术实现了不动产交易业务自助办理，形成了纳税人自助申报、减免、缴税的房产交易申报纳税新模式，打破了办税服务厅的时间和空间限制，提供24小时自助办税服务。

3）消除录入差错

该平台可直接读取自然资源部门的不动产交易数据和房产部门的商品房网签数据，同时，纳税人涉税不动产的所有指标自动写入金税三期系统，可实现数据“零录入、零差错”无缝衔接。

4）可追溯

该平台利用区块链技术，将所有环节的交易数据都实时上链存证，一旦出现信息差，就能通过链上数据找到出错的环节。

参考文献

[1] 肖江浩，罗舜爱，吴豪．娄底税务用“区块链+”优化不动产税费服务[N]．中国税务报，2022-05-17（04）．

[2] 王彬．不动产登记对房地产经济的影响和研究[J]．中国国际财经（中英文版），2017（24）：40-41.

2.12　基于区块链的信息内容安全管控平台

【案例相关单位】南京第三极区块链科技有限公司

【案例提供人员】周彩虹、李阳、杜林娜

1．背景

信息安全是网络与信息安全管理工作的核心，从宏观角度来看，它关乎国家的政权安全与长治久安；从微观角度来看，它包括网站、App、公众号、小程序等各类信息内容实体，在其运营和系统运行的过程中，一旦发生黑客入侵、账号泄露、信息篡改、审核出错等问题，后果将不堪设想，可能导致平台责任方、信息发布方名誉受损、经济受损，甚至导致严重的政治责任后果。

区块链作为一项新兴技术，具有不可篡改、可追溯、匿名性、去中心化、防抵赖等特性，可应用于内容审核、信息安全、数据存证等多个领域。“区块链+”在给国家发展带来机遇和给社会生活带来便利的同时，也带来了一定的风险。2019 年 1 月，国家互联网信息办公室发布《区块链信息服务管理规定》，其中第六条规定：“区块链信息服务提供者应当具备与其服务相适应的技术条件，对于法律、行政法规禁止的信息内容，应当具备对其发布、记录、存储、传播的即时和应急处置能力，技术方案应当符合国家相关标准规范。”该规定从法律层面对整个区块链行业进行了约束，有利于规避风险，规范、促进区块链技术和相关服务健康发展。该规定是我国关于区块链技术应用的第一部规定，对我国区块链技术的发展具有里程碑式的意义。

在网络媒体时代背景下，信息安全是网络与信息安全管理工作的核心。大多数单位拥有各自的信息安全审核管理制度，不过在落实层面各不相同：有些单位通过纸质文件进行审核，无法有效展示语音和视频等多媒体类信息内容；有些单位通过即时聊天群组进行审核，存在相关领导漏审信息或审核意见不明确等情况；还有些企事业单位虽然建立了信息内容审核管理系统，但是一般的信息安全流程管理系统往往存在数据不一致，不能长期留存数据，数据容易被篡改、攻击，以及难以划定信息安全事故责任等问题。

在国家提倡区块链技术的大背景下，为解决实际工作中信息内容安全问题频出的痛点，南京第三极区块链科技有限公司和南京人竞技择科技有限公司共同打造了基于区块链的信息内容安全管控平台，并在中国电信江苏分公司信息全流程生态环境中实践。该平台以“区块链+信息安全管理”为核心，采用区块链技术，通过数据上链和智能合约等机制，有效解决了短信、新闻、公告信息发布过程中普遍存在的权限认证、安全审核、防止篡改、责任追溯等信息安全问题，为其他企事业单位提供了借鉴案例，并为推动国家信息安全事业发展贡献了力量。

2. 主要痛点及解决方案

1）主要痛点

中心化系统存储的信息内容和流程数据存在被篡改、造假的风险，当出现舆情问题时，平台数据不被信任，存证、取证不可靠，问题难以追溯，责任划分不清，还有可能出现恶意绕过平台发布信息内容造成重大舆论事故而难以被及时发现的现象。

与此同时，中心化系统存在被入侵的风险和信息被泄露的隐患，并且系统稳定性差，一旦瘫痪，就会导致所有服务不可使用。

2）解决方案

为了达到信息传播过程中的安全要求，本方案探索了以区块链技术为基础的信息全流程安全管控平台的技术研发，在信息传播前先审核，后发布，打造了集账号管理、审核平台、监管平台于一体的信息内容安全审核管理机制，同时充分利用了区块链技术的去中心化多点部署、分布式存储、安全可靠、抗毁顽存、多方协同形成共识、防篡改等特性，以及区块链的“公钥+私钥”机制，建立了工作人员鉴权机制，将系统内的所有操作都上链保存，不仅能防篡改，还能提供追溯服务，保证权责清晰。

基于区块链的信息内容安全管控平台紧紧围绕从内容的编辑修改到最终的审核发布环节，聚焦从“事前可预防”到“事后可追溯”的全流程可信审批和有效监管这一试点内容，结合中国电信江苏分公司信息内容安全审核全流程、全生命周期管理体系，构建了“一链一系统”，提供了两大服务体系，并对接了多个自媒体宣传平台。信控联盟链既是该平台的基础支撑，也是该平台的核心部分。

（1）信控联盟链：采用区块链技术完成区块结构的设计、建设和链上智能合约的部署、管理，构建信息发布管控系统；围绕从内容编辑到校验的全流程，科学设置内容编辑、审核、发布、校验这 4 个内容全生命周期节点的上链元数据和数据文件，实现发布内容和发布全流程元数据、流程数据实时上链，确保信息内容数据的真实性、完整性、安全性、可用性。

（2）信息内容安全管控系统：建立了一套完整的信息内容管控流程，以便对内容进行集中管理和运营。该系统的核心功能包括基于区块链的可信身份认证，基于 NLP（自然语言处理）的内容分级，基于智能合约的可信工作流，分布式多点渠道内容监控，媒体渠道舆情分析与预警，以及网络媒体全流程智能审计等模块，实现了信息内容编辑、审核、发布、校验全流程管理。

（3）敏感内容分级管理服务：为保障文章发布的安全性，该平台设计了敏感内容分级和敏感内容词库分级两个分级系统，管理员可以设置不同等级的敏感内容和敏感内容词库，帮助用户对审批内容中的敏感内容进行预分析处理。

（4）信息内容监控比对服务：对发布后存证在链上的内容和实际发布到第三方媒体平台上的内容进行监控比对，结合系统自动轮巡监控和手动检查比对两种方式，标识与链上内容不一致的信息，并通过警示系统向对应业务的相关人员推送消息，提醒其注意核对并及时处理。

基于区块链的信息内容安全管控平台的业务流程如图 2-12-1 所示，主要包括 4 个业务阶段。

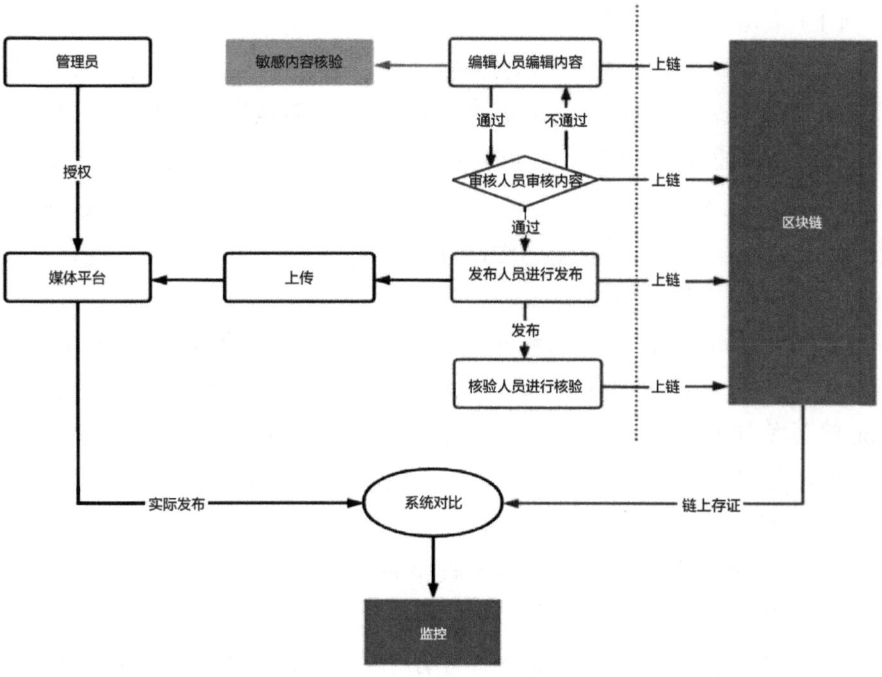

图 2-12-1　基于区块链的信息内容安全管控平台的业务流程

- 编辑阶段业务流程。

验证编辑人员的数字身份→编辑人员对发布内容进行编辑→编辑人员编辑完内容后提交给系统→发布内容和编辑人员操作记录上链保存。

- 审核阶段业务流程。

验证审核人员的数字身份→审核人员对发布内容进行审核→审核人员审核完内容后提交给系统→审核人员操作记录上链保存。

- 发布阶段业务流程。

对发布人员的数字身份进行多因子验证→发布人员发布内容→发布人员操作记录上链保存。

- 核验阶段业务流程。

业务系统或核验人员采集发布内容→业务系统或核验人员对发布内容进行核验→采集内容、核验结果和操作记录上链保存。

3）应用效果

基于区块链的信息内容安全管控平台已被应用于中国电信江苏分公司并取得了良好的应用成果，具体的应用效果如下。

（1）人员与平台纳管。

该平台帮助用户实现了江苏省内省公司、市公司、县公司和专业公司的全部人员管理，基于可信身份认证功能，确保信息内容全流程分工明确、权责清晰，达到了防抵赖、可追溯和防止黑客入侵等目的，实现了全公司统一实体纳管，包括抖音、快手、微博、微信、自营网站等200多个媒体账号，达到了发布内容可信、留痕、防篡改、可追溯等目的。

（2）内容与流程纳管。

该平台运行不到半年，已帮助用户完成了信息内容审核和发布共2500多篇，包括抖音、快手、微信、微博和其他平台（如大屏、视频号、自有网站、App等）发布的内容。业务全流程上链数据约3000条，信息内容从制作到审批，再到发布的时间从原来的平均3天缩短为0.5天，达到了所有过程均在平台留痕、可查、可溯源等目的。

（3）事前防控：敏感内容分级管理服务。

根据中国电信江苏分公司的组织架构特性，该平台设计了敏感内容分级和敏感内容词库分级两个分级系统，可帮助用户对审批内容中的敏感内容进行预分析处理。

（4）事后监控：信息内容监控比对服务。

该平台可以对发布后存证在链上的内容和实际发布到第三方媒体平台上

的内容进行监控比对，自上线以来，已完成内容比对约 3600 次，及时发现发布内容是否绕过该平台和实际发布的内容是否被篡改等。

（5）数据存证。

信控联盟链已经产生了数千万个区块，该平台共向链上提交了数万次数据。信控联盟链被部署在中国电信江苏分公司的多台服务器上，每一台服务器上都部署了一个出块节点，即使任意一台服务器宕机，该平台也能正常服务。该平台每 0.5 秒进行一次出块操作，保证将业务操作数据及时上链存储。

基于区块链的信息内容安全管控平台是安全、可靠、防抵赖、责任主体清晰的信息内容全生命周期管理平台，该平台朝着数据确权、流通、共享的新业态、新方向，打造了数据资源可视、可管、可控和促进数据有序流动的安全解决方案。

3．创新与亮点

为解决存储信息可能被篡改的问题，并进一步保证平台数据的安全性，使平台数据得到信任，基于区块链的信息内容安全管控平台具有以下创新与亮点。

该平台基于区块链非对称加密和公私钥账户算法，构建了用户身份安全认证体系。传统中心化账户体系中的身份认证存在被非法篡改或丢失的弊端，该平台采用了非对称加密和公私钥账户算法，基于数字可信身份和多因子验证建立了工作人员鉴权机制，提供了数字签名功能，完成了用户身份的可信鉴权，从而保证业务处理权责清晰。

该平台基于智能合约打造了全生命周期的信息管控流程，确保全流程数据可信、可溯源。在区块链技术赋能的基础上，该平台设计了一套全生命周期的可信工作流程，严格遵循信息内容“先审核，后发布”的原则，从内容的编辑修改到最终的审核发布环节，通过链上可信审批操作和智能合约等机制，达到了数据可信、可追溯、审批留痕、发布管控等效果，为有效监管信息内容的发布提供了有力支撑。

该平台结合区块链技术，实现了分布式多点、多地渠道可信数据监控，确保了监控数据的时效性和可信度。当下，常规的中心化单点数据监控方案具有潜在风险，监控结果反馈不及时，容易发生网络被攻击和设备故障等问题，而且无法保障监控数据的可信度，对事后监控追溯造成了一定的阻碍和困难。该平台在区块链技术赋能的基础上，利用分布式多点、多地监控技术，对管控媒体进行多点、多地 24 小时实时监控，及时反馈监控结果，并将监控数据提交至区块链，通过智能合约，在完成容错处理后形成可信的媒体渠道监控数据，从而使监控结果更加可信、可追溯、抗抵赖，有利于事后监控的责任追溯。

参考文献

[1] 张福成，郭志帅，肖勇. 区块链技术在 UGC 内容审核方面的研究与实践[J]. 中国传媒科技，2021（11）：20-23.

[2] 邱慧. 基于区块链技术的技能证书系统的设计与实现[D]. 北京：北京交通大学，2021.

[3] 伊然. 区块链存证电子证据鉴真现状与规则完善[J]. 法律适用，2022（2）：106-117.

[4] 韩康. 论区块链存证的模式——“第三方存证”与“自主存证”之比较[J]. 学术探索，2021（10）：47-54.

[5] 任远林. 一种基于区块链的大规模电子通信信息安全存储方法[J]. 常州工学院学报，2022，35（2）：35-41.

[6] 吴登伟，裴宜春. 区块链技术及其在信息安全领域的研究[J]. 中国新通信，2022，24（1）：40-41.

第3章 数字社会篇

3.1 “工银鲁医链”医保区块链平台

【案例相关单位】工行

【案例提供人员】孙光福、陈晓蕊、刘彦平

1. 背景

2020年2月，中共中央、国务院在《关于深化医疗保障制度改革的意见》中提出，到2030年实现“医保治理现代化水平显著提升”。随着我国医保公共服务的普及，未来的医保业务将呈现爆发式增长，医保场景将更加复杂，医保监管手段将面临更大的挑战，患者对就医数据安全和医保管理公开透明的诉求也将日益强烈。如何提高医保管理透明度、业务办理效率和监管手段的智能化水平，成为医保改革亟待解决的问题。

一直以来，医院开立的纸质处方是众多慢性病患者购买处方药不可或缺的重要凭据。随着社会的不断发展，纸质处方导致的问题逐渐增多，尤其是在新冠疫情期间，受制于医院的管控需要，众多慢性病患者无法及时、方便地购买所需药物，影响及时用药，甚至导致病情加重。为此，从国家到地方正在积极推动处方电子化，建设高效的电子处方流转平台迫在眉睫。

2. 主要痛点及解决方案

1）主要痛点

传统的纸质处方导致医疗行业存在以下痛点：由于效率低导致患者就医体验不佳，由于纸质处方的存在导致慢性病患者占用门诊等医疗资源，由于信息没有实现开放共享导致医疗、医药、医保监管困难。

针对以上痛点，工行基于区块链技术建设了医院、患者、药店、监管等多方信息共享的医保区块链平台，目标是提供高效的电子处方流转服务，实现纸质处方电子化，利用区块链的不可篡改、去中心化、可溯源、安全可靠等特性，打通信息环节，构建多方信任机制，节约患者的就医时间，简化拿药环节，提高医疗资源的使用效率，杜绝“医保套现”现象，构建共治共赢的高效医疗平台。

2）解决方案

医保区块链平台以区块链为底层基础，将医院、患者、药品、医保、物流等多方信息共享，打通信息环节，成为多方信任的数据共享和监管平台，其业务流程如图 3-1-1 所示。医院、医保局、药厂、药店、保险、监管机构成为核心机构联盟参与方，可实现互联网医院电子处方与实体医院电子处方的安全共享，医保支付信息、物流信息、药品信息全程可追溯，实现对医保机构的“穿透式监管”。

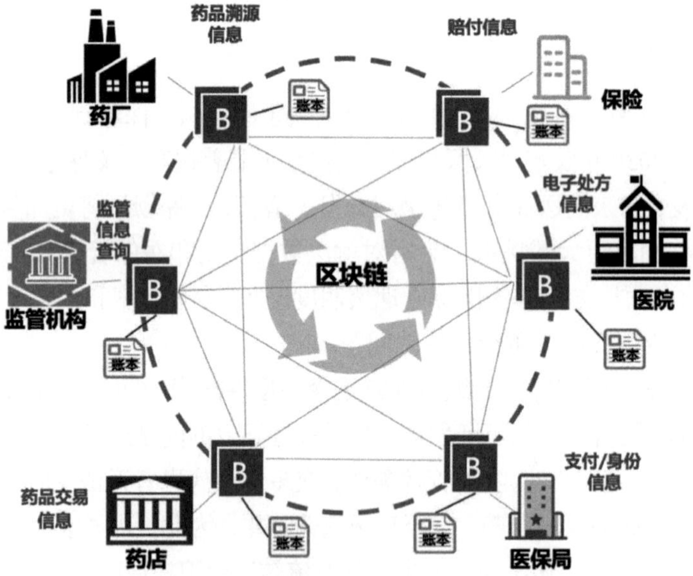

图 3-1-1　医保区块链平台的业务流程

该平台具备电子处方管理、药品配送管理、药品溯源管理、电子支付管理等功能，主要功能包括业务处理和业务审计。

（1）业务处理功能。

业务处理层主要面向医保局、医院、药店，提供合作方所需的处方管理、处方药品管理、处方支付结算等功能，具体说明如下。

处方管理功能：包括电子处方开立、查询、验证、使用、续方等功能。

处方药品管理功能：为保证医院和药店的药品同质同源，需要统一处方药药品目录。该平台与药品进销存系统对接，实时获取医院和药店的药品目录、药品库存情况，以此确保患者在拿药时能够根据药品库存情况就近、及时拿到药物。该平台建立了电子处方消息推送机制，在生成电子处方后，将其推送给加盟药店，加盟药店根据药品库存情况反馈能否提供该处方药品，由患者自行选择。

处方支付结算功能：该平台提供统一支付窗口，支持通过 H5 页面（第 5 代 HTML）接入医院、药店结算系统；结算平台支持设置各方分成比例，支持与医保结算系统对接，支持微信、支付宝、银联等支付渠道；工行根据各方分成比例对资金进行清算，清算信息连同电子处方一起上链存储。

（2）业务审计功能。

业务审计层可为医院、药店、医保局用户提供处方支付行为统计分析、处方药品销售量统计、电子处方使用情况统计等功能，支持上级机构对下级机构进行数据查询统计，提供电子处方数据统计功能、交易明细查询功能、电子处方审方增值服务费用统计报表、电子处方费用结算统计报表和综合报表查询统计功能。

3）应用效果

截至 2022 年 3 月，该平台已推广至山东省多个地区，涉及数十家公立医院，节省了慢性病患者约 90%的线下就医时间，拓展了医保局和医疗保险事业中心等 15 个机构账户，覆盖了 16 个地市的异地支付业务，工行成为全国首批签发医保电子凭证的商业银行之一。该平台荣获“2020 中国国际区块链技术与应用大会”的“中国国际区块链技术与应用创新成果奖”，其价值主要体现在以下 3 个方面。

（1）以区块链为媒，“链”起医疗体系循环“生态圈”。受到新冠疫情的影响，如何精准、有效地满足居民的就诊医疗需求，实现对个人健康数据的保护与规范化使用，是医疗健康体系的新课题。在这样的背景下，医保区块链平台重塑了医疗业务流程，推进了医保领域的创新改革，提供了有效的实践和全新的解决方案，通过区块链存储不可篡改的数据版本，有助于确保数据的完整性。作为工行区块链技术在医疗领域的首次创新应用，医保区块链平台“链”起实体医院、互联网医院、药店、药厂、物流等多个环节，将电子处方、药品配送、支付交易等信息上链存储，不同机构可以在共享信息的同时控制数据访问，安全、放心地开展协作，真正实现“共聚一链，为民服务”。

（2）一链监管，“链”起健康守护闭环。医保区块链平台将多方信息上链，建设了医院、患者、药店、监管等多方信息共享的区块链平台。随着医药产品在供应链中的移动，它们的“轨迹”被记录在区块链上，有关人员既可以追溯它们的来源，也可以追踪收货药房或零售商，为患者提供流程数字化、信息透明化的就医体验。

（3）以“链”促链，打造医疗健康跨越新模式。近年来，国际公共卫生紧急事件频发。为促进中国特色医疗保障制度加快建立，推动医保制度顶层设计重大变革，党和国家正着力通过不断完善医疗体系来解决医疗保障发展不平衡、不充分的问题。医保区块链平台作为一条紧密串联医院、药店、患者、监管机构的链条，在促进就医便利化的同时，不断适应新医疗背景下患者的个性化需求，将更多有效资源连接到这一链条上，为社会医疗事业跨越到更加智能化、便利化的阶段持续助力。

3. 创新与亮点

1）技术方面

该平台借助工行自研的区块链技术，为医疗行业提供了整套解决方案，打通了医院、患者、物流、药品、监管之间的信息共享通道，实现了互联网医院与实体医院、医保支付、物流、药品企业的信息共享，全程可追溯，关键信息阳光透明，有助于医保机构进行“穿透式监管”。该平台在技术上具有以下特点。

（1）API 开放平台实现合作方统一接入。API 开放平台作为工行提供的统一接入平台，可以对合作方、交易权限、限流等多方面进行入口管理，将工行的区块链能力通过 API 输出给合作方，并进行医保区块链合作方管理。

（2）可快速复制的产品解决方案。医保区块链平台是各省医保局开展“互联网+医保”工作的共性部分，区块链的去中心化等特点和互联网环境下的医院、医药、医生新动能机制理论体系监管实现完美结合。该平台的成功落地为区块链医保建设工作提供了值得借鉴的解决方案，可快速在其他地区共享、复制。

（3）区块链增值、增信助力监管。区块链技术作为一种不可篡改的分布式账本技术，其去中心化、可溯源、不可篡改、安全可靠等特点契合了医保领域“强监管”的要求。在流程创新方面，医保区块链平台实现了电子处方实时、高效共享；在监管方面，医保局作为监管方参与区块链联盟建设，可对区块链上的电子处方信息、医保结算信息、药品溯源信息进行有效的“穿透式”监管和审计。

2）业务方面

医保区块链平台的搭建是区块链与医疗领域结合的有效实践，该平台可满足医院、药店、患者等多方参与的需求，进一步推动就医便利化。

（1）解决用户痛点，共治共赢。对患者来说，可以在线远程医疗复诊，自主选择在医院、药店取药或物流配送，节约时间，方便就诊；对医生来说，可以建立处方模板，在治疗相同病症时直接调用，历史处方可以用于医学研究，提高疾病治愈率；对医院来说，可以大大减少患者到医院就医、复诊的次数，节省大量的优质医疗资源；对药店来说，可以获得大量的医院分流患者，同时提高与药厂议价的能力；对药厂来说，可以实现“药医分离”，药品市场更加公开透明；对医保局来说，作为监管机构，可以实时获取监管信息，实现“穿透式监管”。

（2）布局医疗区块链联盟生态。在医保局的牵头下，实体医院、互联网医院、药店、药厂、物流集团、银行共同组建了区块链医疗联盟“生态圈”，涉及医疗、药监、金融、审计等多个领域。通过区块链技术再造业务流程，推进医保领域创新改革，是工行区块链技术与医疗领域结合的首次实践。

参考文献

[1] 山东工行“鲁医链”织密医疗保障网 助力守护人民健康[EB/OL]. [2022-06-05]. http://finance.dzwww.com/yinhang/sdyhdt/gsyh/202107/t20210730_8857492.htm.

[2] 山东工行：金融科技赋能医保建设 服务百姓民生[EB/OL]. [2022-06-05]. http://finance.dzwww.com/yinhang/sdyhdt/gsyh/202203/t20220308_9927507.htm.

[3] 金融科技围绕民生做文章 山东工行深耕医保领域结硕果[EB/OL]. [2022-06-05]. http://city.ce.cn/news/202203/09/t20220309_7338015.shtml.

[4] 中共中央 国务院关于深化医疗保障制度改革的意见[EB/OL]. [2022-06-05]. http://www.gov.cn/gongbao/content/2020/content_5496762.htm.

3.2 全国住房公积金数据平台

【案例相关单位】建行

【案例提供人员】王楠、薛金曦

1. 背景

自2019年1月1日起施行的《中华人民共和国个人所得税法》第六条规定："居民个人的综合所得，以每一纳税年度的收入额减除费用六万元以及专项扣除、专项附加扣除和依法确定的其他扣除后的余额，为应纳税所得额。"普通住房贷款利息支出作为6项专项附加扣除项之一，需要由公积金中心向国家税务总局报送住房公积金贷款的利息支出。

住建部基于住房公积金信息化平台建设现状，着力将该平台向网络化、信息化方向发展，要求统一管控接入的服务渠道，确保各渠道协同一致，实现全渠道登录；妥善对接政务平台，优化部门之间的数据共享流程，开展业务信息联网核查，提高线上服务效率；强化安全保障机制，加强数据管理和使用工作，保证数据的有效性、完整性、安全性。

建行以此为契机，联合住建部，以"互联网+"技术为基础，依托区块链和大数据等创新技术，共同搭建了全国住房公积金数据平台，在保障纳税人切身利益和达到财政部工作要求的前提下，实现了公积金数据的可信传输和共享，建立了业务协同机制，丰富了线上业务办理种类，全面优化了住房公积金基础性服务工作，满足了职工缴存的多种需求。

2. 主要痛点及解决方案

1）主要痛点

我国住房公积金信息化建设与其他行业相比起步较晚、发展速度较慢，存在各地公积金系统不兼容、数据流通机制不健全、系统技术落后、运维能力弱、数据安全风险等痛点，公积金数据未得到有效利用，无法满足国家税务总局的个税抵扣数据传输要求。我国住房公积金信息化建设存在的主要痛点如下。

各地市的住房公积金平台单独建设，系统之间不兼容，无法协同办公。由于历史原因和管理体制问题，各地市的住房公积金平台不是统一建设的，软硬件设备和关键技术各不相同，系统之间无法协同运营。比较典型的场景是公积金异地转移接续流程复杂、提交资料多，并且各地的办理流程不同，居民往往需要往返多次才能办理成功。

受系统限制，海量公积金数据无法有效流通，数据共享困难。由于各地市的住房公积金平台数据传输接口不同、格式不同，数据无法跨系统传递，形成了“数据孤岛”，因此监管部门无法充分了解公积金整体运行情况，优化整体运营模式、发现潜在风险等能力亟待提高。

此外，一部分住房公积金平台还存在技术落后和运维能力弱等问题，系统和数据安全得不到保障。

为解决上述问题并落实主管部门的相关要求，建行以个税抵扣场景为切入点，联合住建部共同搭建了全国住房公积金数据平台，利用区块链技术切实提升住房公积金的管理与服务水平。

2）解决方案

全国住房公积金数据平台以公积金中心为视角进行个税抵扣专项场景设计，开创性地使用区块链技术构建了统一协作平台，在保护数据隐私的前提下，构建了公积金中心、住建部、国家税务总局之间关于个人信息、贷款信息、报税信息、黑名单信息等数据的可信共享机制，促进了数据、资本等生产要素的城际互联互通，实现了合法使用数据、存储不可篡改和操作可追溯、防抵赖等建设目标。同时，该平台通过智能合约驱动各部门业务协同，实现了公积金异地转移接续、异地贷款、异地缴存、黑名单共享等关键节点的自动执行、上链记录和全流程数据可信。该平台不仅支持国家税改和向国家税务总局提供个税抵扣数据，还将数据分析平台开放给社会公众和第三方渠道，进一步提高了政府的综合服务效率，改善了群众的办事体验，促进了区域协同发展。全国住房公积金数据平台的应用场景概况如图 3-2-1 所示。

该平台的主要参与方如下。

公积金中心作为数据的提供方，向住建部、国家税务总局、民政局和社会公众提供原始的公积金数据。

住建部作为业务和数据的监管方，肩负数据共享和各方业务协同的监管职责。

数据使用方包括国家税务总局、民政局、公安机关等机构，它们可以通过部署区块链节点直接获取可信的数据源。

社会公众和第三方渠道作为逻辑上的参与方，不直接部署区块链节点，而是通过全国住房公积金数据平台提供的服务接入该平台。

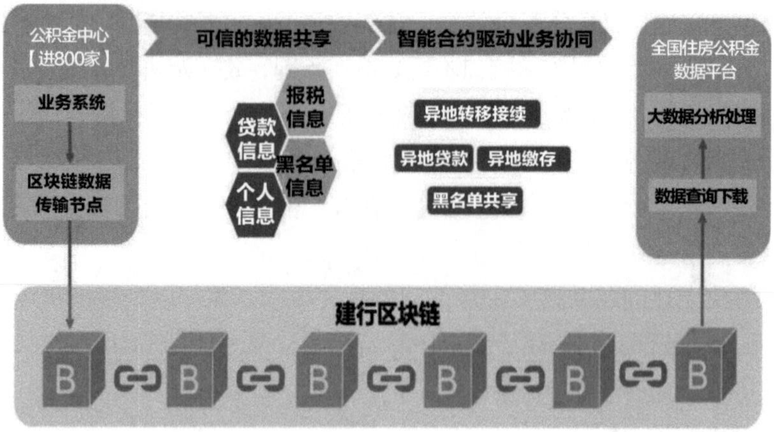

图 3-2-1　全国住房公积金数据平台的应用场景概况

该平台的核心功能如图 3-2-2 所示。

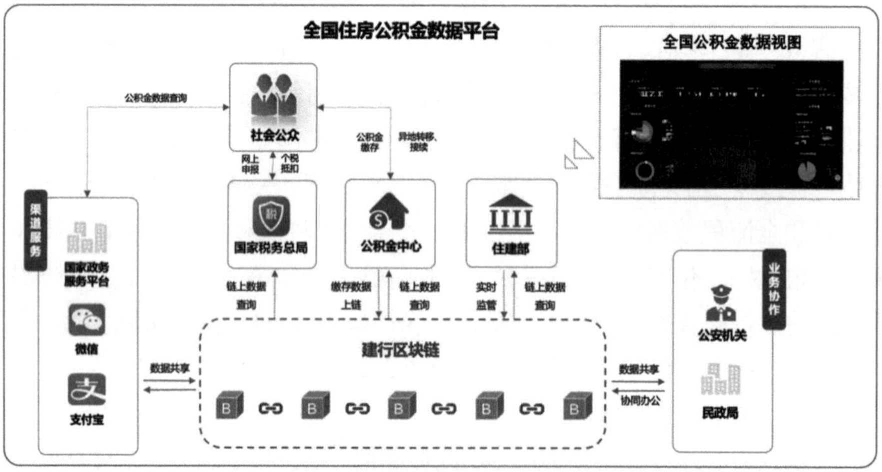

图 3-2-2　全国住房公积金数据平台的核心功能

（1）支持国家个税抵扣工作的推进，建立了有效的数据共享机制。该平台按照住建部与国家税务总局的要求，建立了个税抵扣数据共享接口，实现了全国公积金中心个税抵扣数据的集中；按照国家要求，实现了数据平台与国家税务总局之间“总对总”数据交换。

（2）实现了公积金数据的集中，构建了全国公积金数据视图。该平台应用了区块链和大数据技术，构建了安全、可信、共享的全国公积金数据视图，实现了数据采集、传输、存储、使用全流程可追溯；建立了公积金中心与数据平台之间的技术接口和安全规范，明确了公积金中心向数据平台报送数据的规范。

（3）实现了数据“总对总”共享，助力提升便民质量。该平台依托统一的全国公积金数据视图，实现了多种公积金业务信息和个税抵扣数据的实时查询，促进了公积金中心与其他政府职能部门“总对总”数据共享，为多个渠道提供了数据查询服务，为“互联网+政务”奠定了技术基础。

（4）创建了公积金数据分类应用，满足了不同用户的需求。该平台通过分析和挖掘全国的公积金数据，为住建部、住建厅等监管用户提供了全国和区域（省、市）的风险预警、决策支持功能，为公积金中心的日常业务提供了统计分析、决策支持、风险预警等丰富的功能。

3）应用效果

全国住房公积金数据平台是区块链在住建和公积金领域的创新应用，拓展了区块链技术的应用边界。在成功运用区块链技术的基础上，该平台实现了与大数据技术的融合，体现了区块链与大数据、人工智能、物联网等前沿技术融合的趋势。该平台接入了住建部、国家税务总局等多个部委和全国近 800 家公积金中心，是国内规模最大的区块链应用之一，在业界起到了良好的示范作用。截至 2022 年 4 月，上链的公积金账户包括 1.45 亿名职工、395 万家企业，上链数据超过 750 亿条，区块高度达 1400 多万，完成个税抵扣查询 4000 万次，实施效果良好。

3. 创新与亮点

全国住房公积金数据平台基于区块链技术不可篡改、可追溯的特性，保证上链数据真实可靠，确保区块链上的各方权责清晰、不可抵赖。该平台利用区块链的智能合约，驱动黑名单数据共享、异地转移接续、异地贷款等公积金业务场景，提高了公积金业务处理效率，实现了全国公积金中心数据的集中存储，构建了公积金行业的“知识图谱”，搭建了公积金中心与其他部委之间的数据共享通道，实现了与国家税务总局“总对总”对接，为职工缴存提供了便捷的公积金信息和个税抵扣信息查询服务，具体的创新与亮点如下。

在跨区域、跨部门协作方面，该平台实现了各地数据交互格式标准化，建立了统一的公积金交易接口，为各参与方提供了统一协作平台，提高了各地公积金中心接入住建部数据平台的工作效率。

在数据传输方面，为了简化数据上链的操作，该平台为公积金中心提供了可运行的区块链数据传输节点，各公积金中心可直接通过调用区块链数据传输节点的方式完成数据上链。区块链数据传输节点可以消除不同技术平台之间或不同开发语言之间的差异，只要进行简单的配置和少量的开发就能完成数据上链，降低了技术门槛和各地公积金中心的工作成本。

在多中心化下的高安全性方面，该平台通过数字签名、数字指纹、数字信封等方式保证数据的不可抵赖性和完整性，同时利用非对称加密算法对平台权限进行精准控制，确保操作人与操作权限精准绑定，杜绝了越权操作。

在数据的时效性和一致性方面，该平台依靠区块链共识机制，在上链数据更新后即刻通知所有参与方，保证了数据共享的效率和可信度。

该平台联合了建行成熟的大数据平台对链上数据进行存储、分析、加工，进而形成完整的数据分析和应用，构建了统一的全国公积金数据视图，为监管方提供了风险预警、监管分析、报表展示等服务。

参考文献

[1] 中华人民共和国个人所得税法实施条例[EB/OL]. [2020-12-25]. http://www.gov.cn/zhengce/2020-12/25/content_5575070.htm.

[2] 肖智. 住房公积金信息系统总体设计的可行性初探[EB/OL]. [2020-06-10]. http://www.hengyang.gov.cn/hyszfgjj/xxgk/gzdt/xwdt/20200610/i2057305.html.

[3] 住房和城乡建设部关于建立健全住房公积金综合服务平台的通知[EB/OL]. [2019-09-29]. http://www.gov.cn/zhengce/zhengceku/2019-09/29/content_5434675.htm.

3.3 基于区块链的养老金业务应用系统

【案例相关单位】中国农业银行股份有限公司

【案例提供人员】李义萍、刘倩、胡琛琼

1. 背景

我国人口老龄化程度逐渐提高，高龄化趋势明显。国家统计局数据显示，2021 年，我国 60 岁及以上人口约为 2.6736 亿人，占全国总人口的比重达 18.9%，其中 65 岁及以上人口约为 2.0056 亿人，占全国总人口的比重达 14.2%。

随着我国人口老龄化程度的逐渐提高，建立完善的养老保险制度成为急需关注的问题。我国城镇职工养老金替代率仅为 40%左右，低于国际警戒线。我国正在完善的城镇职工养老保险体系由基本养老保险、企业补充养老保险（企业年金和职业年金）、个人储蓄性养老保险 3 部分组成。其中，企业年金对弥补基本养老金替代率不足具有重要作用，被称为城镇职工养老保险体系的“第二支柱”。但是，企业年金在经历政策推出初期的爆发式增长以后已进入发展瓶颈期，新增参保企业数量较少、年金投资收益较低、年金运营成本较高是制约年金发展的主要因素。

中国农业银行股份有限公司（以下简称“农行”）前瞻性地以企业年金为突破口，将区块链公开透明、不可篡改、信任成本低等技术特点与养老金业务紧密结合，与合作机构太平养老保险股份有限公司（以下简称“太平养老保险”）共同打造了基于区块链的养老金业务应用系统，借助区块链实现了各业务流程的优化，解决了当前养老金业务存在的多个参与方之间缺乏统一的信任机制和业务处理效率低等问题，推动构建了可持续发展的养老金业务生态。

2. 主要痛点及解决方案

1）主要痛点

以企业年金为代表的养老金业务参与角色多，涉及委托人、受托人、账户管理人、托管人、投资管理人等 5 个角色，参与机构跨越保险、银行、基金等不同行业，采用传统方式难以建立互信机制，主要存在以下痛点。

（1）业务处理效率较低。现有的业务流程人工处理环节多、周期长，业务主要围绕受托人展开，各业务角色串行处理，年金组合按周披露净值，每月进行一次申购和赎回操作，缴费全流程平均耗时 12 天，支付全流程平均耗时 19 天，导致受托户资金等待时间较长，资金利用率较低。

（2）安全机制有待完善。现有的机构之间大量传递业务信息主要依靠邮件、传真方式，传递信息的加密机制比较简单，缺乏相应的数据访问权限控制机制和数据隔离机制，安全机制有待完善。

（3）机构之间互联成本高。养老金业务现有的互联模式是在机构之间建立专线，实现互联互通。随着业务范围的扩大，大量业务合作机构之间需要建立点对点的专线，而且不同机构的接口标准各异，缺乏统一的信息规范，对接成本高。

2）解决方案

农行与太平养老保险共同打造了基于区块链的养老金业务应用系统，选择了企业年金业务场景，将企业年金委托人、受托人、账户管理人、托管人和投资管理人等角色纳入统一的可信区块链网络。农行担任账户管理人和托管人角色，太平养老保险担任受托人和投资管理人角色，双方均部署区块链节点，通过区块链的分布式账本和加密机制保障信息传输的安全性。基于区块链的养老金业务应用系统的总体架构如图 3-3-1 所示，该系统借助区块链的技术优势，优化养老金业务流程，具备企业年金计划建账、信息变更、缴费、支付、投资等功能。

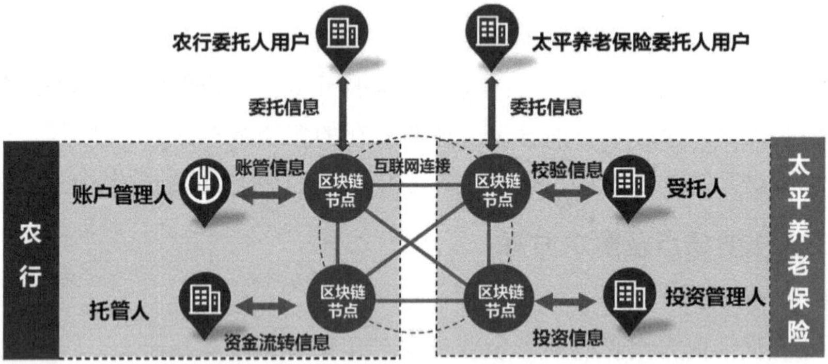

图 3-3-1　基于区块链的养老金业务应用系统的总体架构

（1）企业年金业务全流程信息上链，实现了养老金业务单据在委托人、受托人、账户管理人、托管人和投资管理人各参与方之间的可信、安全、高效传递。该系统支持企业年金计划建账、信息变更、缴费、支付、投资等五大流程信息的快速流转，受托人、账户管理人可以通过该系统对委托人的业务单据进行并行审核。此外，该系统还具备多来源数据比对功能，提高了处理并行业务的能力、效率和业务全流程的透明度。

（2）多机构统一与该系统对接，基于区块链的多级加密机制，构建了统一的安全保障体系，增强了数据的安全性和可靠性。各节点之间通过互联网完成对接，节点通信采用国密算法保证完整性，对敏感数据进行序列化处理和加密存储。该系统建立了多级证书体系，通过节点证书、SDK 证书、用户证书、交易证书分别实现不同粒度的准入控制。系统管理端可提供机构用户注册、证书颁发和运维治理等功能，支持联盟成员的动态扩展，为打造多方共享的养老金业务生态奠定了坚实的基础。

（3）该系统借助区块链智能合约，将业务处理逻辑嵌入智能合约代码，实现了基于用户权限的访问控制和隐私保护，保证业务单据只能在授权用户之间流转，提升了缴费、支付、投资等业务的智能化、自动化处理水平，大幅提高了业务处理效率。

以如图 3-3-2 所示的企业年金缴费业务流程为例，在运用区块链技术之前，农行开展的企业年金缴费业务涉及委托人、受托人、账户管理人、托管人等多方的交互，业务单据的流转采用邮件、传真、机构直连等线上和线下相结合的方式，整个业务流程串行处理，业务办理周期长。将区块链技术运用于企业年金缴费业务流程之后，各参与角色之间的缴费业务数据借助共享账簿快速同步，即在委托人提交缴费申请单后，先由受托人和账户管理人从链上实时接收缴费申请，再由各方并行完成缴费申请校验、账单处理、缴费账单获取和成功受理缴费等业务操作，托管人收到资金后向链上反馈缴费情况，其他参与方从链上获取缴费成功结果，这样就完成了缴费业务。

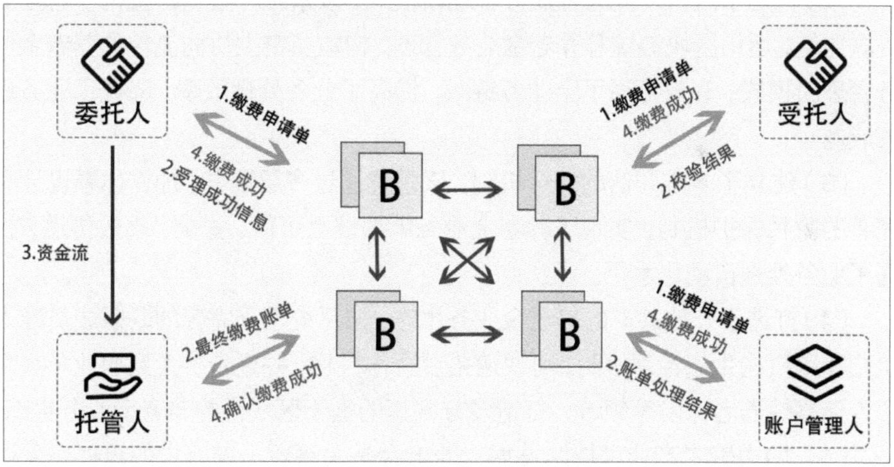

图 3-3-2　企业年金缴费业务流程

3）应用效果

基于区块链的养老金业务应用系统开拓了区块链在养老金业务领域的应用场景，助力应对老龄化趋势，实现了养老金业务模式的创新突破。该系统的成功实施在行业内起到了良好的示范效果，带动了同业利用区块链技术在养老金业务领域的探索。

该系统以技术赋能业务流程创新，通过区块链的分布式存储技术、共识机制和加密认证机制，有效打通了各金融机构的业务流程，实现了养老金业务各参与方之间可信、安全、高效的信息共享，改变了受托人与账户管理人、托管人等机构之间的信息传递依赖大量邮件的现状，有效降低了机构互联的人力和时间成本，大幅缩短了业务处理周期，降低了业务运营成本，提升了业务应用的安全性。自 2018 年上线以来，该系统累计综合资产近 5 亿元，交易量超过 7 万人次，交易金额超过 1 亿元，有效提高了业务处理效率，缴费业务处理时间由原来的 12 天缩短为 3 天。同时，由于估值信息实时共享，托管人在委托人发起业务申请时即可准备头寸，极大地提高了资金利用率。

3. 创新与亮点

基于区块链的养老金业务应用系统借助区块链的技术优势，助推了养老金业务应用的变革与发展，实现了创新突破，具体表现在以下 5 个方面。

（1）发挥了行业示范作用：作为国内最早落地的养老金业务联盟链，其前瞻性地引领了整个行业的发展方向，具有里程碑式的意义。

（2）构建了跨机构养老金业务管理新模式：该系统打造了跨机构养老金业务联盟链，运用区块链统筹养老金业务管理，构建了链上协同流转的养老金业务管理新模式，有效打通了全业务链条，提高了业务处理效率，降低了业务运营成本。

（3）建立了多方共信的安全机制：该系统通过多层证书、加密体系设计和完善的隐私保护机制，实现了养老金业务单据链上可信、安全、高效传递，提高了业务处理自动化水平。

（4）打造了开放共享的养老金业务生态：该系统基于完善的联盟成员准入机制和跨机构生态治理机制，可快速拓展合作机构，并逐步扩大到职业年金和个人储蓄性养老保险等领域，打造多方共享的基于区块链的养老金业务生态。

（5）助力养老产业可持续发展：养老金是关系着千家万户的重要民生课题，农行借助区块链的技术优势，有效解决了养老金业务现存的业务处理效率低、业务流程长和缺乏安全保障机制等问题，全面提升了用户体验，有助于构建可持续发展的养老产业新业态。

参考文献

[1] 庄伊婷，朱欣雅. 基于区块链技术的社会资源合力养老新模式[J]. 金融经济，2019（10）：25-27.

[2] 王力平，隋杰. 我国养老服务金融的发展困境与突破——基于区块链技术

的分析[J]. 金融与经济，2020（12）：71-77.
[3] 舒婷，施若. 区块链技术在企业年金管理中的发展探索[J]. 中国管理信息化，2021，24（23）：178-180.
[4] 郭剑平，王彩玲，黄健元. 社会交换视角下区块链赋能养老服务时间银行发展研究[J]. 中州学刊，2021（12）：62-67.
[5] 胡鹰雀，厉祖剑，周蓓蓓. 基于区块链技术的智慧养老系统设计研究[J]. 科学与信息化，2019（34）：12.

3.4　行李全程跟踪与数据共享平台

【案例相关单位】中国民用航空局第二研究所

【案例提供人员】宋洪庆、史煜青

1. 背景

在行李运输的过程中，行李错运或破损是全球民航运输的痛点之一。长期以来，航空公司和机场都希望快捷采集行李处理过程中的详细信息，并且实时共享这些信息。然而，全程跟踪托运行李需要航空公司和机场等多方参与才能共同完成，国内不同机场的行李处理模式不同，行李系统集成商也不同，存在“数据孤岛”，这导致行李数据共享和全程跟踪难以推进。可见，行李全流程跟踪是一项覆盖全行业的全局性、系统性、协同性工程。

在民航运输业稳步发展的过程中，全面优化服务品质成为民航运输业亟待解决的问题。根据中国民用航空局（以下简称“民航局”）发布的月度消费者投诉情况的通报，行李服务投诉排在不正常航班服务投诉和票务服务投诉之后，经常居于投诉排行第三位，占所有已统计投诉的 10%～20%。航空旅客行李全程精细化管理的第一步是航空旅客行李全程跟踪，其目的在于提升服务质量，降低行李错运率，并为进一步的精细化管理提供支撑。

2. 主要痛点及解决方案

2017—2022 年，民航局连续 6 次在全国范围的民航工作会议中要求推动行李全流程跟踪系统建设，期望实现旅客能够在出行过程中实时查询托运行李的状态，行李运输相关单位能够实时监控行李运输细节，大幅降低行李错运率。

1）主要痛点

当前的行李跟踪大多局限于单一机场内部，存在“数据孤岛”，没有实现全程跟踪，即“始发机场”—“中转机场”—“到达机场”的闭环。由于单一机场内部的行李跟踪数据可能存在差错，前后站行李没有标准参照物和比对基础，因此相关单位需要通过技术手段对数据进行“真伪排查”，保证数据真实有效。此外，行李跟踪数据只能通过文本进行描述，缺少图片、视频等辅助素材，在发生异常情况时（如行李丢失、破损等），定责比较困难，并且需要花费大量的人力和物力来处理异常情况。

2）解决方案

为解决上述痛点，中国民用航空局第二研究所研发了基于区块链的行李全程跟踪与数据共享平台。该平台采用区块链和 RFID（无线射频识别）技术完成对行李的全程跟踪，在行李交运、输送、分拣、装车、装机、卸载、到达、旅客提取等多个关键环节实现了信息的自动采集、跟踪、上链和数据共享，通过这种方式保证各参与方能够基于共识进行数据共享。各参与方可利用区块链的智能合约实时自动化完成业务的高效协作，拥有更开放的开发创新业务应用的空间，而非简单的数据集中。

首先，本案例构建了区块链数据共享框架，该框架以内容为中心，由命名、识别和交互 3 个核心模块构成，然后对基于区块链的命名结构进行研究，命名结构由基于账户模型的“命名树”来打造，最后研究基于区块链的时间同步共识机制，提出了一种基于时间同步的高效共识机制，同时支持区块内交易的时序验证。

该平台采用联盟链建设方式，每一个主要参与方都能独占一个区块链节点，并拥有完整的数据账本，在行李流转的过程中，各方信息通过区块链平台实现共享。如图 3-4-1 所示，该平台打通了各个环节，打破了机场、航空公司、监管机构之间的“信息壁垒”，通过加速数据流转和信息共享，提高了业务环节的流转效率，实现了各方互信互认，并在一定程度上解决了行李状态数据共享问题。该平台创新性地通过智能合约来自动化完成业务的高效协作，如利用智能合约自动或半自动处理行李异常时的定责问题，进行行李状态异常监测和多方预警等。

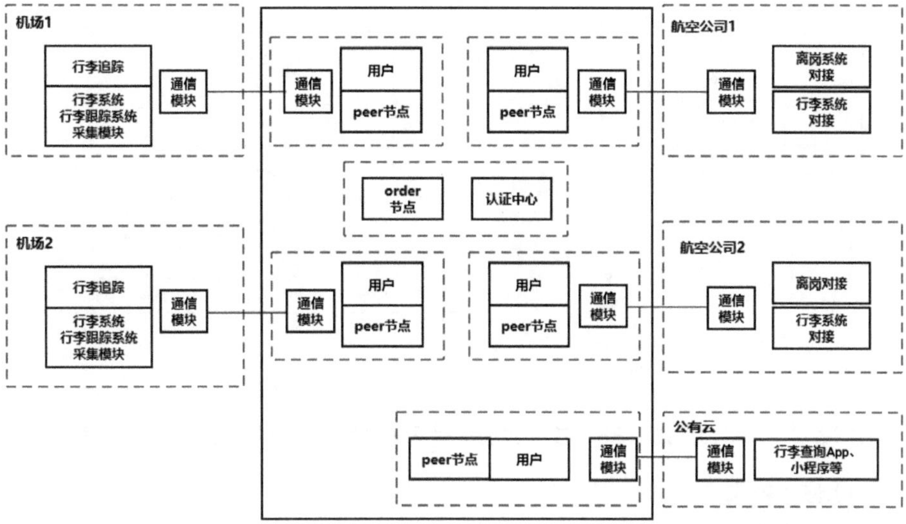

图 3-4-1　行李全程跟踪与数据共享平台打通了各个环节

该平台借助智能合约建立了对多个机场行李跟踪数据操作的事务处理和保存机制，服务端提供了完备的状态机，用于接受和处理各种业务请求，所有事务的保存和处理状态都在区块链上完成。事务主要包括需要发送的数据，事件是对数据的描述信息。在事务和事件信息被传入智能合约后，合约资源集合中的资源状态会自动更新，进而触发智能合约进行状态机判断。如果状态机中的某个或某几个动作的触发条件得到满足，那么状态机将根据预设信息选择合约动作并自动执行。

当事件信息中包含的触发条件得到满足时，智能合约系统将自动发送预设的数据资源和包括触发条件的事件。这个过程的核心在于智能合约系统是一个由事务处理模块和状态机构成的系统，它不会产生或修改智能合约，只会让一组带有触发条件的复杂的数字化承诺按照参与者的意志正确执行。

如图 3-4-2 所示，该平台通过 GRPC（谷歌远程过程调用）技术实现了对下游区块链节点的数据通信和数据处理，通过接口与行李跟踪平台实现了数据交互，从而保证数据真实可靠和快速定责。除了运用区块链技术，行李全程跟踪与数据共享平台还在多个业务环节融合了 RFID 和大数据等多项技术，有效支撑了行李管理服务的高效开展。行李全程跟踪与数据共享联盟链可提供行李状态实时记录、跟踪和授权旅客查看等功能，一旦行李丢失，链上记录就能为查找和理赔提供依据。

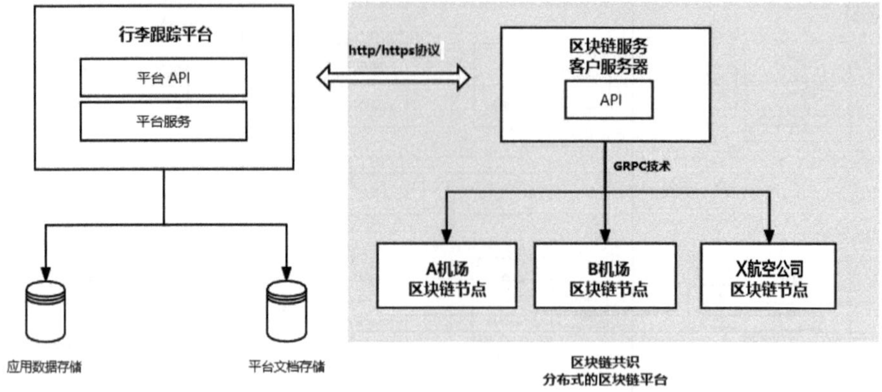

图 3-4-2　该平台通过 GRPC 技术实现了对下游区块链节点的数据通信和数据处理

3）应用效果

行李全程跟踪与数据共享平台自上线试运行以来，参与机场 3 家，较好地验证了该平台的功能与性能。该平台在行业内推广应用后，将对保护旅客出行安全，降低机场分拣人员的工作强度和提高机场的整体运行效率具有重要意义。

3. 创新与亮点

该平台打通了航空公司、机场、监管部门等机构的业务系统之间的“数据孤岛”，建立了多方互信的协作联盟。该平台在提供行李全程跟踪大数据平台数据溯源服务的基础上，率先建立了基于区块链技术的行李跟踪平台，帮助各参与方利用区块链的智能合约实时自动化或半自动化完成业务的高效协作，真正成为行业业务协作平台。

该平台基于区块链技术防篡改的特性，保障了链上行李状态数据信息的真实性，通过非常可靠、不可篡改的方式跟踪贵重资产（如旅客行李）的状态和位置。行李这类资产的保管方可能是机场、地面服务公司或航空公司，行李状态会随着行李运输过程发生变化。当行李由保管方运输或存储时，区块链技术可以提高行李状态的可见性和透明度。

该平台保障了航空公司和机场等各参与方数据的隐私、权益。区块链技术使数据的可靠性和可信度大幅提高，数据的安全性得到了保障，在各机场和航空公司之间建立了一种强大且具有公信力的数据交互方式，使各方利益得到良好的统一，实现了对问题行李的快速追踪和定责，在高效完成数据安全共享的前提下，使监管方更易监管，加快了行李跟踪系统在国内的推广速度。

参考文献

[1] 长铗，韩锋，杨涛．区块链：从数字货币到信用社会[M]．北京：中信出版社，2016.

[2] 刘家稷，杨挺，汪文勇．使用双区块链的防伪溯源系统[J]．信息安全学报，2018，3（3）：17-29.

[3] 民航受关注：冯正霖局长两会第一个走“部长通道”接受采访[EB/OL]. [2019-03-04]. http://www.caac.gov.cn/ZTZL/RDZT/2019NQGLH/2019QGLHGDTPXW/201903/t20190306_195008.html.

[4] 关于 2021 年 3 月份航空运输消费者投诉情况的通报[EB/OL]．[2021-06-04]．http://www.caac.gov.cn/XXGK/XXGK/TJSJ/202106/P020210609592249315175.pdf.

[5] 关于 2021 年 4 月份航空运输消费者投诉情况的通报[EB/OL]．[2021-06-24]．http://www.caac.gov.cn/XXGK/XXGK/TJSJ/202106/P020210625521572781500.pdf.

[6] 关于 2021 年 5 月份航空运输消费者投诉情况的通报[EB/OL]．[2021-07-22]．http://www.caac.gov.cn/XXGK/XXGK/TJSJ/202106/P020210609592249315175.pdf.

3.5　郑州大学“厚山链”

【案例相关单位】北京众享比特科技有限公司、郑州大学

【案例提供人员】严挺、李梦尧、胡峰

1．背景

2021 年 3 月，“十四五”规划提出“建设高质量教育体系，到 2035 年建成教育强国”，通过研究制定一系列重要的规划和政策文件，如《教育信息化中长期发展规划（2021—2035 年）》《教育信息化“十四五”规划》等，将未来 5～15 年的战略部署细化为政策行动，持续推进。2021 年 7 月，中华人民共和国教育部（以下简称“教育部”）等 6 个部门联合印发了《关于推进教育新型基础设施建设构建高质量教育支撑体系的指导意见》，推动建立优质的教育支撑体系，赋能教育创新和优质发展，提供个性化的灵活服务，深度融合科学技术与教育，促进教育发展水平的提升。

随着社会生产力的提高和智能化时代的到来，未来的学校将更加突出个

性与创新，从知识传播和消费进一步转向知识分享和创造。学校原有的工业化教学方式正在向智能化教学方式转变，学习的目的正在从人才分层向培养学习习惯和构建知识体系转变，学科建设也正在从单一的专业知识培养向跨学科融合转变。教师、家庭和社会的共同参与将加速推动未来教育模式对现有教育模式的颠覆，学习内容的变化、学习资源的增加、教学和管理模式的革新等演进将不断推动教育领域的转型升级。

郑州大学既是教育部与河南省人民政府合建高校，也是国家“双一流”建设高校和“一省一校”建设高校。截至 2022 年 9 月，郑州大学共有在校生 7 万余人，是全国在校生人数最多的高校，规模庞大的在校生对郑州大学的教育管理提出了新的挑战。郑州大学“厚山链”项目是对“区块链+教育”的有益探索，它是区块链技术应用于教育领域的成功案例。北京众享比特科技有限公司为“厚山链”项目提供了区块链技术支持，与郑州大学深入合作，打造了基于区块链技术的高校学生信息管理系统，整合了学生从录取入学到毕业的全流程数据，构建了一个管理学生全生命周期信息的区块链高校学生信息管理平台。此外，“厚山链”还建立了河南省区块链高校联盟，实现了校际联盟的应用创新和生态创新。

2. 主要痛点及解决方案

1）主要痛点

现有的高等教育体系人才培养过程中涉及多个参与部门，包括招生办、教务处、各大院系、档案中心、就业中心等组织部门，各部门之间呈串联状流程，业务存在先后顺序。各部门对与自身相关的业务产生的数据单独存档，部门之间存在“数据孤岛”，共享协作程度较低，主要面临以下痛点。

（1）信息不对称。

各系统单独存在，数据不互通，容易因为信息不对称而产生各种问题。各组织对数据进行单独处理，数据无法追溯、验证环节烦琐、追溯成本高、效率低。

（2）数据难维护。

各组织之间的数据常常以拷贝的形式流通，各部门、单位、院系建设的后台数据库中的数据一旦发生变化，就可能导致原有数据信息丢失。

（3）用户对数据的信任度不高。

系统采用中心化存储方式，信息采集和数据录入等结果易被篡改、易丢失，学生、高校和用人单位对数据的信任度不高。

（4）责任难判定。

学生的成绩信息可以由多个部门进行修改，现有的教学系统常常只记录最终的成绩信息，一旦出现错误，无法判定是哪一个环节的问题，难以准确追责。

（5）数据不可信。

全链条参与方众多，存在出于自身利益的考虑而篡改数据的风险，数据可信度低。

（6）系统难对接。

学生从入学到毕业，需要由不同的系统存储不同时期的数据，各系统独立存在，数据不互通、标准不统一，不同高校的系统之间格式不同、接口不同，难以互联互通，没有统一的行业标准。

2）解决方案

（1）郑州大学“厚山链”。

郑州大学“厚山链”项目是区块链技术在教育领域的创新性应用，该项目利用区块链技术解决了教育数据管理过程中面临的数据确权、安全存证、溯源审计等问题，进一步赋能教学管理系统，实现了教育数据全生命周期管理和数据价值评价，为推动人才培养和发展提供了坚实可信的基础。

“厚山链”底层支持灵活的部署方式，提供国产自主可控区块链底层框架和区块链可视化部署运维平台，深度融合教育管理场景，实现了高可靠管控。“厚山链”的系统架构包括 6 层，分别是部署容器层、数据库层、ChainSQL 层、服务接口层、“区块链+”层和应用场景层，如图 3-5-1 所示。

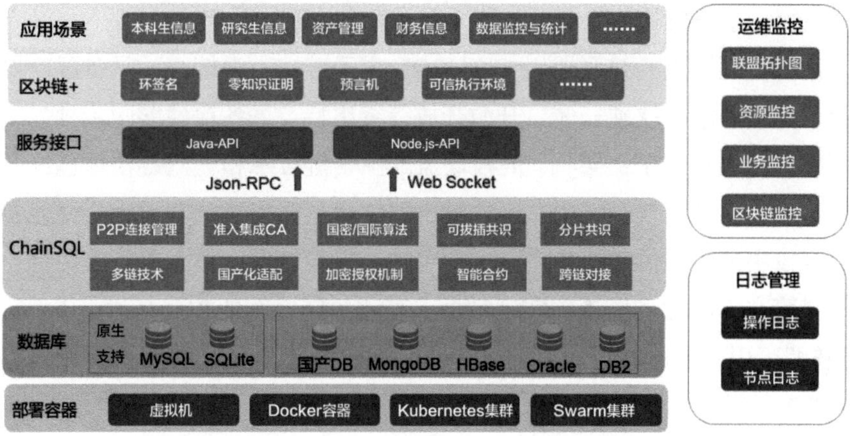

图 3-5-1　“厚山链”的系统架构

“厚山链”基于区块链技术记录了数据产生的全过程，保证了数据的客观性、真实性、完整性，构建了完整的可信数据链，实现了人才培养数据全生命周期管理和数据价值评价，解决了数据产生、管理、交换、治理面临的数据确权、安全存证、溯源审计、过程欠缺、最高权限缺乏制约、人情关系干涉等问题，促进了数据安全体系和共享机制建设，打造了安全、高效、可信、开放的教育资源新生态。

（2）“厚山链”河南省区块链高校联盟。

郑州大学已经在教育数字化转型升级方面开展了多年的研究，并作为发起高校，与河南省内外的 18 所高校签署了区块链联盟合作协议，共建省内外高校区块链联盟生态。不同于普通的线上教学模式，联盟高校之间的课程共享通过“智慧教室”实现跨校师生课堂互动，在丰富学生课程选择和深化师生互动交流的同时，让教育资源深度共享的愿景成为现实，充分释放了区块链赋能教育的创新力量。

河南省区块链高校联盟秉承“协同共治、开放共享、互信共识”的建设理念，以各高校为联盟节点，将各高校的相关数据存储在联盟链上，实现了数据在联盟节点之间的实时同步，各高校可快速查询所需数据。河南省区块链高校联盟的成立是一次推进人才培养机制改革的前瞻性探索，随着高校联盟成员之间的合作逐渐走向多元化，“厚山链”实现了校际联盟的应用创新和生态创新，更加充分地发挥了联盟治理的作用，促进了高校联盟成员教育水平的共同提高，提升了高校的治理能力，助力现代大学治理体系建设。

河南省区块链高校联盟以 ChainSQL 主子链技术为核心，具备国产自主可控、灵活装配、软硬一体、开源开放等突出特点，各项性能国际领先，联盟高校共同维护主子链架构。高校联盟的主子链技术和联盟链治理已经开始实际运转，在各高校子链中，区块链也已结合具体场景成功落地，赋能各高校。高校主链可提供数据中台、账户管理、权限管理、数据监管等服务，高校子链可在不同业务场景中实现数据隔离和子链之间的数据互通，从而实现“建链即可用，上链即可用”的目标。河南省区块链高校联盟的部署架构如图 3-5-2 所示。

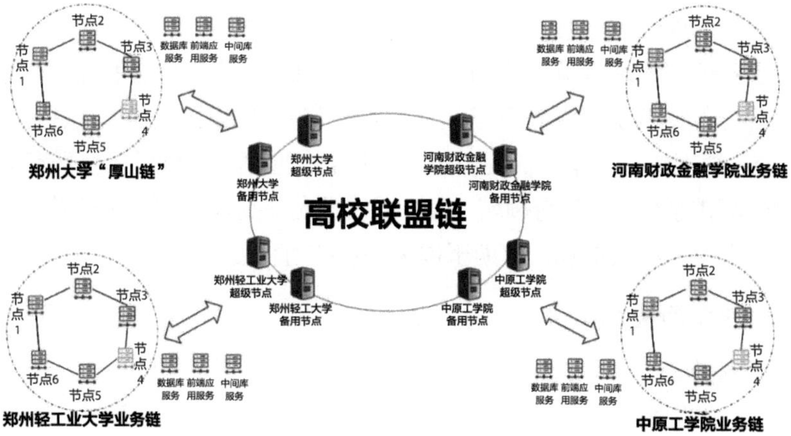

图 3-5-2　河南省区块链高校联盟的部署架构

（3）河南省高校联盟选课平台。

2022 年 3 月，郑州大学与郑州轻工业大学、中原工学院、河南财政金融学院共建的河南省高校联盟选课平台正式启用。该平台是全国首个基于区块链技术的高校联盟选课平台，实现了 4 所联盟高校之间的课程共享、学分互认、数据互通。河南省高校联盟选课平台是高校管理领域的首个区块链底层平台——郑州大学“厚山链”的应用拓展，主要功能是人才培养数据的全生命周期管理和数据分析、评价，不仅为高等教育治理提供了创新有效的管理手段，提升了数据的安全性和可审计性，还实现了数据的可视化管理，减少了多方审核流程，提高了管理效率。

通过河南省高校联盟选课平台，学生可以根据个人兴趣爱好选修其他高校的优质课程。同时，区块链互信机制可以实现各高校之间的课程共享、学分互认、数据互通，解决了高校之间存在的痛点，提高了高校之间的资源利用率，促进了教育公平、教育质量提高、教育管理现代化。

3）应用效果

“厚山链”作为基于区块链技术的人才培养全过程管理平台，树立了区块链赋能教育管理系统的新标杆，开启了“区块链+教育”联盟生态的新时代，对学校纪检监察部门、各部门管理人员、高校学生等主体具有以下重要意义。

对于学校纪检监察部门（如高校党群机构、行政部门、直属/附属单位等），“厚山链”利用区块链的安全加密、分布式存储、块链式数据结构等技术特性，有效解决了教育数据管理过程中的数据确权、安全存证、溯源审计等问题，实现了教育数据全生命周期管理和数据价值评价，形成了“谁登记、谁负责、谁受益”的管理模式。

对于各部门管理人员，“厚山链”提供了创新有效的管理手段，有助于提升教育管理数据的安全性和可审计性，可视化管理数据全生命周期的各个阶段，减少了烦琐的多方审核流程，缩短了业务处理时间，降低了运营管理成本。

对于高校学生，在教育领域，区块链技术允许高校和用人单位跨系统、跨平台查询学生的在校信息，有助于提高信息的可信度。

3. 创新与亮点

1）案例创新

（1）技术创新。

“厚山链”将支持国密算法的 ChainSQL 作为底层，保证学分和评价数据不可篡改，多活节点可保证系统的安全可靠性。ChainSQL 已获得国家密码管理局颁发的“商用密码产品型号证书”。

（2）流程创新。

各部门可直接在链上拉取数据，确保各部门之间数据共享、信息一致。分布式架构的区块链教育数据共享方案突破了传统中心化模式，各院校可直接从节点获取数据，促进了学生转学、升学响应等办事效率的提高。

（3）模式创新。

招生办、教务处、各大院系、就业中心、档案中心等学生信息管理机构可利用区块链系统实现授权机制下的信息公开和共享，降低沟通成本，提高教学管理效率。

2）助力教育行业数字化转型

郑州大学“厚山链”在教育领域的应用将推进区块链与教育的深度融合，构建安全、高效、可信的开放教育资源新生态，助力教育行业数字化转型。

“厚山链”项目积极探索高等教育创新发展路径，搭建了高等教育人才培养全过程管理平台，推进了信息技术和高等教育的融合，提高了高等教育信息化管理水平，为提升高校治理能力和完善现代高校治理体系做出了积极的探索。随着区块链技术与高等教育领域的不断深入融合，区块链技术将促进高等教育领域产生更深层次的变化。“厚山链”将成为教育行业的“新型基础设施”，引领新一轮数字化教育浪潮。

3）获奖情况

“厚山链”项目是对“区块链+教育”的有益探索，将为“区块链+教育”

的应用提供借鉴，引领区块链技术在教育领域更多应用实践的落地。该项目已入选《2021 全球区块链创新应用示范案例集》，录入《全国高校人工智能大数据区块链学院（专业）基本概况汇编（2021 版）》，入选“CIE2020 中国 IT 教育论坛产教融合案例库”并获得“贡献案例奖”。

参考文献

[1] 陈桂香. 大数据对我国高校教育管理的影响及对策研究[D]. 武汉：武汉大学，2017.

[2] 蒋叶红. 对话理论视域中的高校学生管理研究[D]. 上海：上海师范大学，2017.

[3] 王婷. 区块链+教育的应用及挑战[J]. 科技经济导刊，2019（26）：149-151.

[4] 杨现民，李新，吴焕庆，等. 区块链技术在教育领域的应用模式与现实挑战[J]. 现代远程教育研究，2017（2）：34-45.

[5] 郑州大学厚山链赋能校际优质教学资源，协同共建高校课程共享新生态[EB/OL]. [2022-04-02]. https://city.huanqiu.com/article/47RKP65Y8hT.

3.6　多中心临床科研协作平台

【案例相关单位】杭州数钮科技有限公司

【案例提供人员】钱远之、谯健

1. 背景

对于推动医学发展进步，临床科研是必不可少的。临床科研正在朝着多中心、多学科、多病种、多课题的方向发展，需要将大样本量的健康医疗数据作为研究基础。然而，现阶段的临床科研协作模式布满荆棘：首先，不同医疗机构之间的数据往往无法互联互通；其次，各机构科研平台面临的临床数据可及性、可用性不足等核心问题亟待解决；最后，《中华人民共和国个人信息保护法》（以下简称《个人信息保护法》）和《中华人民共和国数据安全法》（以下简称《数据安全法》）等一系列法律法规的出台和落地，意味着我国对数字化背景下个人信息保护的要求、范围、方式等制定了重要而系统的规范，对临床科研患者数据的管理使用和信息保护提出了更高的法规要求，传统的临床科研协作模式难以应对数据安全、隐私安全、样本实时性等要求带来的挑战。

根据《个人信息保护法》和《数据安全法》等法律法规对数据处理者的合规性要求，杭州数钮科技有限公司（以下简称“数钮科技”）与浙江大学区块链产学研团队合作，研发了多中心临床科研协作平台，通过科研协作网络推进临床科研数据共享和协同进程，以满足大数据时代临床科研对高质量数据和数据检索、匹配、集成，以及跨机构数据互联等需求。

2. 主要痛点及解决方案

1）主要痛点

现阶段开展医学科研协作面临的主要痛点如下。

（1）数据共享难。科研数据分散在各机构内部，没有有效的协同激励和安全保障机制，各机构不愿、不敢开放科研数据共享。

（2）数据应用难。各机构内部的数据分散在不同厂商、不同种类的信息系统中，由于系统的异构性和数据标准不一致，因此相关数据很难在临床科研中融合使用。

（3）数据安全和隐私保护难。现阶段缺乏有效的管理手段和技术实现方案，难以解决临床科研协作中非授权使用数据、数据泄露等数据安全与隐私保护问题。

2）解决方案

在建设多中心临床科研协作平台的过程中，数钮科技引入了区块链和隐私计算等新兴信息技术，构建了一套“原始临床数据不出院”的数据共享机制，利用隐私计算模型，快速实现了标准化数据筛选、病例样本入组和不涉及原始临床数据的计算结果采集，同时通过区块链技术对计算模型、计算过程、计算结果进行自动存证与监管，并引入了数据资产价值评估体系，对临床科研协作单位的科研贡献进行精准量化和区块链数据存证。该平台的架构如图 3-6-1 所示。

（1）统一身份认证体系：该平台基于区块链构建了统一身份认证体系，对平台中各种用户的身份进行授权、上链、鉴权等操作，对药械研发机构、学术出版商、医疗机构等成员单位实行名单管理、科研通道管理、用户角色-权限管理。

（2）标准数据模型：该平台引进了国际通用的医学标准数据模型（OHDSI/OMOP CDM），采用国内领先的术语编码整合规范库（“开放医疗与健康联盟”医学术语资源库）对各成员单位的分散、异构数据进行标准化处理，满足了临床科研对数据通用性、完整性、标准化的要求。

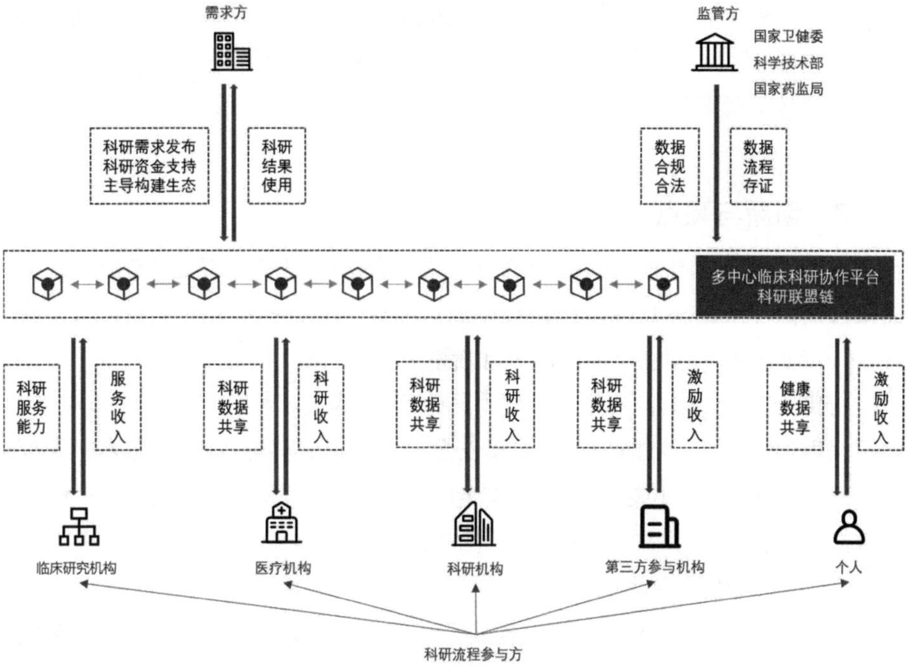

图 3-6-1　多中心临床科研协作平台的架构

（3）数据可信安全共享机制：各成员单位可灵活把握数据共享范围、传输时间和共享对象，实现数据在传输共享过程中的鉴权和授权。该平台通过区块链打造了可信执行环境，结合隐私计算，对不同机构的数据进行融合分析，实现了科研数据的安全共享和隐私保护，确保数据“可用不可见”，所有传输共享记录均可安全追溯，实现了对数据流通过程的全程监管。

（4）数据价值流转：该平台对临床科研数据流转进行全周期存证和追溯，对各方科研贡献进行精准量化，在产生科研结果时，通过区块链的智能合约功能自动按照规则量化分配科研结果，让临床科研协作参与方从数据共享流通中获益，实现了数据价值流转。

3）应用效果

国家感染性疾病临床医学研究中心基于联盟区块链和隐私计算等新兴信息技术搭建的多中心临床科研协作平台，可快速根据标准化数据筛选科研入组病例，各成员单位的敏感数据参与计算但不共享，确保了数据互通和使用过程中全流程上链存证、监管，对成员单位的科研贡献进行精准量化和存证。

国家感染性疾病临床医学研究中心通过建设多中心临床科研协作平台，实现了成员单位之间的数据互通，为临床科研协作提供了大样本量数据。该平台将大数据、区块链、隐私计算等创新技术应用于医学研究，打通了协作机构之间的“数据孤岛”，实现了临床科研全程数据安全、隐私、高效、可追溯、强监管。

3. 创新与亮点

与传统的临床科研协作模式相比，基于区块链等新兴信息技术的多中心临床科研协作平台具有以下创新与亮点。

1）提高了多中心临床科研的效率和质量

与传统方法相比，利用区块链和隐私计算等技术构建的数据安全协作网络在保障网络安全、数据安全、隐私安全的前提下，实现了临床数据的高效协同，完成了各成员单位之间高效、安全的数据互通，为临床科研提供了大样本量数据，大幅提高了多中心临床科研的效率和质量。

2）搭建了数据可信的基础设施

科研联盟链支持在科研联盟各成员单位中部署区块链节点，建立准入机制、权限与数据逻辑控制体系，对科研数据流转进行全周期上链存证、溯源和细粒度的“穿透式监管”，将国家监管部门作为区块链节点，最大限度地保证了临床科研数据的可信度。

3）构建了安全的数据共享交换体系

该平台将临床科研需要的临床、基因、影像、健康档案等数据通过本地的区块链节点上链，并具备数据整合、数据处理、数据交换、数据共享等能力，构建了联盟链内的数据可信安全共享交换体系，实现了数据流通全流程可管、可控、可信、可追。

4）打造了高度自治、自律的医疗学术生态

区块链技术可确保临床科研过程中的每一次数据互通都能将数据摘要和时间戳存证，存证信息由多方持有，确保多方互信，从而杜绝数据造假、篡改等学术不端行为。

5）创新数据价值流转机制

临床科研协作各方可在事前进行数据确权，遵循共建、共享的分配规则，在产生科研结果时，通过区块链的智能合约功能自动按照规则量化分配科研结果，通过共享激励机制实现数据价值流转，促进医疗数据要素市场化。

参考文献

[1] 吕旭东，田琪，蔡海领，等. 临床科研数据库平台关键技术研究与实现[J]. 中国数字医学，2021，16（1）：23-29.

[2] 李丹彤，梁会营，刘广建. 临床科研数据库建设中的数据标准化问题探讨[J]. 中国数字医学，2021，16（1）：29-34.

[3] 鹿达，陈福兴，苏文山. 基于区块链的临床试验研究[J]. 医学信息学杂志，2020，41（3）：6-9.

[4] 龙卫球.《个人信息保护法》的基本法定位与保护功能——基于新法体系形成及其展开的分析[J]. 现代法学，2021，43（5）：84-104.

3.7　中医可信联合循证分析平台

【案例相关单位】博雅正链（北京）科技有限公司

【案例提供人员】李青山、王飞、吴琛

1. 背景

中医药标准化既是中医药事业发展的重要组成部分，也是一项基础性、战略性、全局性工作，还是在新形势下推动中医药改革发展的必由之路。标准是学科成熟的重要标志，中医药标准化是推动中医药继承创新的主要方式，是提高中医药学术水平的重要途径，是保持和发挥中医药特色优势的有效载体，是规范中医药行业管理的必要手段，是保障中医药质量安全的基本依据，是中医药成果推广与传播的技术平台，是推进中医药现代化的迫切要求，是促进中医药国际传播的纽带和桥梁。

2019 年 10 月，在《中共中央 国务院关于促进中医药传承创新发展的意见》中，“中医药传承创新发展”的观点被首次提出，经过 3 年多的时间，该工作已经初步取得成效，尤其是在防控新冠疫情方面做出了突出的贡献。随着改革的深入和政策落地逐步走向“攻坚期”“深水区”，中医药传承创新攻坚克难、加速发展刻不容缓。

2021 年 10 月，中共中央、国务院印发的《国家标准化发展纲要》指出，标准是经济活动和社会发展的技术支撑，是国家基础性制度的重要方面。标准化在推进国家治理体系和治理能力现代化中发挥着基础性、引领性作用。新时代推动高质量发展、全面建设社会主义现代化国家，迫切需要进一步加强标准化工作。

2. 主要痛点及解决方案

1）主要痛点

无论是中医传承创新的加速推进，还是疑难杂症的救治科研攻关，无不聚焦于对中医临床数据的挖掘与运用。如何实现数据共享和互通，进而发挥数据的作用，是多年来整个中医领域共同探讨的话题。随着中医信息化的发展与推进，这个问题得到了一定的改善，却仍没有从根本上解决。医院之间、医院内部的“数据孤岛”依然存在，医院内部的“数据孤岛”表现在数据质量仍然没有达到发挥巨大作用的要求，仍然需要不断推进数据治理工作；医院之间的“数据孤岛”没有统一的标准，导致各医院之间的数据难以共享、互认，更谈不上共同发挥作用。尤其是对临床科研领域内的大型队列研究而言，由于样本的数量局限、地域局限等因素，单中心的可信度有待提高（特别是一些欠发达地区）。虽然中心科研的样本量足够多、样本分布均匀，研究结果有更高的可信度，但是，由于“数据孤岛”的存在和数据标准不统一，中医临床科研难以有效开展，直接阻碍了中医传承创新工作的有序进行。近年来，各地大力推进区域医疗信息平台的建设，以期实现数据共享和互通，虽然起到了一定的作用，但是效果甚微。

造成“数据孤岛”的原因主要有隐私安全、数据安全保护问题和数据资产奖励机制问题。此外，各医疗机构的算力资源分配不均也严重影响了中医数据挖掘工作的开展，加剧了两极分化现象。

2）解决方案

医院端构建了中医专科专病数据仓库，在中国中医科学院中医药数据中心构建了如图 3-7-1 所示的中医可信联合循证分析平台（以下简称“联合分析平台”）。该平台支持面向横断面研究、队列研究、病例对照研究、疗效评价研究等病学研究的智能合约和迁移学习模型，为跨医院、跨机构的中医联合循证分析应用提供了数据授权、任务分发、共享贡献存证和基于合约的激励等联合应用服务，在“数据不出医院”的前提下完成了跨医疗机构的联合循证分析。

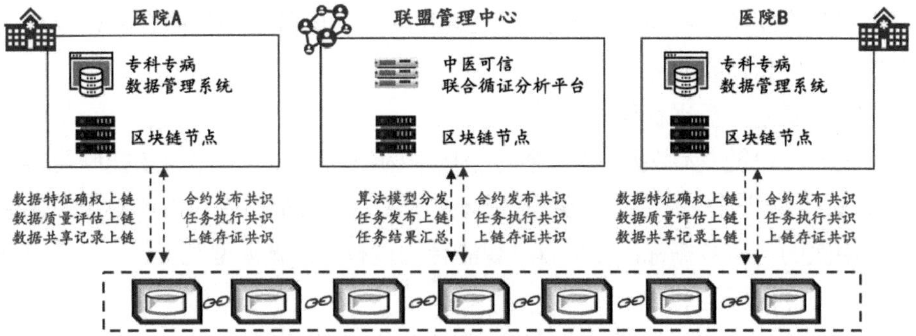

图 3-7-1　中医可信联合循证分析平台

（1）面向中医药临床数据安全共享的区块链服务平台建设。

中医药消化领域协同创新联盟链在联盟内各成员医院部署了区块链节点，并基于 VPN 或 IP 地址和白名单模式进行互联互通，形成了中医消化领域优势病种可信联合循证分析联盟链，实现了数据确权、共享授权、激励机制等业务数据的节点间共识和分布式记账，提供了面向中医应用场景的医疗数据隐私可信计算环境，以及用于医疗数据确权、共享、联合分析、激励机制的智能合约部署和运行环境。

（2）中医专科专病数据库建设。

中医消化领域多中心专科专病数据库为医院提供了自有专科专病数据采集、处理和存储管理服务，通过在线信息录入、离线手工导入或在线接口对接等方式收集专科专病数据，积累形成了医院专科专病私有数据仓库，为医院开展中医专科专病科学研究等提供了标准化、规范化、高质量的数据支撑，同时可通过联合分析平台进行医院之间的协同分析，并将分析结果存储到数据仓库中。

医院端的数据仓库管理系统支持从医院的 EMR（计算机化的病案系统）、HIS（医院信息系统）、LIS（实验室信息系统）等不同信息系统中抽取格式复杂的数据，包括结构化数据、半结构化数据、非结构化数据。由于数据质量不一，因此该系统需要按照中医药临床科研数据的统一标准和规范对数据进行标准化处理，在医院端完成专科专病数据仓库的构建。此外，该系统还支持对接医院科研临床数据一体化平台，可采用接口方式获取一体化平台处理后的标准化数据。

医院端的数据仓库管理系统可以对患者的主记录、入出院记录、诊断记录、实验室检验主记录、检验结果、影像检查结果、病理结果、医嘱记录的数据索引和数据哈希特征等进行共识上链存证，为医院之间的联合分析成员提供数据索引和检索服务。

（3）联合分析平台建设。

基于区块链、大数据、联邦学习等技术构建的联合分析平台依托联盟链分布式账本、共识算法、智能合约等关键技术，为各成员医院和协作单位提供了面向中医的可信数据标准化管理、智能合约授权、计算模型发布、科研任务联合分析等应用服务。

- 数据授权、质量评估、共享激励等智能合约管理。

该平台根据联盟内各成员单位共同参与制定的数据采集标准、数据质量评估标准、数据共享机制、数据激励机制等规则编写相应的智能合约，通过平台进行发布和共识上链，并同步到各成员单位的区块链节点，以智能合约约束计算节点对各医院自有专科专病数据仓库的授权访问，同时将分析过程留痕存证。

- 联合分析基础算法库。

该平台面向中医消化领域优势病种可信联合循证分析涉及的横断面研究、病例对照研究、队列研究等分析场景，提供了针对数据仓库的标准的分布式统计、队列分析和联邦学习模型，为联合分析任务提供了基础算法库支撑，并结合智能合约进行可信的数据联合计算。

- 联合分析任务申请、发布、结果汇总。

在智能合约和算法模型的基础上，所有参与机构都可以发布跨医院的联合分析任务，设置所需数据涉及的单位和数据属性等，在完成授权确认后通过联盟链网络进行分发；各医院在完成分析后将结果上链存证，并同步到联合分析平台，形成统一的分析结果。

- 临床数据隐私保护能力建设。

中医药临床数据包括患者的人口学信息和就诊信息、检查检验信息等各类医疗业务信息，特别是中医诊断的症状体征和基于医生经验的辨病论治过程中产生的信息，这些信息往往水平分布在医院的不同业务系统之中。面对分布式的信息系统，我们需要准确识别不同层次的隐私信息，通过分析电子病历隐私保护过程中存在的个性化需求，实现对敏感属性的分级和泛化，采用电子病历的个性化隐私保护算法，以经过强化的电子病历隐私保护模型为基础，在保证敏感信息安全性的同时满足电子病历隐私保护的个性化需求。实现临床数据隐私保护的模型包括研究身份识别的隐私保护模型，避免敏感信息泄露的隐私保护模型，避免高概率推断的隐私保护模型，隐私保护算法的质量度量模型，以及中医药临床数据发布中身份保持的匿名方法等。

3）应用效果

由中国中医科学院牵头，博雅正链（北京）科技有限公司作为区块链技术的提供方，现已完成了基于区块链的中医可信联合循证分析方案的落地实施。

联合分析平台已经在中医药数据中心的云平台完成了部署，多个区块链节点已经被部署在陕西中医药大学附属医院和河北省中医院等多家脾胃病联盟单位。针对当前医疗临床研究数据共享存在的"不愿、不敢、不能"等问题，该平台依托区块链技术的多方参与共识、分布式记账、防篡改、国密化加密、智能合约等特性，结合了大数据和联邦学习等技术，在"数据不出医院"的前提下采用"算法跑路"机制，在智能合约约束的可信体系内实现了临床科研数据共享联合分析，为成员单位提供了数据标准发布、数据索引检索、数据使用授权、联合任务发布、任务结果汇总等应用服务，打破了"医疗数据壁垒"，提高了医院之间的协同效率。目前，该平台已支持中国中医药循证医学中心消化疾病协同创新联盟的 14 家成员单位开展"中医药循证能力建设项目"。

3. 创新与亮点

1）基于区块链的数据安全和隐私保护框架

联合分析平台涉及较多利益相关方，其数据安全和隐私保护难以利用单一信任中心或采用集中式的安全管控机制。该平台的创新之处在于基于区块链的数据安全和隐私保护框架，支持医疗大数据利益相关方以分布式的方式实现安全管控，从数据交易的角度出发，为智慧医疗大数据的生成、使用、共享、交换、转移等整个过程提供了完整的安全保护和监管。

2）支持联合分析服务的数据仓库建设

联合分析平台的特色在于引入了专科专病数据仓库整体框架，为智慧中医数据应用提供了基于聚合隐私数据的数据服务接口，整合了各方的数据资源，通过保护隐私的数据查询，确保各方在无须共享原始数据的条件下，能够通过保护隐私的协同计算享受联合分析服务。

3）构建适用于中医药临床数据共享的隐私度量算法

针对中医数据隐私保护度量算法的研究十分稀少，真正适用于中医药临床数据共享和利用的隐私保护度量算法更为罕见。联合分析平台从算法性能、算法精度、隐私保护程度等角度出发，构建了隐私保护数据共享的质量度量模型，从应用角度驱动了隐私保护技术和数据共享技术的新发展，同时为其他领域的数据共享平台建设提供了参考。

4）基于身份属性保持的隐私保护方法在医疗领域的应用

应用于一般数据发布中隐私保护的泛化和分割方法无法契合中医药临床数据的特点。联合分析平台充分考虑了中医药临床数据的多态性和连续性等特点，将泛化和分割方法结合在一起，并对其进行优化完善，在保护个人隐私不受侵犯的前提下，实现中医药临床数据的共享和利用，确保共享数据具有最大的可用性，从而为中医药临床数据的共享提供技术保障。

参考文献

[1] 标准化引领中医药事业发展[EB/OL]. [2022-05-25].

[2] 中共中央 国务院关于促进中医药传承创新发展的意见[EB/OL]. [2019-10-26]. http://www.xinhuanet.com/politics/2019-10/26/c_1125156368.htm.

[3] 中共中央 国务院印发《国家标准化发展纲要》[EB/OL]. [2021-10-10]. http://www.news.cn/politics/zywj/2021-10/10/c_1127943309.htm.

[4] 陈思，王佩娟. 全球化背景下中医药标准化面临的机遇与挑战[J]. 江西中医药大学学报，2022，34（2）：108-111.

3.8 区块链赋能乡村振兴和城乡融合发展生态体系建设

【案例相关单位】湖南和信安华区块链科技有限公司

【案例提供人员】冯武

1．背景

2014 年 12 月，国务院办公厅印发《关于引导农村产权流转交易市场健康发展的意见》，指出“引导农村产权流转交易市场健康发展，事关农村改革发展稳定大局，有利于保障农民和农村集体经济组织的财产权益，有利于提高农村要素资源配置和利用效率，有利于加快推进农业现代化”，要坚持公益性为主、公开公正规范、因地制宜、稳步推进的基本原则，“以坚持和完善农村基本经营制度为前提，以保障农民和农村集体经济组织的财产权益为根本，以规范流转交易行为和完善服务功能为重点，扎实做好农村产权流转交易市场建设工作”。

“区块链赋能长沙县乡村振兴和城乡融合发展生态体系建设”项目入选了《湖南省“数字新基建”100 个标志性项目名单（2021 年）》，打造了全国领先的乡村振兴示范样板。该项目以农村产权交易和普惠金融服务为切入点，对土地、资金、产业、数据和劳动力等要素进行有机结合，融合了区块链和大数据等技术，逐步建立了包括普惠金融服务等多个应用场景的生态体系。

2020 年 9 月，该项目在长沙县启动。2021 年 4 月，该项目开始试运行。

2．主要痛点及解决方案

1）主要痛点

乡村兴则国家兴，党的十九届五中全会指出要“优先发展农业农村，全面推进乡村振兴”。在经济社会加速数字化转型的背景下，数字乡村是农业农村现代化发展和转型进程的必由之路，这既是乡村振兴战略的方向，也是建设数字中国的重要内容。

现阶段，一些地区正处于乡村振兴和城乡融合发展的爬坡攻坚阶段，在农业质量效益和竞争力、乡村建设、农村改革、城乡融合发展保障机制建设等方面存在短板，区块链、大数据、物联网等数字技术支撑乡村产业发展、基层治理、要素激活、招商引资、公共服务等工作的基础比较薄弱。虽然国内有一些建立了农村产权交易所的地区，但是真正做实并产生可持续价值的案例较少，对农村产权交易核心价值的挖掘不够深，农业产业链供应链现代化程度不高，关键原因是没有形成较大的生态体系。

单点的农村产权交易很难真正激活农村资源要素，我们应以农村产权交易为入口，融合区块链、5G、人工智能、物联网、大数据等新一代信息技术搭建信息化平台体系，实现商流、信息流、物流、资金流“四流合一”，提升农业产业链供应链现代化水平，加快发展农业农村现代服务业，加快数字化发展，构建乡村振兴和城乡融合发展生态体系，为招商引资搭建桥梁，为金融服务贯通血脉，为产业投资构建信用基础，为基层治理建立网络，坚持“扩大内需”的战略基点，加快培育完整的内需体系，以创新驱动和高质量供给引领、创造新需求，全面促进农村消费，拓展乡村振兴投资空间，构建县域经济新发展格局。

2）解决方案

区块链赋能乡村振兴和城乡融合发展生态体系建设包括建设区块链开放

服务平台、农业农村大数据应用中心、基于区块链的农村产权交易平台和基于区块链的普惠金融服务平台。

（1）建设区块链开放服务平台。

建设区块链开放服务平台，主要包括建设集数据层、网络层、共识层、合约层、应用层于一体的自主可控可扩展区块链底层设施——数字乡村公共服务链，构建覆盖县级乡村的区块链基础设施，提供政务、产业、金融“三位一体”的区块链基础服务，为打造政务、能源、健康、农业、政策扶持、普惠金融、分布式电商等区块链产业提供基础，为未来连接全国和全球的万亿级分布式商业生态提供区块链基础服务；建设自主研发的高性能、低成本、安全可控、稳定易用的区块链开放服务平台；提供敏捷的智能服务引擎功能，包括数据创新应用、数据监管和数据资源。

区块链开放服务平台是基于区块链 4.0 基础设施构建的可信计算平台，可以支撑各类链上应用，打造区块链 4.0 生态系统，有效解决农村产权交易、普惠金融服务、农业农村大数据开放共享的“信任”问题，最大限度地提高透明度，减少信息不对称和交易摩擦，改善资产流动性，助力实现乡村振兴和城乡融合发展的宏伟蓝图，其整体架构如图 3-8-1 所示。

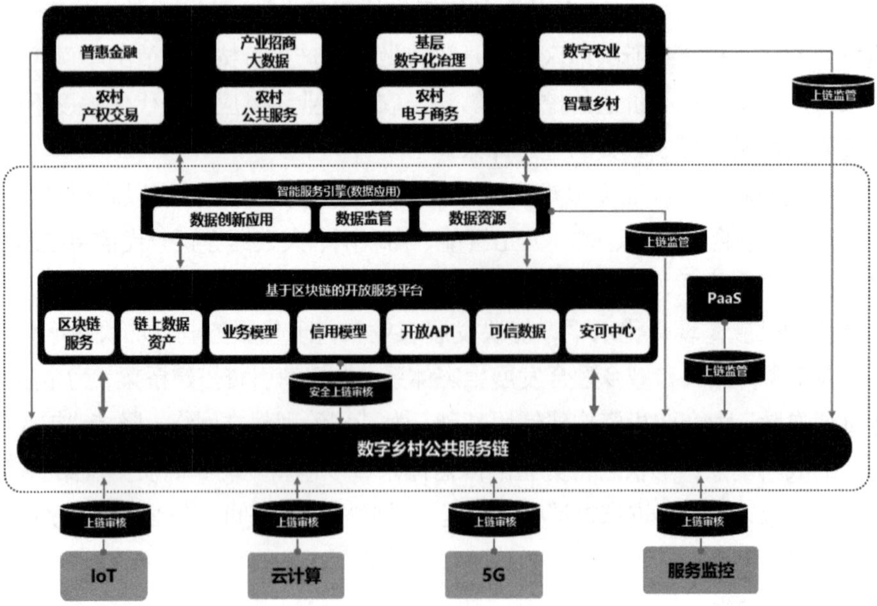

图 3-8-1　区块链开放服务平台的整体架构

（2）建设农业农村大数据应用中心。

如图 3-8-2 所示的农业农村大数据应用中心包括“一平台、一体系、多场景”，分别是农业农村大数据应用平台、农业农村信用体系，以及基层治理、农产品质量追溯等多个生态应用场景。

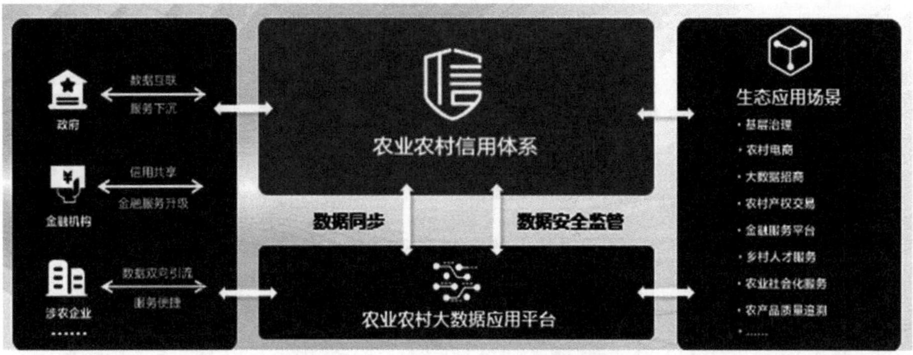

图 3-8-2　农业农村大数据应用中心

农业农村大数据应用中心激发了涉农主体的积极性，引入了生态合作伙伴，培育了本地龙头企业，投入了管理、交易、金融、培训、技术、商机、投资等生态资源，打造了数字乡村产业生态集群，为推动乡村振兴和城乡融合高质量发展造势筑台。

（3）建设基于区块链的农村产权交易平台。

基于区块链的农村产权交易平台以政府为主导，建成了县、镇（街道）、村（社区）三级“一竿子到底”的农村产权交易服务体系，形成了“一个屋顶之下、多个服务窗口、多品种产权交易”的交易平台，实现了“产权公开流转，要素对接资本，资本发展产业，产业引导富民”的目标。

基于区块链的农村产权交易平台主要包括基础服务、业务服务、应用服务和系统用户 4 个部分。其中，基础服务是指基础设施相关服务；业务服务包括账户服务、通用服务、数据服务，该平台负责各类业务的流程操作和提供相关数据服务；应用服务涉及数据可视化、产权大数据、产权交易、信用和金融服务、其他应用；系统用户包括政府部门、平台公司、金融机构、农村集体经济组织、企业/个人。

基于区块链的农村产权交易平台是一个开放平台，可与第三方平台对接，协商服务方式，并进行业务和数据交互，其整体架构如图 3-8-3 所示。

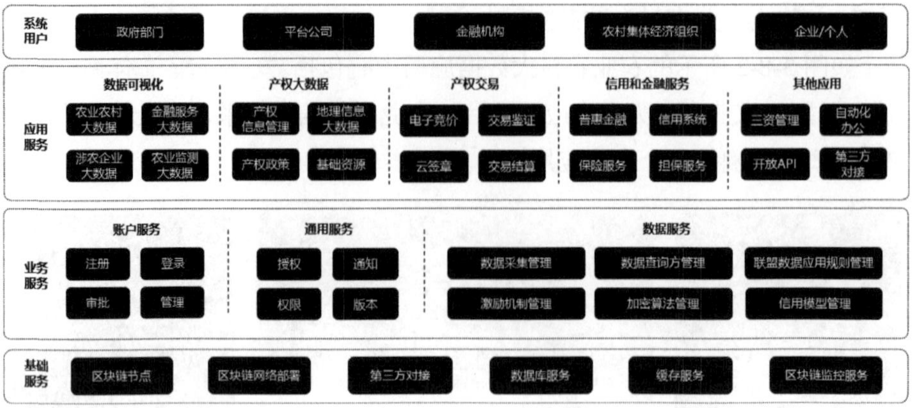

图 3-8-3　基于区块链的农村产权交易平台的整体架构

（4）建设基于区块链的普惠金融服务平台。

基于区块链的普惠金融服务平台是以“区块链+互联网+普惠金融”为核心，集政府、银行、企业、保险公司、担保机构于一体的综合性服务平台，其整体架构如图 3-8-4 所示。

图 3-8-4　基于区块链的普惠金融服务平台的整体架构

基于区块链的普惠金融服务平台主要包括基础服务、业务服务、应用服务和系统用户 4 个部分。其中，基础服务、业务服务与基于区块链的农村产权交易平台相同；应用服务包括农业农村大数据、金融服务大数据、涉农企业大数据、农业监测大数据等数据可视化应用；金融超市包括企业服务、融资需求、金融产品、政策服务；信用风控服务主要负责金融风险和金融舆情监测；供应链金融管理负责对相关企业、金融产品、授信和业务流程进行统一管理；项目管理服务包括融资项目管理、投资项目管理、项目对接和项目展示。

该平台可实现政府、市场、银行之间的信息互通，提供项目对接、信贷需求征集、财政金融政策汇集、产业信息和金融产品发布、资金供需对接、信用信息使用、金融知识普及等服务，使新型农业经营主体和中小微企业等的融资需求得到快速响应，使金融知识得到广泛普及，使金融风险得到有效防范，使金融生态环境得到有效改善。

3）应用效果

该生态体系的运营坚持以公益性和社会效益为主，其社会效益和经济效益如下。

（1）该生态体系有利于驱动深度挖掘数据资产价值，充分释放数据作为基础性战略资源的价值，实现数据资源价值变现并驱动增长，将数据资源的“势能”转变为高质量发展的“动能”。

（2）该生态体系有利于打造链上信用体系，既有助于全面加强社会治理，提高社会文明程度，又有助于精准开展政策扶持和普惠金融服务。

（3）该生态体系有利于推动金融与大数据的深度融合，充分发挥数据在投资决策、资产评估、产品定价、风险管理等金融活动中的支撑作用，大大提高涉农主体对金融服务的可获得性和金融机构的运营效率，降低金融机构的风险控制成本，从而降低金融产品利率，为涉农主体提供更优惠、便捷的金融服务，最终构建“城乡全覆盖，服务无差异”的普惠金融服务体系，让广大人民群众和市场主体公平分享金融改革发展的成果。

（4）该生态体系有利于激活农村的“沉睡”资产资源，将农村的闲置资源转化为有效资本，大幅提升农村资产资源价值，促进农村集体和农民增收。

（5）该生态体系有利于促进农村招商引资，拉动农村产业发展，带动农村就业和创业，推动项目招商，撬动社会资本投资农村文化旅游、健康养生、文化创意、农产品加工和农产品冷链物流等产业。

3. 创新与亮点

1）技术创新

（1）该生态体系使用了拥有完全自主知识产权且安全可控的高性能区块链基础设施 HopeChain。HopeChain 的原创核心亮点如下：自主研发的 NNAC 共识机制可以提供超万级的 TPS 处理能力；创新链网模型，为传统行业数字化升级量身定做；开放了监管和审计接口，帮助链上应用健康发展；支持跨平台操作，适配国产的硬件和操作系统。

（2）该生态体系集成了区块链开放服务平台 HxBaaS。HxBaaS 提供了可视化智能合约编辑器，帮助用户简化了使用区块链的过程，降低了用户在区块链部署和运维方面的成本。即使用户不了解底层链的具体情况，也能通过调用平台的智能合约开展相关业务，并结合实际场景实现对不同行业区块链系统的应用，达到“开箱即用”的效果，极大地降低了用户使用区块链的门槛。

（3）该生态体系利用区块链浏览器实现了实时查询节点信息，包括节点信息概览、区块详情、建设项目交易详情等。

2）模式创新

该生态体系采用了创新的建设运营模式，由政府、企业、银行联合共建，政府统一领导并开放相关公共数据资源，技术公司和银行等金融机构牵头自筹建设资金，建成后，在保障政府部分公共服务职能的前提下进行市场化运营，既可以充分履行政府的公共服务和监管职责，又可以有效挖掘数据资源的商业价值，减轻财政拨付压力，形成整个生态体系内生发展的良性循环。

3）流程创新

该生态体系将区块链开放服务平台作为信任基础设施，将农业农村大数据应用中心作为数据基础设施，支撑和形成了农业农村信用体系，在农业农村大数据应用中心、农村产权交易平台、普惠金融服务平台三大基础设施的基础上，聚焦场景应用需求，快速开发了各类链上应用，助推产业兴旺、生态宜居、乡风文明、治理有效、生活富裕，助力乡村振兴和城乡融合发展目标的实现。

该生态体系建设入选《湖南省“数字新基建”100 个标志性项目名单（2021 年）》，荣获 2021 年湖南省创新创业大赛优秀奖，作为湖南省唯一的区块链项目入围第十届中国创新创业大赛全国赛，荣获 2021 年度“链上海南”全球区块链创新大赛二等奖，荣获 2021 长三角（上海）区块链应用创新大赛“最佳产业应用奖”和“创新奖”，荣获“2021 中国产业区块链优秀案例”。

参考文献

[1] 郭顺义，杨子真. 数字乡村：数字经济时代的农业农村发展新范式[M]. 北京：人民邮电出版社，2021.

[2] 尹成杰. 实施乡村振兴战略：推进新时代农业农村现代化[M]. 北京：中国农业出版社，2018.

[3] 闫凤翥，李屏，胡军拥. 乡村振兴策划与实施[M]. 北京：中国农业出版社，2021.

[4] 付翠莲．乡村振兴战略背景下的农村发展与治理[M]．上海：上海交通大学出版社，2019.
[5] 李长帅，张文强，易桂林．农业农村现代化建设[M]．北京：中国农业科学技术出版社，2021.

3.9　基于区块链的有机食品溯源平台

【案例相关单位】上海旺链信息科技有限公司
【案例提供人员】陈强、张喆钧、许航、唐燕

1．背景

食品安全问题是关系到民生的大事，也是社会关注的焦点。随着城乡人民收入的增长和生活水平的提高，人们越来越重视生活质量和身心健康，渴望吃到纯天然、无污染的优质食品。

近年来，越来越多的消费者对食品杀虫剂和除草剂的残存，农药、化学肥料的过量使用和转基因食品心存顾虑。有机食品作为在生产过程中完全不使用人工合成的肥料、农药、生长调节剂，仅使用有机肥来满足农作物营养需求的食品，更能满足人们的生活需要。然而，由于有机农业种植过程环节复杂，有机种植技术要求较高，市场上有机食品认证造假现象较多，因此消费者对有机食品溯源提出了更高的要求。

2021 年，上海旺链信息科技有限公司（以下简称“旺链科技”）基于区块链溯源 SaaS 平台 VoneTracer，为一家一站式有机农业服务商搭建了基于区块链的有机食品溯源平台。该平台融合了区块链、物联网、云计算、大数据等前沿技术，解决了有机农业标准化、智能化、品牌化等问题，助推有机农业发展，实现了数字化变革。

基于区块链的有机食品溯源平台已经被旺链科技应用于有机金果梨和有机红酒等有机食品的溯源。不同于传统的溯源平台，该平台利用区块链的去中心化、不可篡改等特性和智能合约、共识机制等技术，确保上链信息真实、完整、可靠，为每一件产品赋予唯一的“身份 ID”，保证每一件产品的生产加工、流通和销售全过程真实透明、来源可追、去向可查，确保每一件产品的价值都能得到有效证明。高度透明的全程溯源体系提高了有机产品的可信度，升华了品牌形象，助力有机健康食品走进千家万户。

2. 主要痛点及解决方案

1）主要痛点

在现有市场中，大部分有机企业虽然拥有专业的有机种植、植物保护、生物、营养技术，但是在有机食品市场中谋求发展仍然面临着诸多挑战。

（1）有机种植过程信息透明度低：有机种植不能使用人工化肥、农药、除草剂等，环节多而复杂，而且有许多精细化的标准，如对土壤水分、虫情信息、光照强度、湿度、有机肥含量、生长环境等有严格的监测和把控。有机种植的过程是否符合标准只有田间的管理人员和企业内部知道，消费者没有可信的渠道来获取这些信息。所以，对于消费者来说，有机种植过程信息透明度低。

（2）诚信体系建设不足，难以塑造品牌公信力：有机行业市场混乱，造假现象严重，有机企业缺乏主导品牌和良好的品牌形象，难以获得消费者的信任，而且大部分有机企业产销脱节，无法提供从生产到销售的“一条龙”服务，中间环节不透明、不完整，难以建立品牌信任体系。除此之外，有机食品认证过程的管理尚不完善，市场监管不够严格，致使有机标识不具备公信力。部分企业的有机产品虽已通过有机认证检测，但在如今的有机市场环境下不能进行真正的品牌源头追溯，消费者难以在混乱的市场中鉴别优质的有机品牌，无法仅仅依据有机认证的标签就相信和认可品牌，并且花费比普通产品高30%～80%甚至数倍的价格购买其产品。

（3）上下游之间难以实现信息交互，导致产业链效率较低：在传统的有机食品行业中，产业链各方的信息大多采用人工记录的方式存储在各自的内部系统里，上下游之间的信息交互存在“断层”现象。生产端难以进行全供应链的分析和全作业流程的监控，对于终端销售状况，生产端无法监控市场售价和各品种产品的销售状况，而且难以获得消费者的真实反馈等，这样容易造成有机食品市场价格混乱、交易不规范、库存积压等情况，形成有机食品产业链效率较低的局面。

2）解决方案

为了解决上述痛点，旺链科技基于自主研发的区块链溯源平台VoneTracer，为有机企业打造了基于区块链的有机食品溯源平台。该平台利用区块链技术的去中心化和不可篡改等优势，实现了有机食品产业链全流程真实信息透明、共享，使有机食品产业链透明化、一体化，解决了有机品牌信任度难提高和产业链信息难共享等难题，其业务逻辑如图 3-9-1 所示。

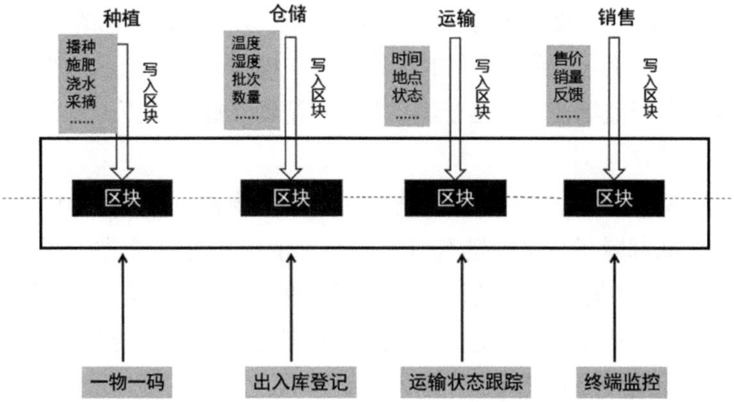

图 3-9-1　基于区块链的有机食品溯源平台的业务逻辑

（1）打造高度透明、一体化的有机食品溯源链：各环节的工作人员实时记录各自的工作情况，包括育种、施肥、浇水、除草、采摘、流通等有机食品的全流程信息，将它们写入区块、上链存证，形成了一条高度透明、一体化的有机食品溯源链，利用区块链的不可篡改、去中心化等特性和分布式数据存储技术，有效规避了人为篡改、破坏、删除数据等风险，确保过程信息真实可靠。

（2）对接物联网设备，实现品牌溯源：该平台通过对生产企业的 GPS 定位、时间戳和原产地的物联网设备进行结合记录，证明产品的制造者。除了记录定位和时间，有机溯源码还能把产品的认证证书、合格证明和物联网设备采集的生产过程监控等相关信息展现出来。消费者只要一键扫码，就能快速辨别有机产品的真假，从而放心地购买产品。

（3）打破信息差，助力提高产业链效率：该平台将生产加工、流通、销售等全过程信息上链，有效解决了生产端和销售端之间存在的信息差问题。一方面，生产端可以对产品的去向进行追溯，掌握各品种产品的销售状况和售价，及时获得消费者的反馈信息，以便及时改进生产方案并防范造假等风险。另一方面，销售端可以通过该平台与生产端快速达成共识，根据实际情况和需求进货，避免浪费资源。除此之外，该平台还支持消费数据统计和大数据分析，可以勾勒目标用户的消费画像，帮助企业进行营销决策分析，从而更好地进行品牌化营销管理。

3）应用效果

截至 2022 年 5 月，基于区块链的有机食品溯源平台上链商品数量达 2204 件，累计溯源扫码次数达 2246 次，区块链验真次数达 384 次。

（1）消费者能够放心选购有机产品：基于一体化、透明化的区块链全流程溯源体系，消费者可以通过简单的扫码动作快速辨别有机产品的真假，这可以在很大程度上降低消费者上当受骗的风险，帮助其选购真正无污染、纯绿色的优质有机产品。

（2）品牌公信力提升：品牌公信力的高低直接影响产品的销售量。该平台为每一件产品都赋予了区块链有机溯源码，消费者可以通过扫码了解全流程信息，进而大大提升对品牌的信任度和好感度。在该平台落地后，每天的扫码次数和购买率呈直线上升趋势，甚至有不少消费者回购和转发分享。

（3）企业利润提升：在该平台落地后，企业无须花费大量的时间、财力、人力成本来调查和监管产品的销售状况，只要查看链上信息，就可以追踪全部产品的去向，及时获得消费者的反馈，从而优化生产方案，既降低了企业的监管成本，又能根据消费者的反馈"对症下药"，加之有针对性的营销方案，企业利润实现了大幅度提升。

3. 创新与亮点

1）上链数据真实完整

基于区块链的有机食品溯源平台以区块链为底层技术，通过加密算法和共识机制保证上链信息不可篡改，杜绝人为造假的可能性。同时，该平台会将每一件商品从生产源头到消费者终端的全流程信息上链存证，保证溯源信息的完整性。

2）保护信息安全

该平台通过非对称加密和授权技术来保护参与者的信息安全，只有在数据拥有者授权的情况下才可以访问身份信息，保护参与者的私密性。

3）供应链协同

该平台上的数据能够在供应链不同部门之间进行高效共享，实现统一凭证、全程记录、及时高效，有效解决了多方参与、信息碎片化、流通环节重复审核等问题，从而降低了物流成本，提高了效率。

4）智能合约保障交易高效、公平

生产企业、经销商等不同节点能够根据预先定义和设置的规则、条款，自动智能执行下一步的工作任务或其他操作，提高了供应链流转效率，不同节点之间的合作交易更加高效、公平。

5）终端个性化营销

该平台支持通过终端扫码地域和扫码次数等行为数据进行消费者行为画像大数据分析，品牌商可以根据分析结果实现终端消费者的个性化连接，快速设计个性化营销活动。

6）维护消费者权益

通过溯源，消费者可以对企业的商品进行追溯和防伪查验，全面了解商品的生命周期。当消费者发现假冒伪劣商品时，可以使用区块链溯源存证功能更高效地维护个人权益。

参考文献

[1] 王二平. 我国有机农业的发展与有机产品认证及监管[J]. 中国农业资源与区划，2014，35（6）：70-74.

[2] 濮永仙. 基于物联网的果蔬产品溯源系统编码技术研究与实现[J]. 江苏农业科学，2016，44（8）：414-418.

[3] 刘晓梅，余宏军，李强，等. 有机农业发展概述[J]. 应用生态学报，2016，27（4）：1303-1313.

[4] 杨信廷，钱建平，孙传恒，等. 农产品及食品质量安全追溯系统关键技术研究进展[J]. 农业机械学报，2014，45（11）：212-222.

[5] 袁勇，王飞跃. 区块链技术发展现状与展望[J]. 自动化学报，2016，42（4）：481-494.

第4章 数字法治篇

4.1 基于区块链的反窃电电子证据管理平台

【案例相关单位】国网有限公司、国网冀北电力公司、国网区块链科技（北京）有限公司

【案例提供人员】蒋炜、杨峰、王栋

1．背景

窃电行为不但会严重扰乱正常供用电秩序，影响电网安全稳定运行，给国家和供电企业造成巨大的经济损失，而且会严重破坏社会生产秩序，造成不良的社会影响。反窃电治理是国网长期坚持的一项重要工作，多年来，国网发起多次“反窃查违”专项行动，严肃查处窃电和违约用电行为，持续强化降损反窃治理。当前，在国网的反窃电治理工作中，窃电查处规范性不足，技术装备配置不齐全，各省市企业取证标准不统一，造成窃电查处电子证据取证难、周期长和司法机关对企业提交证据的认可度低等诸多问题，急需建立统一的反窃电证据体系，依法严厉打击窃电行为，创建良好的供用电环境，保护国有资产的安全，更好地肩负服务经济社会可持续发展的责任。

国网运用区块链技术解决了反窃电工作的业务痛点，构建了基于区块链的反窃电电子证据管理平台，打通了司法鉴定中心和互联网法院，提供了安全、可靠的反窃电电子证据管理服务，打造了反窃电司法生态，依法打击了窃电等违法行为，维护了电网系统的安全，保障了社会秩序的稳定。

2．主要痛点及解决方案

1）主要痛点

近年来，国网查处的用电用户通过改动计量装置、调接零火线等方式实施窃电、违规用电的行为逐年增多，窃电金额逐年增大，涉及的司法案件数量逐年攀升。2019 年，江苏省破获了一起特大窃电案，窃电金额近 2000 万元，成为自中华人民共和国成立以来江苏省破获的窃电金额最大的案件，在全国范围内也属罕见。现有业务系统割裂、数据不流通和各地查处反窃电标准不统一等因素，导致了反窃电证据收集难、易灭失、易篡改等问题，给反窃电治理工作增加了困难。此外，在窃电案件的追缴过程中，国网内部的窃电查处办法与公检法机构的窃电案件判罚标准不一致，提交的证据认可度低，造成反窃电案件取证、判罚周期较长，对实际窃电时间、窃电容量的判定差距较大，难以认定合理的追缴金额，难以对窃电行为造成威慑，给国网造成了一定的损失，影响了电力系统的安全稳定运行。

2）解决方案

依托国网建成的国内最大能源区块链公共服务平台“国网链”，按照中华人民共和国司法部（以下简称“司法部”）2020 年颁发的《电子数据存证技术规范》的要求，国网构建了基于区块链的反窃电电子证据管理平台，打通了源端系统，充分运用区块链技术，通过哈希算法、智能合约、共识机制、可信时间戳等技术手段确保线上和线下数据同步，保证了反窃电电子数据的真实性、安全性、可追溯性，实现了业务数据全流程链上实时存证。

图 4-1-1 所示为基于区块链的反窃电电子证据管理平台的系统架构。该平台依靠系统集成与数据采集功能，结合反窃电全流程业务特征，通过数据中台打通了 SG186 营销业务系统、用电信息采集系统、电子证据授时中心系统、国网省级区块链平台、移动作业系统、现场影像设备系统等源端系统，实现了对用电用户信息数据、机构信息、工单信息、移动作业数据、窃电现场影音视频和图像等数据的统一采集，支持提取实时和非实时的用户用电数据，对用电异常证据和现场采集证据等进行存储、固化，实现了窃电证据包的存证确权和窃电证据的司法鉴定，提供了用电用户管理、司法鉴定管理、窃电案件管理、证据检索等功能，方便快捷地支撑国网对窃电行为依法追责。

依托区块链共识机制和隐私计算等关键技术，该平台实现了对反窃电业务线上、线下数据的交叉验证和关联，上传对用户用电采集数据、线损数据进行分析形成的用电异常数据包及在现场用电检查过程中通过手持终端、分析设备等形成的违章用电图片、视频数据包并进行存证，通过区块链智能合约，按照《供电营业规则》自动计算窃电量、电费、违约金等窃电损失，并将损失数据上传和存证，实现了窃电行为数据包和盗电损失数据包在链上不可篡改、长期存证，为提取窃电证据提供了数据基础。

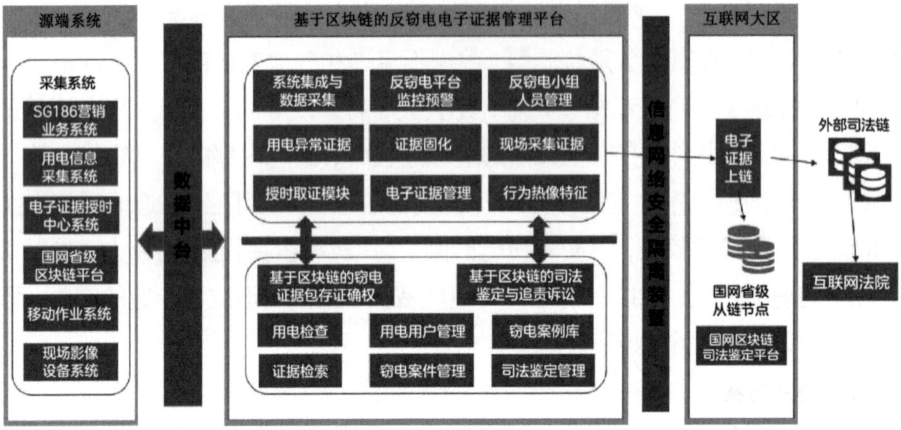

图 4-1-1　基于区块链的反窃电电子证据管理平台的系统架构

该平台连接了国网区块链司法鉴定平台，共同开展反窃电电子证据司法鉴定。国网区块链司法鉴定平台基于电子证据保全、日志溯源分析、现场重建等关键技术，提供了覆盖电子数据事前系统评估、事中上链存证、事后司法鉴定的全生命周期电子证据服务，实现了业务数据链上存证，为鉴定业务主体、鉴定数据、司法鉴定平台之间的强连接提供了路径，从技术层面改变了传统反窃电电子证据司法鉴定业务的离散状态，简化了鉴定流程，节省了人力和时间成本，提高了反窃电电子证据司法鉴定业务效率和国网反窃电诉讼效率。

该平台通过与互联网法院的连接，形成了便捷的链上证据提交路径，提高了反窃电电子证据的可信度，解决了基层反窃电工作取证难、认定难、时效慢等问题，助力国网对窃电行为的举证、质证、示证，为反窃电司法取证、认证、审理、裁决、执行提供了重要的依据。基于区块链的反窃电电子证据流转路径如图 4-1-2 所示。

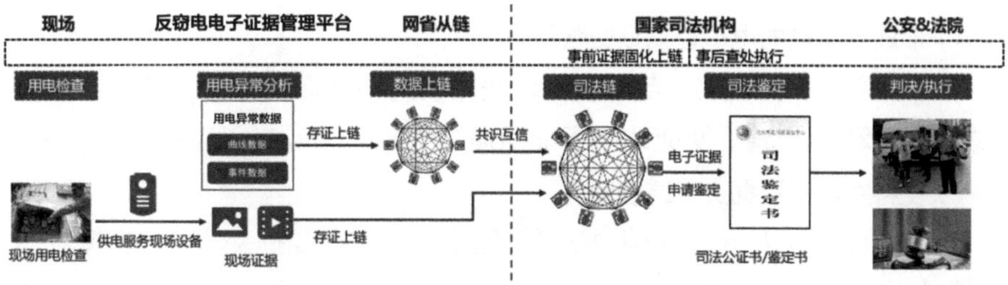

图 4-1-2　基于区块链的反窃电电子证据流转路径

3）应用效果

基于区块链的反窃电电子证据管理平台为国网的反窃电证据管理和司法诉讼等业务提供了坚实可信的电子证据基础，使国网的反窃电治理工作更加合法、有效。自上线以来，该平台已帮助国网冀北电力公司将 4324 条数据上链存证，开具多份电子证据鉴定报告，助力调解多起窃电行为纠纷，严厉打击了窃电、违规用电等行为，为国网冀北电力公司挽回了数百万元的损失，保障了电力系统有序、安全、稳定运行。

基于区块链的反窃电电子证据管理平台打破了反窃电业务系统之间的“数据壁垒”，连接了国网区块链司法鉴定平台和互联网法院，打造了功能完善、模型优化、流程便捷、可视可查的一体化反窃电电子证据管理平台，全面提高了国网的反窃电工作效率，依法保护了国家和电力企业的合法财产不受损失，充分保障了国网系统的安全运行。

3. 创新与亮点

基于区块链的反窃电电子证据管理平台是顺应央企数字改革，探索将“区块链+司法”应用于能源领域的具体实践，具有以下创新与亮点。

1）实现了从反窃电“电子数据”到“电子证据”的有效转化

该平台严格按照司法部《电子数据存证技术规范》的要求梳理不同的业务数据，充分运用区块链技术，通过哈希算法、智能合约、共识机制和可信时间戳等技术手段，确保线上和线下数据同步，保证了电子数据的真实性、安全性、可追溯性，实现了从“电子数据”到“电子证据”的有效转化。

2）通过智能合约自动计算窃电损失并存证

该平台通过区块链智能合约，针对窃电行为导致的公司损失，按照《供电营业规则》自动计算窃电量、电费、违约金等窃电损失，并将损失数据上传和存证，有效支撑了反窃电现场查处、后续司法鉴定和追责诉讼等工作。

3）形成了便捷的电子证据提交路径

该平台依托“国网链”与互联网法院之间的司法链，实现了国网与司法机关的协同联动，形成了便捷的电子证据提交路径，保证电子证据真实、可信。

4）支持对电子证据进行跨链验证

该平台联通了互联网法院司法链，优化了证据在线提交方式，支持对“国网链”上的电子证据和鉴定报告进行跨链验证，提高了电子证据的可信度和公信力。

5）司法改革落地实践

该平台基于反窃电业务和应用需求，通过“区块链+司法”的服务模式创新，探索了区块链司法治理新模式，打造了高度安全的电子证据流转路径，构建了深度信任机制，增强了电子证据的有效性和公正性，成为践行依法治国理念和司法改革落地实践的鲜活案例。

参考文献

[1] 张斯祺. 数据挖掘在反窃电系统中的应用与研究[D]. 阜新：辽宁工程技术大学，2019.

[2] 虞礼贵. 综合电力监测装置的设计研究[D]. 镇江：江苏大学，2009.

[3] 蒋敏丽. 电能计量装置接线智能仿真培训系统及应用[D]. 杭州：浙江大学电气工程学院，2008.

[4] 林东霞. 反窃电检查中电力营销大数据的应用[J]. 南方农机，2019，50（22）：192.

[5] 黄鹏. 电网企业反窃电管控评价体系的研究[J]. 决策探索（中），2019（11）：55-56.

4.2 区块链公益诉讼治理平台

【案例相关单位】杭州趣链科技有限公司

【案例提供人员】胡志高、王静、高勇军、陆景学

1. 背景

2018 年 3 月，最高人民法院和最高人民检察院联合发布《关于检察公益诉讼案件适用法律若干问题的解释》，丰富和完善了中国特色的检察公益诉讼制

度，为统一办理检察公益诉讼案件提供了法律依据。2021 年 8 月 1 日—2022 年 7 月 31 日，最高人民检察院在全国检察机关部署开展为期一年的“为民办实事破解老大难”公益诉讼质量提升年专项活动，并开展“千案展示、百案评析、十案示范”。2021 年 3 月，最高人民检察院第八检察厅厅长表示，检察机关将积极稳妥办理公共安全、安全生产、公共卫生、文物和文化遗产保护、生物安全、个人信息保护、特殊群体权益保护、扶贫、质量安全、反不正当竞争等领域的公益诉讼案件，办好地方人大立法、专项决定等支持探索的新领域案件。

2021 年 10 月，中央网信办会同中共中央宣传部、国务院办公厅等 18 个部门和单位，组织开展国家区块链创新应用试点行动。试点内容包括“区块链+检察”（由最高人民检察院牵头），深化区块链技术在法律监督领域的应用：在刑事检察领域，利用区块链技术开展数字化、线上化的存证、固证应用，并辅助电子证据审查，提升办案质效；在公益诉讼检察领域，深化区块链技术在线索挖掘评估、公益损害调查取证、公益修复和跟进监督等环节的应用，包括探索电子证据的上链存证和验证等。

2. 主要痛点及解决方案

1）主要痛点

当前，检察机关在开展公益保护工作时主要面临“三座大山”，分别是高质量案件线索搜集难、专业化调查取证开展难、结案后闭环式监督跟进难。

（1）高质量案件线索搜集难：自开展公益诉讼试点工作以来，各级检察机关经常面临线索发现难、线索质量低等问题，如何利用信息化手段挖掘公益诉讼线索是检察机关在开展公益诉讼检察监督工作中亟待破解的难题。当前，检察机关开展公益诉讼工作的线索来源主要有自侦、批捕、公诉、控申部门的线索移送，通过行政执法和刑事司法衔接（以下简称“两法”衔接）平台收集线索，阅览报纸、杂志、网络等新闻收集线索，以及通过走访行政机关了解和收集线索。上述线索来源存在诸多问题，如检察机关之间和检察院内部各部门之间的公益诉讼信息共享渠道不畅；“两法”衔接平台上的部分行政机关更新行政行为信息不全面、不及时；社会舆论线索零散、不成体系、质量不高，导致线索排查效率低、成案率低；等等。

（2）专业化调查取证开展难：检察机关在调查取证和固证方面面临的困难严重削弱了公益诉讼办案能力和办案质效。一方面，检察院自身的专业化鉴定评估能力有限，尤其是对生态环境损害的鉴定评估，很难证明损害是否存在及损害程度、损害发生时间等；另一方面，如果委托外部鉴定评估机构，就要支付高昂的垫付成本，只能被迫放弃。

（3）结案后闭环式监督跟进难：当前，检察机关对公益诉讼案件的工作重心主要是前端程序，对检查意见发送后的整改情况和判决生效后的执行情况缺少体系化、流程化的反馈、跟进、对比机制，尚未形成闭环式监督，监督效果不太显著。

2）解决方案

区块链公益诉讼治理平台的业务架构如图 4-2-1 所示。该平台以国产自主可控的区块链技术为底层支撑，结合大数据、人工智能、OCR、人脸识别、GPS、电子签名、语音转文字等成熟的技术手段，为社会公众、检察机关、行政机关、公益损害人、监督协同机关、人大代表/政协委员、网格办、行业专家/司法鉴定机构等各种角色服务，是支持线索发现、线索筛选、证据调取、证据固定、线索核查、证据校验、线索研判、联席磋商、第三方听证、公众评价、发送检察建议、案件办理、结案后修复监督、修复打分评价、普法教育等全过程、全链条、多维度的一体化综合性公益诉讼治理平台，旨在满足公共利益保护各方的需求，推进公益保护工作流程再造和制度重塑，通过数字化改革撬动法律监督效能，主动融入社会治理大局，形成工作合力，最大限度地保护公共利益。

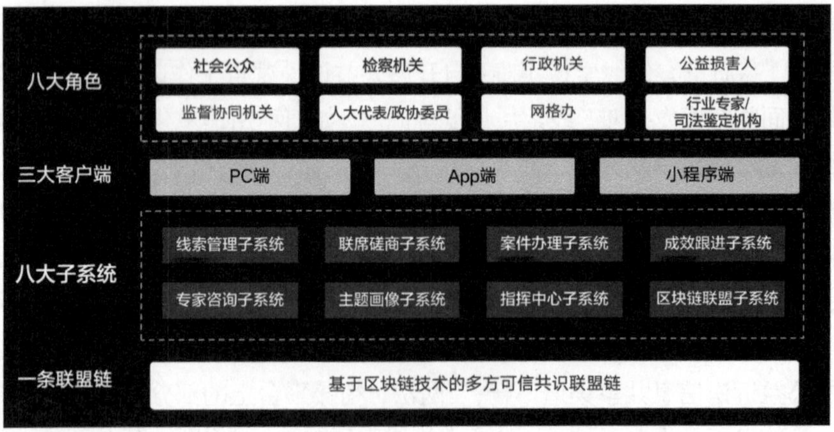

图 4-2-1　区块链公益诉讼治理平台的业务架构

该平台在线索挖掘评估、公益损害调查取证、公益修复和跟进监督 4 个主要环节充分发挥了区块链技术的独特优势，为数字检察工作提质增效。

（1）线索挖掘评估：该平台为社会公众提供了线索提交渠道，建立了与行政机关、监督机关等部门的数据互联和多种形式的共享平台，构建了多种数据筛选分析模型，从海量数据的碰撞、比对、分析中发现有价值的监督线索并进行区块链存证，从源头把控数据，确保数据真实、不可篡改。

（2）公益损害调查取证：该平台以区块链取证软件代替传统的线下公证、司法鉴定等取证手段，大大提高了取证的自主性和便捷性，大幅降低了调查取证成本，以区块链技术为底层支撑，确保了案件证据的真实性和不可篡改性，以及不同角色之间数据流转的安全性和可靠性。

（3）公益修复：公益损害人在线提交修复成效，检察官在线审查跟进，形成了案件办结全流程线上闭环，通过区块链技术保证案件全流程线索、证据、结案信息永久溯源。

（4）跟进监督：该平台利用区块链智能合约，内置案件修复量化评价模型，实现了对公益修复成效的可视化和定性、定量评价，加大了检察机关的监督力度，确保监督效果落到实处。

3）应用效果

（1）拓宽了可信线索来源：该平台通过线索管理子系统为社会公众、检察机关、行政机关等多方用户提供了线上提交线索的入口，有效拓宽了线索来源；支持录屏取证、录音通话取证、录像取证、拍照取证等多种线索形式，并通过区块链进行固证，确保线索不可篡改；通过接口对接社交和移动电商监测系统、网络交易监测系统、取证系统等证据源，提取合法、关联、有效的电子数据。

（2）办案全流程链上追溯：该平台打造了案件办理子系统，覆盖了线索调查、初审、线索研判、分案、立案等案件办理全流程；对已办结案件进行成效跟进，借助区块链技术，让办案人员长出“千里眼”“顺风耳”，实时跟进公益修复效果，补全了公益保护的“最后一公里”。

3．创新与亮点

1）赋能检察机关办案

该平台运用区块链和大数据等数字化手段，对接政务、综合治理、信访等信息平台，拓宽了公益诉讼案件的线索来源；加强了与法院、行政机关之间的沟通协作，建立健全了调查取证和法律适用机制；充分发挥了社会力量，特别是专家学者和人大代表委员的作用，借助“外脑”提升了公益保护能力；采用数据共享的方式将检察建议抄送给同级党委、人大、纪检监察机关，提高了各机关的重视程度，确保检察建议、监督效果落地，有效解决了高质量案件线索搜集难、专业化调查取证开展难、结案后闭环式监督跟进难等问题。该平台在立足办案的同时，注重将办案职能向社会治理领域延伸，推动了领域、行业、区域治理，达到了“办理一案，警示一片，教育引导社会面”的办案效果。

2）有利于行政机关依法行政

检察机关是平安中国、法治中国建设的重要力量，有关单位接受法律监督是平安中国、法治中国建设的重要内容。促进依法行政、严格执法和推进法治政府建设是检察公益诉讼制度的设计初衷，支持和配合检察机关依法开展公益诉讼工作是行政机关的法律责任。

检察机关、行政机关是国家利益和公共利益的维护者，检察机关通过“检察建议”这种公益诉讼的诉前程序督促行政机关依法履职、自我纠错，从而达到维护公共利益的目的，有利于在监督中体现支持，把监督融入支持之中，起到双赢、多赢、共赢的监督效果。

3）服务国家中心工作大局

服务保障长江经济带发展，助力打好污染防治攻坚战，落实健康中国、平安中国战略等重大国家决策部署是检察机关开展公共利益保护工作的重中之重。检察机关应紧盯黑臭水体治理、涉重金属排放、固体废弃物处置、生活垃圾处理、放射性化学药品管理等领域的问题，持续加大公益保护工作力度，打好“蓝天、碧水、净土保卫战”；开展专项监督行动，坚决捍卫食品、药品安全底线；维护国有财产不受侵犯，守好国有财产的司法防线；督促互联网应用完善个人信息保护机制，为整个社会的数字化转型提供法治保障。

不同于传统意义上的“公益诉讼”检察工作，该平台将工作范围延伸至“公益保护”，积极地把检察监督力量融入社会治理大背景，有力维护了社会公共利益。

参考文献

[1] 孙丽君，尉宇航. 区块链用于检察公益诉讼线上工作的路径研究[J]. 山西高等学校社会科学学报，2021，33（11）：56-62.

[2] 田建涛，李隆. 利用区块链技术的集成应用推进“智慧公益诉讼检察”业务[J]. 法制博览，2021（36）：125-126.

[3] 吕游. 论区块链技术在大数据背景下对检察工作的影响[C]//上海法学研究集刊（2019 年第 20 卷 总第 20 卷）——上海市青浦区检察院文集. 上海市法学会，2019.

[4] 李洋，邵贤，朱堂军. 保护英烈名誉的民事公益诉讼理论与实践——以全

国首例向互联网法院提起的保护英烈名誉民事公益诉讼案为视角[J]. 中国检察官，2020（2）：41-44.
[5] 颜运秋. 公益诉讼理念研究[M]. 北京：中国检察出版社，2002.
[6] 郭煜. 检察机关提起民事公益诉讼若干问题探讨[J]. 法制与社会，2017（29）：96，98.

4.3　全国性运营级信证联盟区块链平台——信证链

【案例相关单位】宁波标准区块链产业发展研究院、杭州链城数字科技有限公司

【案例提供人员】王延清、汤泉

1. 背景

随着互联网的高速发展和数据的大幅增长，基于云计算、物联网、人工智能等新一代信息技术，全球加速进入数字时代。互联网构筑的"信息高速公路"在大幅降低信息传递成本的同时，也带来了数据繁杂造成的数据权属不清晰，数据获取渠道不合法，数据传播不可控，数据质量差导致利用率低和治理成本高，以及数据容易被恶意篡改和窃取等问题，数据的快速确权、可信流转和安全共享问题亟待解决。

区块链具有不可篡改、可追溯、高可用性等技术特点，具备平等互信、安全可控、协同互利的应用价值，可为数据可信共享和业务协同提供最优解。区块链技术虽然可以保障数据上链后的可信度，但是在保障数据上链前的可信度方面存在一定困难，尤其是链上数字资产的可信度和安全问题有待探索解决。

在这种情况下，基于区块链的可信存证和数据协同等技术优势，为了实现区块链技术和公信力机构的有机融合，解决链上数据和链下数据映射的可信度问题，全国性运营级信证联盟区块链平台"信证链"应运而生。"信证链"是以宁波标准区块链产业发展研究院为组织节点，由杭州链城数字科技有限公司提供技术和运营支撑，以全国范围内的公信力机构为联盟节点的区块链网络平台，是实现数据证据化和数据资产化的通用信息基础设施。

2. 主要痛点及解决方案

1）主要痛点

随着区块链技术的深入应用，链上原生数据和上链数据的可信度在数据

不可篡改、全程可溯源的区块链技术特性的基础上得到了充分的保障。不过，区块链在具体业务领域的应用不可避免地需要与链下数据协同联动，仅通过技术手段难以对数据未上链时的真实性和有效性进行核验，链上数据、链下数据无法实现可信协同成为制约区块链深入业务领域和赋能实际应用的主要瓶颈。

虽然公信力机构能够在一定程度上解决链下数据向链上映射或数据上链时的真实性、有效性校验问题，但是其本身的服务范围受到地域和行业的局限，难以形成连续的跨层级、跨区域信任传递。

2）解决方案

“信证链”是以公证处、司法鉴定中心、知识产权保护中心、政府部门等公信力机构为联盟节点的全国性信证联盟链。截至 2022 年 6 月，已有 28 个省、自治区、直辖市的 30 余家机构成为“信证链”的联盟成员，共同构建“一地发起，全国协同”的信证服务平台。

“信证链”是基于区块链的数据可信存证与数据资产协同平台，在政府部门、公证处、企业、司法机构之间建立了可信数据共享和业务协同的联盟链网络。通过区块链这一“信任的机器”和公信力机构的双重加持，该平台可以在全国范围内为网络监管、市场监督、知识产权、金融征信、房地产租赁、基层治理、外事侨务等场景提供数据证据化的产品和解决方案，并为这些证据提供有针对性的公信力背书。同时，“信证链”可以作为“信任底座”，支持数据资产化方面的产业发展，保障数据作为数字资产的可确权、可信赖、可管控、可计量等特征，为知识产权创作、艺术馆藏、文化创意、零售消费等行业的数字资产提供基于区块链技术的可信背书，其业务协作架构如图 4-3-1 所示。

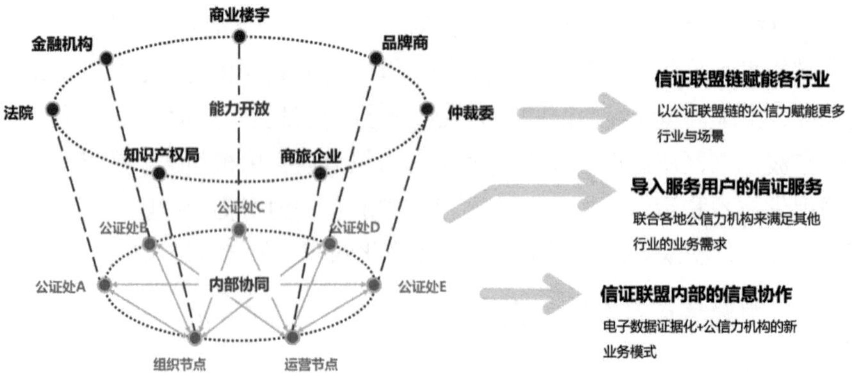

图 4-3-1 “信证链”的业务协作架构

在数据证据化方面，“信证链”提供了异地协同、远程公证、即时取证、在线赋强等基于区块链技术的创新型公证业务功能，为数据证据化提供了“端到端”的可信背书。其中，“异地协同”提供异地合作数据协查服务，通过“信证链”节点的公证业务系统端，在链上实现数据在异地之间的安全传输和可信协同；“远程公证”可以让信证业务申请人不受地域限制，通过远程视频与公证处的公证员实时交流，签署业务文件，完成相关流程，并且将全过程数据存证上链；“即时取证”支持品牌法务团队、代理律师事务所、第三方维权公司对“信证链”原生取证工具上链存证的电子证据进行审核和公证，并出具电子保全证书和公证文书；“在线赋强”可以让公证员参与多人在线视频签署，落地实现“签约即公证”的业务场景，提高赋强公证效率，节省赋强公证业务相关方的人力、时间、金钱成本。“信证链”数据证据化应用场景的具体业务流程如图 4-3-2 所示。

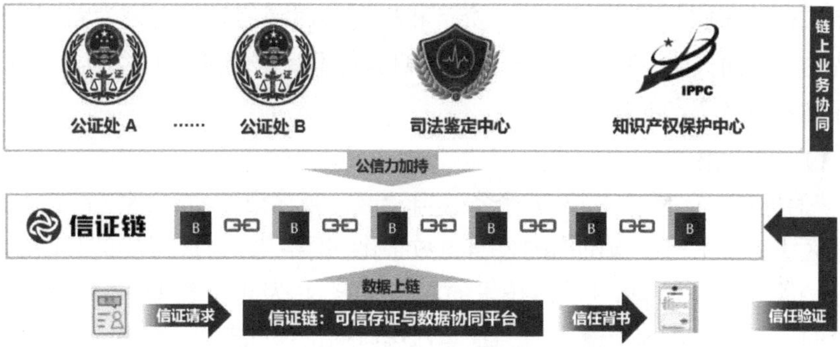

图 4-3-2　“信证链”数据证据化应用场景的具体业务流程

“信证链”在数据证据化方面主要发挥了以下作用。

数据可信：基于业务需求，公证机构可以查询婚姻、户籍、有无犯罪记录等多种数据，这些数据在公证机构进行可信性验证后上链，从而实现链下数据和链上数据真实性的统一，充分保障了链上数据的价值。

异地协同：“信证链”面向全国各地数千家公证处，“一地发起，全国协同”，利用区块链的分布式协同特性，实现远程快速接单、派单，开展异地公信力机构之间协同办理公证、法律协查和数据共享等业务，为数据在异地之间的可信、安全、高效共享创造了良好的先天条件。

精准激励：区块链的精准激励特性可以让“信证链”上的各参与方分别作为业务方、办理方、共识方、运营方，分享运营收益，促使各方在“信证链”上积极创设和办理增量业务，降低信任成本，提高协同效率。

在数据资产化方面，“信证链”利用多中心化网络的国产自主可信区块链底层技术，为数字资产的发行和流通提供了安全、可信、合规的技术基础设施，并赋予了强有力的公信力保障，支持数据资产化相关应用规范发展。“信证链”为数字藏品的资产管理提供了相关服务，不仅涵盖了资产流转管理等常规服务，还包括数字作品知识产权登记和数字藏品发行公证等特色服务，确保链上数字藏品权属清晰，保障了知识产权所有方的权益和可持续性收益。

“信证链”在数据资产化方面主要发挥了以下作用。

资产可信：“信证链”为数字资产关联的内容提供了全链条的管理服务，在对数字资产关联的作品权利进行严格审核的同时，提供了链上数字作品知识产权登记和数字藏品发行公证等特色服务，确保数字资产的各项原始权利来源清晰可靠。

资产安全：“信证链”的联盟节点是公信力机构，数字资产的相关元数据分布式存储在联盟节点上，链上资产和权利归属等信息不会因为第三方运营机构的消失而灭失，联盟链的稳定、长期运营不受单一第三方控制，可以更好地保障收藏者资产的稳定性。

3）应用效果

“信证链”已累计入驻 28 个省、自治区、直辖市的 30 余家公信力机构，运用区块链技术将参与机构的公信力数字化、网络化，形成了价值互联的基础设施，推进了公信力和区块链技术的双向赋能，以及链上数据和链下数据的可信协同，解决了数据上链之前的真实性难以保证的问题。

在数据证据化方面，“信证链”充分发挥了公证业务的专营性、专业性、协同性优势，推动了数据流通、业务创新和运营服务。截至 2022 年 6 月，“信证链”累计为民众提供异地协同、远程公证、即时取证和在线赋强等数据证据化业务服务 1700 余项，累计服务 160 余家企业级用户。

在数据资产化方面，2022 年 4 月，“信证链”在全国范围内首创数字藏品发行公证服务，由加盟“信证链”的公证处为发行方与甘肃省博物馆合作发行的 8 件馆藏文物颁发了数字藏品发行证书，不但为中国馆藏经典提供了更具创新性的体验互动方式，而且为广大收藏者提供了藏品的可信背书。截至 2022 年 7 月，“信证链”已发行百余件数字藏品。

3. 创新与亮点

与已建设、已运营的其他区块链服务平台相比，“信证链”具有以下创新与亮点。

（1）覆盖全国范围：加入“信证链”的公信力机构分布于全国 28 个省、自治区、直辖市，形成了覆盖全国范围的全域服务能力。与其他同类平台相比，“信证链”的多中心化程度更高，为数据可信提供了更具公信力的支撑。

（2）机制公开透明：以往，公信力机构一般作为新增节点加入第三方技术公司已有的区块链网络，其他节点身份不明，存在一定的安全隐患；在“信证链”中，所有的业务节点都是身份透明的公信力机构，具有天然的信任基础，透明可信。

（3）支撑创新应用：作为社会公信力的代表，“信证链”可以通过链上数据和链下数据协同实现公信力向链上的传导，成为新型社会信用体系的基础设施，从而有力支撑信贷、保理、审计、税务、养老、公益等一系列需要信任的社会创新应用。

参考文献

[1] 杜牧真，解庆利，胡继晔. 区块链技术在公证领域的应用初探[J]. 贵阳学院学报（社会科学版），2020，15（3）：44-50.

[2] 熊志钢，汪倩，解庆利. “区块链+网络赋强公证执行”路径探讨[J]. 中国公证，2021（11）：48-53.

[3] 郑妮，毛荣. “区块链+电子证据保全”：比较观察与实践反思[J]. 应用法学评论，2020（1）：41-64.

[4] 尹可挺，马振军，汤泉. 区块链+社会治理[M]. 北京：电子工业出版社，2022.

4.4　数字司法融合平台

【案例相关单位】招商银行股份有限公司

【案例提供人员】陈夏漾、韩柏、陈鹏

1. 背景

近年来，互联网金融商业模式快速发展，为消费者提供了快速、便捷的普惠金融服务。随着普惠金融市场的发展，招商银行股份有限公司（以下简称“招行”）的线上信贷业务在 2019—2021 年增长近 2 倍。此外，抵押贷也正在走向线上化。2021 年，招行在业内完成了第一笔全线上的小微抵押贷、房贷的投放。线上化将成为零售贷款发展的趋势和方向，解决线上不良贷款的管理难题，对招行个人融资业务的发展具有巨大的商业价值。

区块链的不可篡改、永久追溯、分布式协同等特性，为新形势下开展可信的信息协查提供了最优解。区块链是一种由点对点传输、分布式存储、共识机制、智能合约、加密算法等共同构成的技术，它以算法信任取代人为信任，具有不可篡改、可追溯、隐私保护、自治管理等技术特点，具备平等互信、安全可控、协同互利的应用价值。

基于以上背景，招行开创性地提出并打造了“银法直连”的数字司法融合平台，践行“数字化运营+开放融合”的 3.0 模式理念，成为解决“线上不良贷款管理”这一深刻行业矛盾的领军革新者。

2. 主要痛点及解决方案

1）主要痛点

（1）互联网贷款在金融机构端的风险管理矛盾突出。互联网不良贷款单笔金额小、案件数量庞大、单案管理周期长，在金融机构的内部流程中，由于系统割裂和数据零散，作业人员在组织证据时需要从各个业务系统和档案库房中获取，不但管理半径非常大，而且需要投入大量的时间，容易降低作业人员的工作效率，远远无法满足风险管理的要求。

（2）互联网贷款给司法机构端造成了管理压力。互联网金融的快速发展深刻影响了司法机构的运行效率：诉讼证据全部以纸质形式提供，而互联网金融举证采用全电子化方式，需要经过人工再转化；所有的诉讼档案都要依靠线下人工管理；专业而复杂的法律质证流程对电子证据缺乏标准化的校验。这些意味着司法机构传统的风险管理模式已难以适应数字化发展的潮流。

2）解决方案

（1）核心理念。

- 构建集中化业务模式。面对快速发展的线上信贷业务，招行提出了构建“一个中心”管理模式，将 44 家分行的线上不良贷款诉讼业务集中上收招行直营队伍。
- 搭建业务集中管理的架构。招行按照“一个中心诉全国”的集中作业模式进行架构管理：在业务管理上，由“智强”小组负责诉讼策略、分案、财务、律师事务所管理等管理工作；在作业流程上，招行开发建设了“智慧诉讼”作业平台，支持全流程线上化作业；在业务运营上，由线上不良贷款诉讼直营队伍负责诉讼策略的落地执行。

- 组建集中作业的专业队伍。招行引入了专业化人员，制定了专业化考核制度，明确了准入、授权规则和考核、绩效管理办法。
- 创建标准化作业模式。首先，招行通过业务梳理，把复杂案件简单化；其次，通过司法论证，把简单要素标准化；最后，通过系统实现，把标准化要素数字化。招行实施了“分类施策、分步推进”的策略，打破了行内隔阂，构建了如图 4-4-1 所示的“证据链”网络，基于从取证到验证的区块链体系实现了系统瞬时联动。

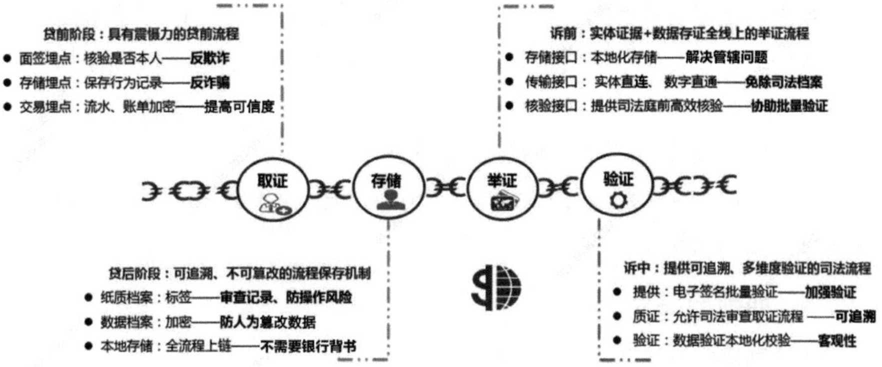

图 4-4-1　“证据链”网络

（2）作业模式。

- 通过“大数据智能决策”自动产出待诉名单池。“证据链”网络运用了基于专家经验设定的诉讼策略逻辑规则，对贷款进行自动运算，产出待诉名单池。
- 通过“证据链”网络组织证据，替代重复、大量的人工作业。通过“一键”操作，作业人员可实现五大系统同时协作，完成 36 个工作子流程。人工审核全流程节点，把原来的 25 个节点压缩为 2 个节点，个案效率大幅提升，为批量化作业提供了强大支持。不良贷款批量化、线上化、轻型化作业实现了业务流程合规管控，并加强了代理律师事务所的过程管理。立案、庭审、执行均由系统发起，实现了业务集中管理的无缝衔接，严控操作风险。
- 通过“开放许可链”平台打通银法证据互信的“中心动脉”。该平台担任了电子存证标准化、批量化输出的重要角色，可为司法服务，在通过系统线上传输的同时进行自动校验，为流程参与方赋能。
- 通过 API 对接实现银法全流程数字化。银法系统直连，银行端流程系统和法院端流程系统实时交互，数据实时更新。

3）应用效果

招行是业内首家实现银法系统直连的银行，其打造的数字司法融合平台基于“区块链+API+数字化诉讼+公信力机构”构建了开放融合的生态。其中，“区块链”提供生态互信的技术保障，“API”是生态的连接方式，“数字化诉讼”是生态内容，“公信力机构”是生态合作方。该平台通过自建生态和积极融入外部生态，以开放的模式与司法机构等公信力机构的平台对接共享。

数字司法融合平台建立了立体化的批量诉讼能力“1+*N*”合作网络，已搭建了 50 多个司法合作网络，并与全国各地法院开展业务合作，搭建了 40 多个不动产中心合作网络，这些不动产中心均在招行设立了“线上抵押”代办点，未来将陆续实现电子权证，通过区块链连接数十家第三方权威机构，如公证处、法院、中国信通院、大型互联网公司等，进一步提高招行数字司法融合平台的可信度和司法认可度。

3. 创新与亮点

1）全国领先的数字化风险管理闭环

数字司法融合平台的商业模式全国领先，通过“线上申请+线上审批+线上诉讼”的互联网金融资产投放、收回全流程闭环管理模式，实现了人力成本的降低和流程提速。

2）创建电子证据系统，打造行业标准

数字司法融合平台具备全线上电子化、标准化证据和自动化管理流程。随着贷款线上化趋势和数字诉讼的高效发展，在建设数字社会的政策导向下，未来数字诉讼有望成为行业共同采用的标准模式。

3）银法融合“1+*N*”区块链平台，树立行业标杆

招行打造了“区块链+”融合平台模式，服务全国超过 50 家司法机构。招行聚焦互联网金融业务发展，创建了先进的风险管理系统，并不断加强与全国各地司法机构的交流，促进了互联网金融平台的搭建。

4）通过跨链技术实现多链融合，构建可信区块链基础设施生态

在开展业务过程中，“开放许可链”与多家行业影响力机构实现了跨链互通，将数字司法融合平台打造成数字时代银法合作共赢的典范。

数字司法融合平台于 2021 年 12 月入选《中国数字概览》名录，于 2022 年 5 月荣获中国产业区块链大会颁发的“产业区块链杰出案例”证书。

参考文献

[1] 最高人民法院关于加强区块链司法应用的意见[EB/OL]. [2022-05-25]. https://www.court.gov.cn/fabu-xiangqing-360271.html.

[2] 人民法院在线诉讼规则[EB/OL]. [2021-06-17]. https://www.court.gov.cn/zixun-xiangqing-309551.html.

[3] 车晓梅，马群. 最高人民法院关于加强区块链司法应用的意见[N]. 人民法院报，2022-05-26（03）.

4.5　保全网

【案例相关单位】浙江数秦科技有限公司

【案例提供人员】高航、陈豪鸣

1. 背景

随着实体经济逐步向数字化经济转型升级，大量由个人或企业创造的数字资产开始在网络中流通，在方便数据分享的同时衍生了很多棘手的问题，用户隐私泄露、版权纠纷、数据盗用等安全事件时有发生，通过在线诉讼手段解决社会实际问题成为当务之急。

2021 年 8 月 1 日，《人民法院在线诉讼规则》正式施行，这是最高人民法院颁布的首部指导全国法院开展在线诉讼工作的司法解释，内容涵盖了在线诉讼法律效力、基本原则、适用范围、适用条件，以及从起诉立案到宣判执行等主要诉讼环节的在线程序规则，并确定了区块链存证效力范围和审查标准。《人民法院在线诉讼规则》根据区块链技术的特点，确认了区块链存储数据具有推定上链后未经篡改的效力，并分别明确了上链后数据真实性和上链前数据真实性的审查认定规则，首次对区块链存储数据的真实性认定做出规则指引。

针对电子证据取证难、存证难、认证难等问题，我国以互联网法院为试点，积极探索“区块链+司法”模式，创新电子证据在线存证方式，以大数据、云存储和区块链技术为基础，利用区块链技术的防伪造、防篡改等优势，大幅提高了电子证据的可信度和真实性，让法官将更多的精力放在判断证据所体现的事实上。

2. 主要痛点及解决方案

1）主要痛点

近年来，随着司法信息化和数字化的快速推进，诉讼和执法过程中的大量证据开始以电子数据存证的形式呈现。与此同时，行业中主要存在以下痛点。

（1）与传统实物证据相比，电子证据普遍具有取证难、易消亡、易篡改、技术依赖性强等特点，一旦出现单点故障或病毒感染等状况，其原始状态很可能遭到破坏，司法审查认定难度较高。

（2）当事人普遍欠缺举证能力，向法院提交的电子证据质量较差，存在取证程序不当、证据不完整或对案件事实指向性较弱等问题。

（3）传统证据保全公证存在预约排队时间长、流程烦琐、费用高昂等问题。

（4）普通第三方存证存在存证机构少、防篡改能力弱、证据效力低等问题。

2）解决方案

“保全网”提供了基于区块链技术的电子数据存证和取证服务，满足了金融、科技、教育、出版、电商等领域具有司法认可需要的电子数据保全需求，帮助当事人在诉讼、仲裁、政府监管等场景中便捷地取得和提交电子证据，有效维护自身权益。

“保全网”与鉴定中心、公证处、法院、仲裁委、其他机构联合构建了完整的区块链司法联盟体系“保全链”，如图 4-5-1 所示。“保全链”已顺利通过工信部电子标准化研究院区块链系统功能测试、国家工业信息安全发展研究中心司法鉴定所测评认证和公安部完整性鉴别检验检测等多项测评，并首批通过网信办区块链备案。

“保全网”的主要功能包括注册登录、实名认证、存证确权、网页取证、证据核验等。该系统具有独立式数据库架构，其中，业务系统数据库、电子证据数据库、日志信息数据库各自独立运行。此外，该系统还支持自定义存储数据库，用户可以自由选择信任的第三方数据库存储完整的电子证据，只需要将电子证据哈希摘要和提取电子证据所需密钥上传至该系统即可。

电子证据保全逻辑部署在智能合约之上，通过智能合约完成权限校验、证据保全、证据监管等，能够有效保障代码透明性和系统公信力。“保全网”通过需求分析、可行性分析完成电子证据保全合约、权限校验合约、证据监管合约的设计和实现，并对智能合约进行部署，完成测试实验，验证智能合约的有效性。

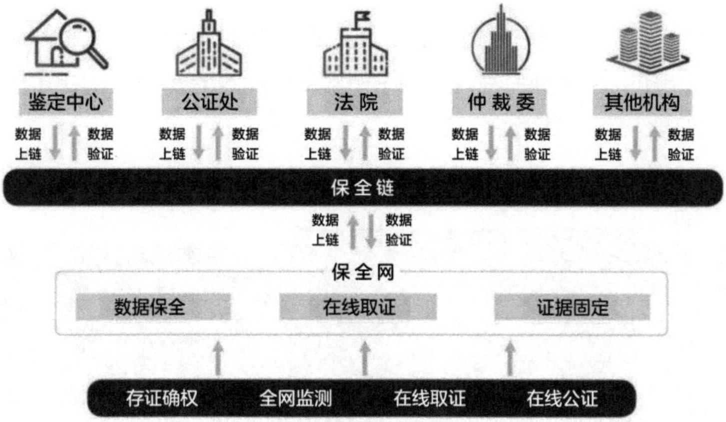

图 4-5-1　“保全链”

“保全网”已发布移动取证应用“掌上取证 App”，帮助用户随时随地取得司法可信证据。“掌上取证 App”拥有对取证设备进行清洁性检查的能力，并通过区块链上链技术对取得的电子证据进行及时固定，防止其被篡改，从而使取得的电子证据具备司法有效性。通过“掌上取证 App”，用户可随时进行拍照取证、录像取证、录音取证、录屏取证、网页取证等操作，客观记录事物状态、当事人行为、当事人言论、聊天记录、网页内容、软件内容等信息，并将这些信息作为民商事纠纷中的电子证据来使用，为依法维护自身权益提供坚实的证据基础。

3）应用效果

2018 年 6 月，杭州互联网法院对一起侵害作品信息网络传播权纠纷案进行了公开宣判，首次对采用区块链技术存证的电子数据的法律效力予以确认，并在判决中较为全面地阐述了区块链存证的技术细节和司法认定尺度。“保全网”为该判例原告方提供技术支持，为原告方取得电子证据提供了关键助力。

“保全网”作为专业的区块链电子证据专家，以区块链技术为支撑，为超过百万个用户提供了电子数据存证和取证服务，构建了司法联盟链，并持续引入新的合作伙伴，组成了共识联盟。

图 4-5-2 所示为区块链存证与普通第三方存证的对比，用户通过区块链存证可节约超过 90%的时间成本，取证费用降低最多超过 50%，从而更高效、更低价地维护合法利益。“保全网”已接入杭州互联网法院和广州互联网法院电子证据平台，在诉讼时，“保全网”存证的电子证据不需要二次核验，可直接被互联网法院采信。此外，“保全网”还与上海市、四川省等地的高级人民

法院达成合作，共同建设电子证据平台。截至 2021 年年底，“保全网”在全国各地已累计超过 1000 份判例，积极利用区块链技术为当事人解决电子数据“存证难、认证难”等问题。

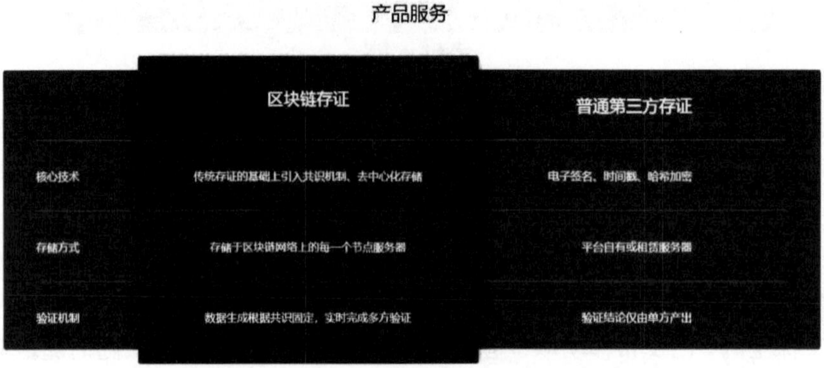
产品服务

	区块链存证	普通第三方存证
核心技术	传统存证的基础上引入共识机制、去中心化存储	电子签名、时间戳、哈希加密
存储方式	存储于区块链网络上的每一个节点服务器	平台自有或租赁服务器
验证机制	数据生成根据共识固定，实时完成多方验证	验证结论仅由单方产出

图 4-5-2　区块链存证与普通第三方存证的对比

3. 创新与亮点

1）技术创新

自研区块链技术：“保全链”基于 Fabric 分布式账本系统架构，在满足实际业务场景需求等方面具有很强的灵活性，具备支持多通道、可插拔的共识能力。

自研取证系统：“保全网”支持多场景在线取证，可对互联网页面、动态音频和视频、操作行为全过程、模拟移动端平台内容等目标证据进行在线取证、快速固证。

“保全网”为用户提供了闭环存证验证流程和有效合法的取证技术方案，将用户数据文件的形成时间和内容固化到“保全链”上，并周期性地锚定公链，确保数据不可篡改。用户可对自主上传的数据文件或因为取证操作产生的数据文件进行存证，“保全网”会将数据源文件加密存储到阿里云中，同时计算文件数据指纹（SHA256 哈希值），并将其实时固定到自有联盟区块链上，由“保全网”后台存储相关信息。

2）模式创新

“保全网”以区块链技术为支撑，为原创工作者、知识产权服务平台、金融企业等用户提供了区块链存证、在线取证、现场取证、侵权监测、司法鉴定和公证等服务，在保证区块链技术公信力的同时，与司法机构达成了战略合作，共建良好生态。

参考文献

[1] 互联网十大典型案例[EB/OL]. [2021-05-31]. https://www.court.gov.cn/zixun-xiangqing-306391.html.

[2] 让区块链技术在经济社会发展中发挥更大作用（创新故事）[EB/OL]. [2021-10-25]. https://wap.peopleapp.com/article/6340811/6230918.

4.6　证解——即时取证的最优解

【案例相关单位】杭州链城数字科技有限公司

【案例提供人员】马夕喃、汤泉、王晨、刘崴

1．背景

近几年，直播电商市场处于爆发期，规模迅速增长。艾瑞咨询《2021 年中国直播电商行业报告》数据显示，2020 年，我国直播电商行业的市场规模超过 1.2 万亿元，年增长率为 197.0%。商务部《中国电子商务报告（2020）》数据显示，2020 年，重点监测电商平台累计直播场次超过 2400 万场，累计观看人次超过 1200 亿人次，直播商品数超过 5000 万个。

越来越多的消费者通过网络直播进行不受空间限制的新型消费。然而，在直播消费的火爆背后，虚假宣传、假冒侵权、恶意评价、推广禁限售商品，以及侵犯他人隐私和肖像权等现象屡见不鲜。与传统电商平台相比，直播信息传播的随机性和难以再现性更强，如果不能及时发现侵权信息，就极有可能错过固证的最佳时机。此外，“千人千面”的页面推荐机制和“平台”—“主播”—“商家”的多方跨地域共营模式提高了调查取证和获取数据的难度，给品牌权利人、消费者和监管机构的取证、固证带来了新的挑战。

区块链技术具有去中心化、信息公开性、匿名性、自治性等特性，可以有效保证电子证据的真实性和准确性。2021 年 6 月，最高人民法院发布了《人民法院在线诉讼规则》，其中第十六～第十八条以单独列举的方式对“区块链技术”予以规定，第十四～第二十条对与区块链息息相关的电子数据、非同步诉讼活动等规则予以规定。

“信证链”的原生电子证据取证专家“证解”通过 App 端和 PC 端为用户提供基于区块链技术的网页取证、现场取证、录屏取证、录音取证等功能，旨在为用户提供全方位、多途径的协助，对不同形式的电子数据进行“取存管

用”，实现“电子数据证据化、取证方式多样化、证据使用便利化”。

2. 主要痛点及解决方案

1）主要痛点

（1）固证有时效性，证据容易消失、被篡改。直播带货是以流媒体形式呈现的，不能通过设置敏感词等方式自动拦截违规内容，技术限制导致事前、事中监管无法实现。另外，在执法过程中，执法人员需要将直播视频作为案件证据，视频资料可能存在删减、篡改、编辑等难以用现有技术发现的问题，其证明力相对较弱，而且直播具有即时性的特点，执法人员无法提前向公证机构申请公证，导致自力取得的证据无法在司法实践中单独、直接证明其真实性，造成“执法难”的问题。

（2）侵权行为跨区域，监管存在滞后现象。直播带货是通过互联网来进行的，违法行为发生地可能涉及多个地区，行为人的实际经营地和住所地、广告发布者所在地、广告主所在地、广告经营者所在地可能分布在不同地区，给监管带来了阻碍和困难。以 2020 年 6 月 1 日—18 日京东直播平台的家电直播数据为例，在短短 18 天内，仅家电领域就有 2.5 万场直播，平均每天近 1400 场，整个行业的数量级巨大。面对如此庞大的数量，监管力量和资源明显不足，主要依靠品牌、消费者举报或专项行动抽查暗访，属于事后监管，无法第一时间锁定证据。

（3）证据链需要在线上和线下实现闭环。为了确保证据链的完整性，对于假冒侵权产品，执法人员需要购买实物，并对实物进行开箱取证，这给实现证据链的闭环带来了更多的挑战。

（4）区块链存证与证据保全公证处于分离状态。现阶段，区块链存证与证据保全公证属于两个独立的程序，第三方平台只提供区块链存证服务，不具备公证效力，若想获得公证证书，则仍需要按照法律规定向公证机构申请证据保全公证。公证机构前期没有参与区块链存证业务的流程和规则设定，因此在为此类证据出具公证文书时常常有所顾虑。

2）解决方案

“证解”是全国性运营级信证联盟区块链平台“信证链”的原生电子证据取证专家，它是在以全国 28 个省、自治区、直辖市的 30 余家公证处、司法鉴定中心、知识产权保护中心为联盟的联盟链“信证链”上搭建的电子证据存取证应用。“证解”包含 App 端和 PC 端，可为用户提供基于区块链技术的网页取证、现场取证、录屏取证、录音取证等功能，全方位、多途径协助用户对不同形式的电子数据进行存证、取证管理。

“证解”通过经公证行业认可的电子身份认证、清洁性检查、可信时间戳、公证处 CA 认证的电子证据保全专用章、公证处节点分布式存储，以及出具电子保全证书等辅助功能来保障证据的有效性，可向 30 余家公证处节点申请出具公证文书，证据直达公证处节点的“信证链”公证业务系统，保障全流程封闭、安全，无证据数据外泄和篡改风险，其业务流程如图 4-6-1 所示。

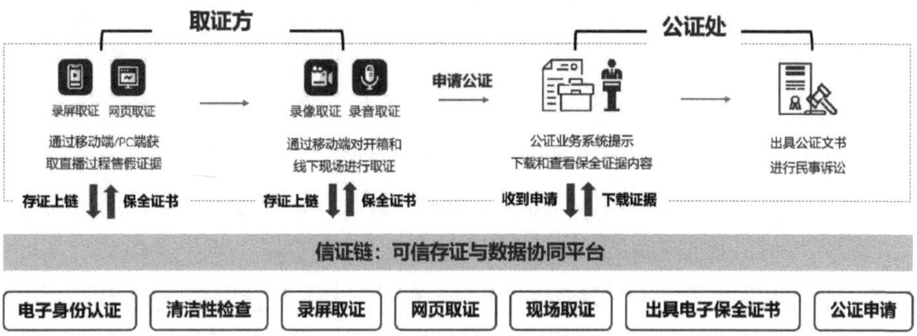

图 4-6-1 “证解”的业务流程

（1）取证：用户在经过实名身份认证后，可使用 App 进行录屏取证、现场拍照/拍摄取证、现场录音取证、网页取证等操作。在取证前，系统会对用户的手机进行网络状态、手机设备、定位信息、root 情况等方面的清洁性检查。用户获取的电子证据将被实时传输到云端存储，不给用户下载、篡改电子证据的机会。

（2）存证：用户可将图片、音频、视频、文件、网页和线上侵权等信息上链加密存储，实时固化电子数据的内容、权属信息和存证时间，并生成唯一的文件哈希值。与传统的公证存证、第三方存证形式相比，“证解”具有防篡改、防损坏、防丢失等优点，比较适用于版权方面的场景。

（3）管证：利用区块链的分布式优势，上链证据将在“信证链”公证处节点自有的服务器上进行共识备份，不受第三方存证平台的制约。“证解”具备权限管理功能，支持专业团队进行权限上的划分和配合，由专业法务人员和律师对上链前的证据进行线上审核，保障上链证据的有效性，最大限度地保证取证效率和存证质量。此外，“证解”还具备标签功能，方便团队对不同案件、不同属性的证据进行分类和管理，进一步提高管理和利用证据的效率。

（4）用证：对于已上链保全的证据，用户可向“信证链”上的所有公证处节点申请出具公证文书，证据无须下载，可单独提交，收到公证申请的公证处可以在“信证链”配套的公证业务系统中预览、下载、核验证据，实现从获取证据到利用证据的无缝衔接。

3）应用效果

“证解”作为电子证据取证专家，给监管机构、公证处，以及品牌法务团队和知识产权律师团队带来的显著应用效果如下。

（1）监管机构：截至2022年6月，“证解”已为河北省邢台市市场监督管理局和湖北省天门市市场监督管理局等监管机构服务，支持监管机构对线上场景的监管和证据的收集（其中包括当地企业涉嫌虚假宣传、电商平台侵权、侵权店铺实地核查等多方面的证据），并支持多个市监、网监专项行动。

（2）公证处：作为“信证链”节点，公证处不但可以通过邀请码邀请自身企业或律师事务所客户使用“证解”，直接向自己提交电子证据，而且可以使用“证解”为公证处自身的证据保全和遗嘱公证等传统公证业务赋能，从而更高效、更全面地服务群众。2022年4月—6月，上海在新冠疫情的影响下迎来了大量的团购需求，个别商家借机谋取不当利益，坑害消费者。当时，上海各级市场监管部门收到的相关消费投诉举报数量明显增长。为解决此类问题，上海市临港公证处联合“信证链”，通过“证解”为上海的“团长”提供在线存证服务，为“团长”开设“证解”子账户，并对“团长”提交的证据逐一进行审核，在确认证据具有保全价值后上链存证。分布式取证和专业化证据审核相结合，最大限度地保证了取证效率和存证质量。此次实践既改变了公证处对取证平台的固有认知，也为后续高效、高质量开展存证、取证业务打下了基础。

（3）品牌法务团队和知识产权律师团队：“证解”已为金融、仓储、服装品牌、广告咨询、连锁汽修、医疗器械类的品牌企业法务团队和企业代理律师事务所服务，专业的律师和法务人员可使用权限管理等管证功能，协调品牌企业分布在不同地区的工作人员进行线上和线下协同取证，并进行专业的证据审核，联手预防品牌侵权。

3．创新与亮点

与其他第三方区块链存取证平台相比，“证解”主要具有以下创新与亮点。

1）“区块链+公信力”双背书

“证解”通过融合区块链技术和公信力机构的力量，为每一份数据提供可信环境和信任背书，将“数据”转化为承载着契约精神和法律效力的“证据”。

2）降低维权成本，随时随地取证

“证解”可满足不在公证员工作时间段的取证场景、需要公证员外出异地的取证场景，以及随机发生的预防性取证场景的取证需求，即时存取保全证据，降低风险和成本。

3）操作简便，规范化管理证据

“证解”可满足多种取证需求，界面友好、学习成本低；拥有自定义标签体系，用户可根据标签分类管理海量证据；支持权限控制和协同取证，保障证据质量和效用最大化。

4）支持在全国范围内申请公证

对于上链证据，用户可在 3 年有效期内选择公证处节点出具公证文书，在用户申请公证后，电子证据信息将直达“信证链”公证业务系统。

参考文献

[1] 中国电子商务报告 2020 [R/OL]. [2021-09-28].

[2] 2021 年中国直播电商行业报告[R/OL]. [2021-09-10].

[3] 温颖，张玉洁. 电子证据时代司法区块链的实践困境与因应[J]. 长江论坛，2021（4）：79-87.

[4] 周庆，牛瑞峰. 区块链参与网络电子证据保全公证初探[J]. 河南科技学院学报（社会科学版），2020，40（1）：37-42.

4.7　基于区块链的核查公证文书应用

【案例相关单位】四川省成都市蜀都公证处

【案例提供人员】刘雪峰，昌雄飞

1. 背景

为响应司法部《全面深化司法行政改革纲要（2018—2022 年）》中“拓展创新公证服务领域，改进公证服务方式方法，推广电子公证书”等要求，四川省成都市蜀都公证处（以下简称“蜀都公证处”）着力信息化建设，组建技术团队，开发了四川省成都市蜀都公证处电子公证平台，将互联网电子公证应用于传统公证业务，使传统的公证业务焕发了新的活力，从而在更广泛的领域发挥公证的作用。新冠疫情迅速蔓延给人们带来了诸多不便，导致很多经济活动和司法活动在时间、空间上受到了诸多限制。一些身在异地的当事人由于新冠疫情无法及时处理自己的财产，难以行使权利、履行义务，希望通过公证处出具公证文书的方式来解决问题。蜀都公证处顺应当事人的需求，加快开发电子公证平台并投入使用，让远在他乡的当事人可以及时、高效地享受公证服务，解决了当事人的燃眉之急。

针对金融活动中的租赁、融资租赁等业务，在《电子签名法》和《公证程序规则》框架内，蜀都公证处利用区块链的技术特性赋予了以数据电文形式签署的债权文书强制执行效力的公证，并参照了2018年9月发布的《最高人民法院关于互联网法院审理案件若干问题的规定》（以下简称《规定》），努力探索区块链技术在公证领域的应用，降低了新冠疫情对经济活动和司法活动的影响，做到了便民、惠民、利民，“让数据多跑路，让群众少跑路”，实现了公证“最多跑一次”甚至“一次都不跑”的目标，大大提高了公证处的服务水平和服务效率。

2. 主要痛点及解决方案

1）主要痛点

受到新冠疫情的影响，地方政府的防疫政策经常变化，防疫任务重、政策变化快。很多地区需要进行核酸检测，从某些特殊地区归来的人员需要单独隔离，在高风险地区，外地的当事人或律师因配合防疫工作无法到达管辖法院所在地，这使跨省市、跨区域执行立案、提交材料、核实材料成为难点。我国版图辽阔，即使没有新冠疫情的阻碍，从北方城市去南方城市执行立案也需要横穿大半个中国，到有管辖权的人民法院提交材料、核实材料，费时费力。

2）解决方案

随着区块链技术在公证领域的应用，蜀都公证处利用链上数据不可篡改、全程可溯源等技术特性，赋予了以数据电文形式签署的债权文书的强制执行效力，实现了整个公证办理流程线上化，并将公证文书的形成过程和经办人员处理业务流程等数据存储在区块链上，保证了数据的可靠性。

在基于区块链的核查公证文书应用中，当事人可通过数据接口将其需要公证的法律文书推送给公证处，并提交申办公证的请求，在所有当事人签署完毕以后，经公证处审核，出具公证文书。在赋强公证中，公证文书只能解决当事人在法院立案之前的部分问题，不能向后延伸至法院执行立案，以及法院执行立案之后的材料审核、强制执行时的司法辅助等环节。对于持有具备强制执行效力的公证债权文书和执行证书的案件，公证处应当事人的申请，可以通过电子公证平台，将其出具的赋强公证文书、执行证书和相关材料上传至对应的区块链存证平台进行存证，同时由区块链存证平台出具上链数据的存证报告和存证证明。依据当事人提交的立案申请，人民法院通过区块链证据核验部门对公证处上传的存证报告和存证证明等材料进行存证校验，校验上链时间、存证 ID、存证机构、交易哈希值、区块高度、存证文件哈希值等，极大地缩短了执行法官完成存证校验的时间。校验材料的流程如图 4-7-1 所示。

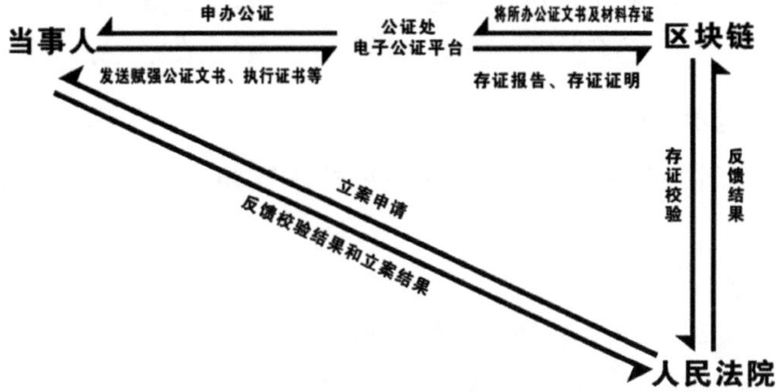

图 4-7-1　校验材料的流程

如果人民法院认为存证材料符合《规定》，即当事人提交的电子数据通过了电子签名、可信时间戳、哈希值校验、区块链等证据收集、固定、防篡改技术测试，或者通过了电子取证存证平台的认证，能够证明其真实性，那么互联网法院应当予以确认；如果存证材料同时符合《人民法院在线诉讼规则》第十三条和第十六条的规定，即电子证据材料经认定符合原件的要求，那么当事人无须另行提供原件。这样就成功克服了跨省执行立案和提交材料等困难，解决了当事人的燃眉之急。

由于区块链上的数据具有不可篡改、全程可溯源等技术特性，存证信息也是由具有社会公信力的公证处提供的数据，因此可以保证电子证据的客观性，既减轻了当事人的负担，又降低了人民法院核实材料的时间成本和业务风险。

3）应用效果

2022 年年初，广东省某公司向蜀都公证处申请出具执行证书，在取得执行证书后，该公司向内蒙古自治区鄂尔多斯市东胜区人民法院（以下简称“东胜区人民法院”）提交了强制执行申请。该公司远在广东，加之新冠疫情等原因，不便派员处理提交立案材料等手续。东胜区人民法院在了解了具体情况后，主动与蜀都公证处联系，知晓了该处电子公证平台已经与“至信链”区块链存证平台对接，具备成熟的区块链存证能力。内蒙古自治区高级人民法院已经建成“内蒙古法院区块链证据核验中心”，拥有核验区块链存证的电子材料的技术条件。应东胜区人民法院执行局的要求，蜀都公证处对涉及该案的 3 份关键公证文书进行了区块链存证，并补充提交了区块链存证后的电子版公证文书和存证报告。负责该案的执行法官在技术人员的指导下，仅用数分钟便完成了核验。核验结果显示，3 份关键公证文书均通过核验，并且均由蜀都公证处完成区块链存证。根据《人民法院在线诉讼规则》第十三条和第十六条的规定，东胜区人民法院依法认定 3 份电子版公证文书符合原件的要求，并将该认定结果通知了远在广东的当事人公司，当事人公司无须提交纸质公证文书。

3. 创新与亮点

与传统公证和司法活动相比，区块链技术赋能公证和司法活动具有以下创新与亮点。

1）安全可靠

公证处出具每一份文书都会产生大量的书面材料、图片材料、调查记录等，公证处必须对它们进行完整保存和妥善保管，以保证文书的公信力。通过区块链存储文件，可以追踪文件的形成过程，处处留痕，建立数字化账本，保存相关证据，记录长期有效且不会丢失。人民法院在调取相关证据时，可以清楚地了解证据的信息来源、形成过程和存证人员，保证证据的完整性和客观性，大大降低了人民法院核实证据材料的时间成本和业务风险。在一般情况下，对于公证处（特别是外省公证处）出具的赋强公证文书，人民法院往往需要对当事人提交的公证文书原件进行核对，有时甚至需要向相关公证处致电、致函，核查文书真伪和执行内容，采用传统方式核查公证文书的流程如图 4-7-2 所示。邮寄公证文书不但耗时，而且不能完全确保公证文书的真实性。区块链上的数据具有不可篡改、全程可溯源等技术特性，因而通过区块链核验电子证据成为安全、可靠、便捷的方式。在公证领域和司法服务领域，区块链技术的不可篡改、可追溯等特性能够满足证据的客观性要求，有效提高了业务协同效率，降低了多方主体之间的信任成本、协同成本和业务风险。

图 4-7-2 采用传统方式核查公证文书的流程

2）简便高效，减轻了当事人的负担

当事人无须跨地域派员提交相关的证据材料，可以节省人力、物力、财力和时间。在一般情况下，提交证据材料的时间为十几天或几十天。如果当事人通过公证处将材料上传至区块链进行存证，那么只需要分别向公证处和人民法院发出请求，公证处和人民法院在接到当事人的请求后，借助足够安全的技术，对当事人提交的材料进行上链存证或存证校验，即可完成材料的提交、审查、核实、存证校验等全部流程，实现“让数据多跑路，让当事人少跑路”。只要几分钟的时间，就能完成传统手段十几天甚至几十天才能完成的事情，既简化了当事人的办理手续，又减轻了当事人的负担，更加符合国务院继续深化“放管服”改革的要求，做到了“最多跑一次”甚至“一次都不跑”，更好地为当事人排忧解难，一举多得。

3）跨区域同步数据，延伸公证服务职能

公证行业的公信力具有天然优势，区块链技术的特性符合公证业务的要求，公证处可以通过区块链技术将业务数据互联互通，把公证服务向其他行业延伸。对赋强公证业务而言，传统公证行业在当事人出具执行证书后，公证处的职能即履行完毕，至于到法院申请立案和提交材料等手续，需要由当事人或当事人的代理人办理。公证处将区块链技术应用于公证业务，将公证文书上传至区块链，法院调取材料更加方便，甚至其他省市地区的法院也可以通过区块链校验、核实相关文书，将公证服务进一步延伸至法院的立案、材料审核甚至司法辅助等环节。本案例是成功利用区块链技术实现跨区域同步数据的应用实例，将公证服务延伸到了更远、更全面的领域。

4）拓展业务模式

区块链技术赋能传统公证业务，当事人可以在时间和空间上摆脱限制，选择“互联网+公证”的模式来行使自己的权利、履行自己的义务、保护自己的利益。尤其是金融领域的当事人，往往更愿意选择线上赋强的模式来降低业务风险，提高交易效率和风险控制能力。当事人可以通过电子公证平台签署数据电文形式的债权文书，并办理赋予文书强制执行效力的公证。一旦出现违约的情况，当事人便可以向公证处申请出具执行证书，公证处可将其出具的赋强公证文书和执行证书，连同当事人的立案申请材料等文书一并上传至对应的区块链，由人民法院存证校验后立案执行。与传统的公证业务相比，这种模式效率更高、可靠性更强。

参考文献

[1] 华为区块链技术开发团队. 区块链技术及应用（第二版）[M]. 北京：清华大学出版社，2021.

[2] 井底望天，武源文，史伯平，等. 区块链世界[M]. 北京：中信出版社，2016.

[3] 庞引明，李伯宇，宋智礼. 区块链金融时代[M]. 北京：中信出版社，2019.

4.8 “区块链+公证”的法治应用

【案例相关单位】苏州市司法局

【案例提供人员】王侃、杨军卫、罗文军、唐思佳

1. 背景

2020 年 3 月，苏州市营商环境创新大会发布了《苏州市优化营商环境创新行动 2020》（以下简称《创新行动》），对于受到普遍关注的“阳光执法”事项，在全国率先探索“区块链+公证”应用模式，加快实现行政执法全程实时留痕和可回溯管理。结合《创新行动》的具体要求，苏州市公证行业牢牢把握发展机遇，充分发挥职能优势，利用数字化手段，在知识产权、普惠金融、行政执法、电子证据存管等领域积极探索，持续推进区块链技术在优化法治化营商环境中的应用，为苏州市的高质量发展赋能增效，为推进国家治理体系和治理能力现代化贡献力量。苏州市司法局积极推动全市公证机构以区块链节点身份加入联盟链，开展存证和数据保管等业务，基于区块链技术的防丢失、防篡改、可追溯等特性为公证公信力赋能，以国家公证机关的公信力为上链数据提供可信背书。

2. 主要痛点及解决方案

1）主要痛点

（1）区块链技术的特点是去中心化，无须第三方认证，虽然可以确保数据一经加密上链就无法被改动，但是无法保证上链前原始数据的真实性、权威性、可靠性。现有的区块链应用方向是联盟链，而非公链，推动公证机构作为节点加入联盟链具有保障公信力的意义。

（2）为了在行业内进一步贯彻落实“放管服”改革要求和公证行业的信息

化建设要求，可以充分挖掘区块链技术在多方协同和数据共享方面的优势，保障信息流动的真实、完整、可信、可用、安全，明确数据的权限和责任，“让群众少跑腿，让数据多跑路”。

（3）公证行业处于转型升级的重要阶段，急需拓展业务场景，发掘新的业务增长点。结合司法行政“一个统筹、四大职能”的优势，将区块链技术充分运用于行政执法、社会资源配置、自贸片区建设、普惠金融、知识产权保护和基层社会治理等多个领域，能够形成可复制、可推广、高质量的区块链法治应用实践经验，助力法治工作现代化建设。

2）解决方案

如图 4-8-1 所示，深度融合区块链技术与公证业务的“1+10+*N*”区块联盟链“苏州公证链”采用“一主多侧”的架构模式，其中包括苏州市司法行政机关、苏州大市范围内的 10 家公证机构和 *N* 个业务场景衍生的侧链。所有基于“区块链+公证”生态研发的法治应用场景，其源数据通过加密算法得到的指纹信息（哈希值）都被保存在“苏州公证链”上，为公证员日后对源数据的真实性进行比对提供了可靠的数据支撑。

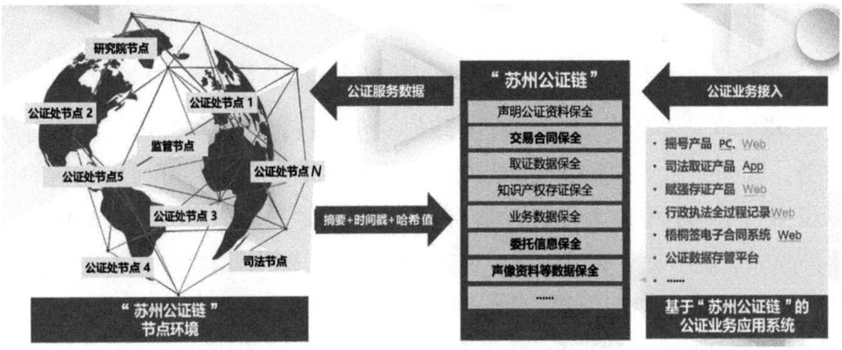

图 4-8-1　“苏州公证链”采用“一主多侧”的架构模式

苏州市司法局以“苏州公证链”为基础，在全国率先推出了多个“区块链+公证”法治应用场景，如图 4-8-2 所示。

（1）开发区块链公证摇号系统，办理现场监督类公证，服务法治营商环境建设。2019 年 3 月，区块链公证摇号系统正式投入使用，经过专业鉴定机构的权威鉴定，取得了计算机软件著作权，在选房购房、学校招生、口罩摇号等多个涉及分配民生资源和提振市场活力的应用场景中累计使用 3364 次。自新冠疫情发生以来，苏州公证处、中新公证处免费对口罩线上预约和社区发放摇号进行现场监督，使用区块链公证摇号系统累计摇出口罩 263 万个，服务市民 120 万人。

图 4-8-2 “苏州公证链”的“区块链+公证”法治应用场景

（2）推动“区块链+公证”在行政执法全过程记录中的应用，参与行政辅助事务，助力“阳光执法”。执法人员在行政执法过程中，可利用定制的执法记录仪进行录像，将包含实时音频、视频、指纹等的信息即时加密传输并固化到“苏州公证链”上，实现执法全过程跟踪记录、实时留痕和可回溯管理。当发生争议时，行政执法单位可在线申请公证，公证员调取存储在云平台上的执法过程音频、视频，使用加密算法进行计算，对得出的数据与之前从区块链上获取的数据进行比对，在数据一致的情况下出具证据保全公证文书。

（3）推进面向金融领域的“区块链+公证”赋强平台，为互联网金融发展赋能。昆山市公证处实时跟进区块链公证赋强平台的运行成效，将公证环节独立嵌入昆山农村商业银行等金融机构的小微快贷业务流程，为小微快贷和不良信贷出具相关执行证书，积极地为信用卡贷款等其他小额贷款赋强公证提供系统支持，有效防范和化解商业银行不良信贷的金融风险，以公证服务结合技术革新，助力实现法治营商环境“全新一跃”。

（4）推出“苏城存证”App，首次运用区块链技术保护智力成果。该 App

紧扣知识产权保护，围绕构建知识产权大保护格局，从事后维权延伸至事前预防，从权利人的角度出发，提供从创意构思、制作生产到授权销售的全流程保护渠道，尽可能多地提供有效、便捷的途径，解决知识产权“举证难”的问题。对于上传至“苏城存证”App 的电子数据，用户可以随时在线申请出具电子数据保管公证书，公证员在受理申请后审核、调取保管文件，对计算获得的哈希值与原来的哈希值进行比较，确认哈希值一致后及时出具公证书，证明该电子数据自上传之日起未被修改，为当事人下一步维权提供有力证据。

（5）打造苏州自贸片区“关证一链通”保税货物公证辅助销毁处置项目，精准赋能高端制造全产业链保税监管。针对处理企业生产的不良品、残次品等保税货物过程中的难点、痛点，苏州市司法局与苏州工业园区海关开展合作试点，对辖区内加工贸易企业因故无法内销或退运的不良品、残次品等保税货物进行销毁处置。借助“区块链+公证”，公证机构设计了一套从货物清点、封仓、运输到销毁的全流程证据保全方案，利用区块链技术，将相关音频、视频、报关单、货物清单等材料的指纹信息存储到“苏州公证链”上，为企业销毁货物的过程出具法律文书和证明。

（6）创新“一图一表”区块链公证服务模式，助力政府做好涉及土地利用事项，赋能基层社会治理创新。为盘活低效用地，促进耕地保护和土地集约利用，缓解全市土地资源供给紧张的现象，推动城市发展模式由外延式扩张向内涵式发展转型，自 2021 年以来，常熟市公证处积极助力当地政府深入开展“一图一表”工作（“一图”指生产、生活、生态三大空间现状图和规划图，“一表”指生产、生活、生态三大空间涉及的相关资源要素指标表），利用区块链技术将“一图一表”拆旧底册加密传输并固化到“苏州公证链”网络云平台上，创新“图表线上跑，数据指纹链上存，公证书线上出”的一站式服务模式。

3）应用效果

近年来，苏州市司法局、苏州市公证协会始终致力于公证法律服务供给方式和内容的创新发展，加快推进信息化建设，研发区块链公证服务产品，努力实现公证服务“普惠均等、便捷高效、智能精准”，让人民群众产生了更多的获得感和满足感。

（1）区块链公证摇号系统：由于具备可靠稳定、公开透明等特性，该系统受到了用户和市场监管部门的一致认可，获得了广泛好评，并成为办理现场监督类公证专用软件的业内首选。

（2）“区块链+公证”在行政执法全过程记录中的应用：2020 年 5 月，苏州市司法局和苏州市市场监督管理局联合打造的“区块链+公证”行政执法全过程记录应用项目成功落地，该项目已在苏州市市场监督管理局、太仓市综合行政执法单位及张家港市锦丰镇、南丰镇综合执法局等落地试点。2021 年 5 月，太仓市公证处为当地综合执法局一起针对违法夜间施工的执法行为出具了首份区块链存证公证书。截至 2022 年 5 月，“苏州公证链”已累计存储 22 788 条执法视频片段。

（3）“区块链+公证”赋强平台：2021 年 6 月，昆山农村商业银行一笔标的为 4.3 万元的普惠小微贷款出现风险，在催收无果后，借助“区块链+公证”赋强平台，该银行持昆山市公证处出具的公证书和执行证书，向当地法院申请强制执行，整个流程共耗时不到 20 天，有效解决了小额贷款催收成本高、执行难等问题。自 2020 年 9 月投入使用以来，该平台已为昆山农村商业银行办理小额贷款赋强公证 13 845 件，出证 12 724 件，涉及金额 47.42 亿元。

（4）“苏城存证”App：2021 年 8 月，“苏城存证”App 2.0 版上线，网页取证“录屏+截屏”和线上办证等功能升级完善，后续还将引入诉讼对接、公证悬赏、知识产权法律顾问等功能模块。自 2020 年 10 月“苏城存证”App 上线以来，其已有实名注册用户 17 743 人、企业用户 260 家，存储文件 3000 余份，为众多用户成功出具了电子数据保管公证书，现已对接“苏周到”和“苏商通”平台，进一步畅通了便民助企渠道。

（5）“关证一链通”保税货物公证辅助销毁处置项目：2021 年 8 月，在苏州市中新公证处与苏州工业园区海关的共同监督下，友达光电（苏州）有限公司第二批无法内销和退运的报废保税液晶面板不良品被集中无公害销毁，预计该项目每年可为该公司在不良品处理环节节省超过 300 万元的运营成本。

（6）“一图一表”区块链公证服务：2021 年 12 月，常熟市公证处顺利为常熟市常福街道出具了首份“一图一表”区块链存证公证书，帮助政府做好涉及土地利用事项，降低了政府的存证成本，促进了政务数据有效融合，为公共法律服务从法治层面延伸至基层智慧治理提供了新思路。常熟市公证处已协助常熟市常福街道完成辖区全区域图景共 220 多万个点位的数据存储和公证。

3. 创新与亮点

1）首创区块链公证存证模式

对于金融机构和大型国企来说，区块链存证应用可使其内部数据信息的安全性和保密性得到保障，通过区块链存证应用，当事人可以上传数据代码，无须上传源文件，确保数据信息不被泄露。对于政府部门来说，应重视监管对象数据来源的可靠性，公证处作为具有公信力的节点，可以在后期利用数据时提供比对公证服务，为当事人数据来源的可靠性提供证明。

2）创新“区块链+公证”法治应用场景

以发挥区块链基础设施作用和助力网络强国、数字中国建设为目标，苏州市司法局牢牢把握发展机遇，布局区块链，坚持产业创新之路，在行政执法、社会资源配置、自贸片区建设、普惠金融、知识产权保护、基层社会治理等多条“跑道”中打造了丰富的法治应用场景，助力苏州市在区块链领域大幅提升创新能力，推动关键技术达到国内领先水平。

3）探索“由点及面、点块结合”的试点模式

苏州市司法局充分发挥了司法行政机关、公证协会“两结合”管理和“产学研”合作优势，积极推动全市公证机构以区块链节点身份加入联盟链，开展存证和数据保管等业务，找准区块链技术在社会应用中的核心地位，加强与执法部门（如市场监管部门、城市管理部门）、苏州自贸片区、基层人民政府、商业银行等的交流合作，探索“由点及面、点块结合”的试点模式，陆续打造了“苏州公证链”底层设施、区块链行政执法新模式、海关保税货物公证辅助销毁处置项目、区块链赋强公证平台等信息化建设工作亮点。苏州市“区块链+公证”法治应用充分体现了区块链技术与公证业务的深度融合，应用领域逐步扩展，应用成效显著。

2021 年 2 月，苏州市司法局“区块链+公证”法治应用获评“2020 数字江苏（数字政府类）建设优秀实践成果”，2021 年 12 月获评首届“江苏智慧法治十大优秀案例”。

参考文献

[1] 习近平主持中央政治局第十八次集体学习并讲话[EB/OL]．[2022-06-08]．http://www.gov.cn/xinwen/2019-10/25/content_5444957.htm.

[2] 陈文军．从法官视角看“公证+区块链”在知识产权保护中的应用[J]．中国公证，2021（5）：54-55.

[3] 王钦颢．区块链+法治的应用趋势与发展[J]．人民论坛 · 学术前沿，2020（20）：120-123.

[4] 郑戈．区块链与未来法治[J]．东方法学，2018（3）：75-86.

第 5 章

总结与展望

5.1 总结

自 2020 年以来，新冠疫情肆虐全球，对全球的经济和民生等诸多方面造成了强烈冲击，影响深远。在新冠疫情的影响下，随着全球数字化进程加快，线上办公、线上社交、线上娱乐的普及率大幅提升，数据作为"万物数字化"的天然产物，是数字经济的基础要素，其价值不言而喻。区块链技术作为构建数字世界可信基础设施的重要组成部分，在实现数据权益合理分配和安全有序流动方面前景广阔。

《中华人民共和国国民经济和社会发展第十四个五年规划和 2035 年远景目标纲要》中提出，迎接数字时代，激活数据要素潜能，推进网络强国建设，加快建设数字经济、数字社会、数字政府，以数字化转型整体驱动生产方式、生活方式和治理方式变革。区块链技术作为支撑数字中国战略的重要抓手，在助力做大做强数字经济，拓展经济发展新空间，推进国家治理体系和治理能力现代化的进程中将发挥重要作用。

本书筛选了我国近年来的区块链创新应用案例，并将它们归集为数字经济、数字政府、数字社会、数字法治四大领域。

1. 区块链赋能数字经济，探索培育新经济引擎

在"十四五"时期，数字经济发展成为推动生产方式、生活方式深刻变革，重组要素资源和重塑经济结构的关键力量。区块链技术是构建数字经济时代信任机制和管理创新的关键底层技术，可为数字经济发展中存在的诸多问题提供有效解决方案，释放数字经济蕴藏的巨大潜能。发挥区块链技术在推动

数据要素高效流动，创新数据共享开放模式，强化多方参与主体之间的信任合作中的关键价值，有助于在供应链金融、跨境支付、碳交易、普惠金融、绿色电力交易等金融类应用场景中提高支付、交易、结算效率，解决融资贷款难、银行风控难、部门监管难等问题。区块链技术在重构信任模式、降低跨机构协作成本和提升价值交换效率等方面的重要作用，已在基于信任的各类金融应用场景中得到了充分验证。区块链技术的深入应用将进一步提高金融业务效率，创新风控监管手段，丰富金融产品和服务，增强金融服务实体的经济能力，在贸易金融和跨境支付等跨场景应用中加速释放金融数据价值。在数字农业、智能制造、贸易物流、能源电力、产品溯源等实体经济领域，区块链技术加速推动了产业数字化转型，通过上下游产业链信息共享协作和资源整合，实现了产品全生命周期协同管理和全程追溯，带动产业发展降本增效，创新生产方式和资源配置方式，赋能产业数字化建设，助推新旧动能转换，助力数字经济高质量发展。面向未来，区块链技术将在搭建元宇宙可信基础设施中发挥重要作用，元宇宙和 Web3 等新赛道有望成为数字经济新增长点，以数字藏品为代表的区块链应用已经在商业品牌营销和知识产权保护等方面崭露头角，未来将成为推进区块链与元宇宙融合创新发展，抢占元宇宙产业发展的制高点，以及培育数字经济产业新业态、新模式的新动力。

2. 区块链赋能数字政府，助力提高政务效率

数字政府建设是实现国家治理现代化的重要途径，是推动政府治理体系和治理能力现代化的着力点。以数字政府建设为引领，强化政务服务，提升行政效能，是推动政府职能转变的重要抓手。数字政府建设以数据驱动和整体协同为主要特征，区块链的应用提供了新的技术解决方案。例如，在政务服务领域，基于区块链的分布式共识特性，可实现多部门共同维护政务数据，结合隐私保护技术，实现数据“可用不可见”，扩大基于区块链系统的各个参与主体的数据访问范围，进而实现跨部门、跨机构、跨地区、跨层级数据综合利用，推动政务服务协同办理。区块链技术有助于打破部门条块分割模式造成的“数据壁垒”，充分整合城市管理、经济调控、行业监管、应急管理等政府治理领域分散的数据信息，提高统筹协调、响应决策能力和管理服务效率，降低沟通成本。区块链技术的应用将深刻改变数字政府建设图景，在治理理念、制度、模式等方面带来变革与创新。

3. 区块链赋能数字社会，提升社会治理现代化水平

数字社会建设通过数字化重构社会运行模式，有效增强社会治理弹性，为区域协同发展赋能。在“十四五”时期，我国要加快数字社会建设的步伐，通过推动社会生活向数字化、网络化、智能化发展，促进公共服务和社会运行模式创新，构筑全民畅享的数字生活。数字社会范围内的区块链应用场景涵盖了教育就业、医疗健康、住房保障、养老保障、智能交通、食品安全、公益慈善和乡村振兴等诸多领域，凭借区块链技术在跨部门、跨机构、跨区域的非信任环境中构建的可信任环境，可以避免因“信息垄断”和不对称导致的信息不透明、不可信问题，解决信息传递不及时、数据权责不清和信息真实性难以保证等痛点，推动社会信用体系的建立健全和良性运转，通过数字化发展增强社会服务的社会性和普惠性，丰富新型数字生活体验。在社会治理关键领域，区块链技术发挥了提高协作效率、优化业务流程、重塑信任机制等重要作用，助力创新治理模式、提升治理效能、构建社会治理新格局，为经济社会高质量发展提供了有力支撑。

4. 区块链赋能数字法治，推动司法体系一体化

数字法治建设是提升执法、司法效能和促进公平正义的重要支撑，推动区块链技术在法治领域的应用是加快数字法治系统建设和实现法治领域数字化改革的重要命题。区块链技术可以在促进司法领域横向部门协同和提高办案效率、优化办案流程的纵向应用中发挥重要的技术应用价值，如在“公检法司”协同领域构建司法联盟链，促进数据可信流转与交互，打通跨部门协作堵点；在司法审判、法律监督、司法辅助、综合执法等领域实现各环节电子数据链上存证验证和审计监督，提高取证、质证效率，提升司法公信力。“区块链+法治”创新应用的不断涌现，凸显了数字法治领域已进入电子数据证据化的全新阶段。

5.2 展望

放眼全球，区块链技术与应用发展日新月异。国外以公有区块链发展为主，尤其是在金融和娱乐等领域持续开展创新应用，如去中心化金融（DeFi）、边玩边赚（Play to Earn）、非同质化通证（NFT）、去中心化自治组织（DAO）、元宇宙等。以太坊已成为公有区块链应用的首选平台，正在形成蓬勃发展的生态。同时，为了提高区块链支撑各类应用的效率并降低应用成本，国外产生了

Solana 和 Polygon 等比较成功的公有区块链平台。

与国外的区块链发展定位有所不同，我国的区块链技术发展和应用立足于联盟链。在 2019 年我国明确将区块链作为核心技术自主创新重要突破口的战略背景下，区块链技术发展和应用以服务实体经济、提质增效、助力社会高质量发展为主要目标。我们要清晰地认识到，这是由国内外区块链发展环境和重点的不同决定的。同时，我们要以国际前沿的眼光和意识，紧抓区块链技术处于发展初期的重要阶段，继续鼓励引导，加大研究力度，扩大应用范围：在技术层面，继续推动共识算法和机制创新、加密算法创新，以及区块链与隐私计算技术的充分融合应用；在应用层面，积极营造宽松的发展条件，鼓励创新，容许试错，深入发掘能够发挥区块链技术价值的重量级应用。只有这样，我们才能形成成熟的区块链技术应用产业和生态。此外，我们还要发挥制度优势，加强顶层设计，通过建设区块链基础设施降低区块链技术的应用门槛，节约社会总成本，发挥平台优势。

1．展望一：创新不断涌现，技术与应用双向驱动，技术话语权凸显

科学技术是第一生产力，我们应通过持续的政策指引和连续的科研项目等方式，大力推动区块链技术的研究与创新，尤其是原创的底层技术，以满足高性能、互操作性、安全性、易用性等方面的应用要求。以应用项目或科研课题等为载体，区块链技术将与大数据、云计算、人工智能、5G/6G 等信息技术产生实质性融合。随着技术应用范围的拓展，技术研发与应用需求之间的互动促进关系会越来越密切，两者将形成双向驱动的态势，进一步激发和促进技术创新，同时，以各类相关的组织机构为载体，加之切实有效的政策和机制，培育创新土壤，将推动国内外区块链技术与应用交流常态化，形成大范围的技术型社区文化。未来，区块链专利和标准仍是展现技术话语权的重要载体。随着我国技术创新水平的不断提升，区块链专利应在保持数量优势的基础上逐步提高质量，同时，随着我国学者和组织参与制定国际标准的程度不断提高，我国在区块链领域的国际话语权也将增强。

2．展望二：市场原生落地应用不断涌现，区块链价值将得到广泛认可

从金融、政务、民生等应用场景，到制造业、能源、农业等领域，再到芯片、物联网、移动网络，随着持续性的政策引导和市场探索，区块链落地应用

项目的数量将不断增多，区块链的价值将通过各种应用逐步得到普遍的社会认可。未来，区块链项目将从政府推动占主导转变为市场需求推动占主导，满足市场真实需求的区块链落地应用将不断涌现。同时，区块链技术将与 VR（虚拟现实）、AR（增强现实）、MR（混合现实）等技术、硬件相结合，助力构建元宇宙，增强人类在数字世界中互动和沟通的真实性。

3．展望三：区块链硬件、平台、应用互相促进发展，形成区块链产业链

为了提高区块链的应用安全性和效率，区块链功能模块化、终端化、硬件一体化将成为重要的发展方向和趋势，这既有助于加快区块链应用落地速度，又有助于区块链项目快速复制。初期，由政府主导建设省级或行业级区块链信任基础设施平台，为政务或特定行业提供区块链基础服务能力，后期，各行业级区块链“信任底座”不断“生长”，将成为区块链应用的基础，逐步提高区块链的应用深度和速度，为现代制造业和服务业赋能，培育产业区块链，形成区块链产业链和特色的区块链产业生态。